全国电力行业"十四五"规划教材

能源动力工程导论

主　编　肖　睿

副主编　邓艾东　巩　峰　李　桃

　　　　向文国　许传龙　殷勇高

　　　　张会岩　周　涛　朱晓明

参　编　刘　倩　李舒宏　梁文清

　　　　苏志刚　钱　华　王　军

　　　　吴石亮　王培红　张　彪

主　审　严俊杰

中国电力出版社
CHINA ELECTRIC POWER PRESS

内 容 提 要

本书系统介绍了能源动力工程领域主要技术的基本原理和发展背景，重点介绍"双碳"目标背景下各技术的新动态和发展趋势，主要包括先进燃煤发电技术，可再生能源，核能，氢能、化学电池与储能，燃气轮机，智能发电系统，制冷与低温技术，碳中和等内容。通过本书的学习，激发学生对能源动力工程学科的兴趣，引导学生认识能源动力工程领域相关技术的基本原理和基本技术。

本书可作为普通高等学校能源与动力工程专业学生专业导论、专业素质教育教材使用，也可作为高校相关专业学生、相关工程技术人员了解能源动力工程学科的参考用书。

图书在版编目（CIP）数据

能源动力工程导论/肖睿主编 . —北京：中国电力出版社，2022.9（2025.7 重印）
"十四五"普通高等教育本科系列教材
ISBN 978 - 7 - 5198 - 6807 - 9

Ⅰ．①能…　Ⅱ．①肖…　Ⅲ．①能源－动力工程－高等学校－教材　Ⅳ．①TK

中国版本图书馆 CIP 数据核字（2022）第 123830 号

出版发行：中国电力出版社
地　　址：北京市东城区北京站西街 19 号（邮政编码 100005）
网　　址：http://www.cepp.sgcc.com.cn
责任编辑：李　莉（010 - 63412538）
责任校对：黄　蓓　王海南
装帧设计：赵姗姗
责任印制：吴　迪

印　　刷：望都天宇星书刊印刷有限公司
版　　次：2022 年 9 月第一版
印　　次：2025 年 7 月北京第三次印刷
开　　本：787 毫米×1092 毫米　16 开本
印　　张：12.75
字　　数：292 千字
定　　价：38.00 元

前　言

　　能源是国民经济的重要物质基础，国家命运取决于对能源的掌控，能源的开发和有效利用程度以及人均消费量是评价生产技术水平和人民生活水平的重要标志。

　　能源与动力工程学科是研究能量热和功等形式在产生、转化、传递过程中的基本规律，研究、开发、应用能源与动力相关装置的学科。能源与动力工程导论作为一门专业导论课程，对于引导社会大众认识能源与动力工程学科具有至关重要的作用。

　　我国是世界上第一大能源生产国和消费国，能源供应的持续增长，为我国经济社会发展提供了重要支撑。我国的能源供应结构中，煤炭、石油与天然气等不可再生能源占绝大部分，新能源和可再生能源开发不足，这不仅造成了环境污染等一系列问题，而且严重制约了能源发展。进入 21 世纪以来，随着常规能源资源的枯竭以及化石能源大量使用带来的一系列环境问题，人类必须寻找可持续发展的能源道路。我国更是高度重视能源结构的调整，在国际上率先提出碳达峰、碳中和的战略目标，大力发展新能源，降低碳排放。

　　基于上述原因，目前迫切需要一本教材为广大高校学生系统地介绍"双碳"目标背景下能源与动力工程学科的知识、面临的问题、解决的对策和发展前景，《能源动力工程导论》教材应运而生。全书以能源与动力学科在"双碳"目标背景下的发展为契机，结合了多学科优势，力求兼顾科学素质教育的要求，理论上简单介绍，文字叙述通俗易懂，配图简洁生动，使读者能更好地了解能源动力工程领域的最新发展动态。

　　东南大学能源与环境学院组织了一线教学科研力量组成了教材编写组，由肖睿教授担任主编，能源工程系向文国教授、张会岩教授、李桃研究员、巩峰副研究员，动力工程及自动化系邓艾东教授，制冷与建筑环境系殷勇高教授，核科学与技术系周涛教授、许传龙教授，东南大学长三角碳中和战略发展研究院朱晓明院长担任副主编。另外，能源工程系刘倩教授、吴石亮副研究员，动力工程与自动化系王培红教授、苏志刚教授，制冷与建筑环境系李舒宏教授、王军教授、钱华教授、梁文清副研究员等参编。其中肖睿、吴石亮和巩峰编写第一章，张会岩、王军和刘倩编写第二章，肖睿和李桃编写第三章，周涛和张彪编写第四章，向文国和许传龙编写第五章，许传龙、邓艾东和苏志刚编写第六章，殷勇高、李舒宏、钱华和梁文清编写第七章，朱晓明和王培红编写第八章。本书编写过程中，得到了东南大学教务处、东南大学能源与环境学院领导和同事的支持，相关课题组的研究生也给予了热情帮助，在此一并表示衷心的感谢！

　　限于编者水平，书中不足之处在所难免，恳请读者不吝赐教和批评指正。

肖睿于东南大学四牌楼校区
2022 年 5 月

目　录

第一章

先 进 燃 煤 发 电 技 术

　　我国煤炭丰富，是电力行业的主要能源，电力消耗煤炭占全国煤炭消耗总量的一半。煤炭在满足经济社会发展对能源需求的同时，也给我国环境治理和温室气体减排带来巨大的压力。2020 年，习近平主席在第 75 届联合国大会上宣布，我国力争 2030 年前二氧化碳排放达到峰值、努力争取 2060 年前实现碳中和目标（简称"双碳"目标）。推动煤炭燃煤发电清洁、高效、可持续发展，促进能源生产和消费革命，已成为"双碳"目标背景下燃煤发展必须面对和解决的问题。

　　燃煤行业高效清洁发展的主要方向是提高燃煤发电效率，减少煤炭消耗。对于煤粉发电技术，提高火电厂蒸汽参数是提高机组发电效率的有效途径。以 600MW 机组为例，超超临界参数机组比亚超临界参数机组设计发电标准煤耗下降 14g/kWh，而超超超临界参数机组比超超临界参数机组标准煤耗率又下降 11g/kWh。因此，应积极开发二次再热机组，建设高参数、大容量机组，开发 700℃等级超超临界技术和超临界压力二氧化碳发电技术。

　　蒸汽 - 燃气联合循环的设想在燃气轮机发展初期就已提出，燃气轮机的燃气初温超过 1200℃，放热温度也高，为 450～550℃，不少热量随排气进入大气，故热效率最高只有 38%。现代的大型蒸汽动力装置因受结构和材料的限制，新蒸汽温度一般不超过 600℃，放热温度也较低，热效率最高只达 38%～39%。燃气 - 蒸汽联合循环装置（简称联合循环装置）能把两者的优点结合起来。它的循环兼具燃气轮机的加热高温和蒸汽动力装置的放热低温，从而有较高的热效率，成为二氧化碳减排的有效途径之一。

　　超低排放，是指火电厂燃煤锅炉采用多种污染物高效协同脱除集成系统技术，使其大气污染物排放浓度基本符合燃气机组排放限值，即二氧化硫不超过 $35mg/m^3$、氮氧化物不超过 $50mg/m^3$、烟尘不超过 $5mg/m^3$，当前环保监控的力度持续增强，超低排放已经成为燃煤机组的必备技术。

　　碳捕集、利用与封存（carbon capture, utilization and storage，CCUS）是应对全球气候变化的关键技术之一，受到世界各国的高度重视。CCUS 技术是 CCS（carbon capture and storage，碳捕集与封存）技术新的发展趋势，即把生产过程中排放的二氧化碳进行提纯，继而投入到新的生产过程中，可以循环再利用，而不是简单地封存。与 CCS 技术相比，CCUS 技术可以将二氧化碳资源化，能产生经济效益，更具有现实操作性。

　　绿色低碳是我国火电发展的必由之路，我国以煤为主的能源资源禀赋决定了未来一定时期内煤电仍是我国电力安全可靠供应的基石。为适应新时代电力系统对煤电功能定位转变的新要求，煤电必须以科技创新和技术进步为核心，推动转型升级。

第一节 超超临界参数发电技术

火力发电技术一直通过提升机组容量和蒸汽参数，进而提高机组热效率、降低污染物和二氧化碳排放。根据主蒸汽参数，火电机组可以划分为低压机组（3.92MPa，450℃）、高压机组（9.9MPa，540℃）、超高压机组（13.7MPa，540℃）、亚超临界参数机组（16.8MPa，540℃）、超超临界参数机组（22.1MPa，540℃）和超超超临界参数机组（27MPa，600℃）。

火电机组参数提升对提升发电效率和降低二氧化碳排放具有显著影响。当火电机组从亚超临界参数机组提升为超超超临界参数机组后，发电效率从38%提升至50%以上，二氧化碳排放从881g/kWh降低到669g/kWh，二氧化碳排放降低了24%。

一、主蒸汽温度提升与二次再热技术

主蒸汽温度的提升主要受到材料许用温度的限制，当前超超临界参数主蒸汽温度为620℃，在更高等级耐热钢材料研发支持下，超超临界参数发电技术正逐渐从620℃等级向更高参数的630、650℃及更高温度等级迈进。图1-1给出了超超超临界参数机组参数提升的路线图。

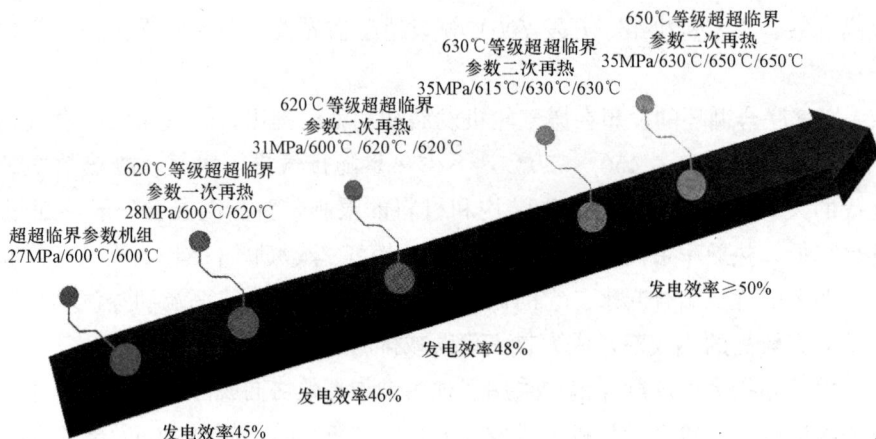

图1-1 超超超临界参数机组参数提升路线图

630℃超超临界参数燃煤发电技术是通过提高煤电机组热部件的材料等级，将汽轮机入口一次再热蒸汽和二次再热蒸汽由600、610℃或620℃均提高至630℃的技术，同时主蒸汽参数也相应提高。在热力系统不变的情况下，机组进汽参数的提升可降低发电标准煤耗率约3g/kWh。

目前620℃温度条件下锅炉高温材料以现有成熟材料为主，630℃温度条件下锅炉主要的耐热钢材则需采用新型马氏体耐热钢。目前国内三大锅炉厂（上海锅炉厂有限公司、哈尔滨锅炉厂有限责任公司和东方锅炉股份有限公司）均已系统开展了630℃温度条件下锅炉材料应用研究，具备了630℃等级超超临界压力锅炉的工程化应用条件。

620℃温度条件下汽轮机主要耐热部件采用适用于锻件的 FB2 和使用铸件的 CB2，两者已大量应用于 620℃等级汽轮机。对于 630℃等级超超临界压力汽轮机高温转子用材料，目前世界范围内仍然推荐采用具有成本低、实施效果好的 CB2 耐热钢，通过在表面涂覆抗高温氧化涂层来解决 CB2 耐热钢的抗高温氧化性问题。

650℃等级超超临界参数燃煤发电技术主要通过采用更高等级的热部件材料，将汽轮机再热蒸汽温度进一步提升至 650℃，相比 630℃参数等级的机组，发电标准煤耗率可进一步降低约 2g/kWh。同时，由于蒸汽参数的提高（630～650℃），机组热力系统具备更大的优化空间，采取相应措施可进一步降低发电标准煤耗率为 3～4g/kWh。

650℃等级超超临界参数机组锅炉的主蒸汽压力超过 35MPa、主蒸汽温度 630℃、再热蒸汽温度达到 650℃，这一参数等级突破了马氏体材料的许用极限，需采用更高等级的新型耐热材料用于高温出口联箱和管道。目前适用于 650℃温度区间工作的锅炉高温部件材料尚不成熟，特别是大口径厚壁管，各类材料都处于试验研究阶段。

2017 年 9 月，大唐郓城 630℃超超临界参数二次再热发电项目被列为国家电力示范项目（见图 1-2），参数达到 35MPa/615℃/630℃/630℃，发电效率超过 50%，在温度、压力、煤耗率及效率等方面均为行业首创、指标最优。

图 1-2　大唐郓城 630℃超超临界参数二次再热燃煤电厂鸟瞰图

二次再热技术是实现超超临界参数发电技术的重要技术，它是在常规一次再热的基础上，增加一个与主蒸汽温度参数水平相当的再热循环（见图 1-3）；与主蒸汽温度 600℃等级常规一次再热超超临界参数机组相比，可将机组效率提高 2%；集成应用其他节能提效技术，发电标准煤耗率可降低 10g/kWh 以上。增加一级再热系统后，二次再热机组锅炉不同受热面的吸热比例有较大变化，受热面布置及选材规格也有一定变化，但锅炉整体形式、调温方式等与一次再热锅炉相比没有本质区别；采用二次再热技术后汽轮机各汽缸进出口压力、温度都有较大变化，对超高压缸整体强度和密封性要求更高，并采用更大容量的中压模块。

二次再热技术起步于 20 世纪 50 年代的美国、日本、欧洲等国家和地区。美国是最早发展二次再热技术的国家，1957 年建成装机容量为 125MW、蒸汽参数为 31MPa/621℃/565℃/538℃的二次再热机组，此后陆续投运了 25 台左右二次再热机组。日本自 20 世纪 70 年代起陆续建设了一批蒸汽参数为 538～542℃/552℃～554℃/566℃～568℃等、燃用天然气和重油为主的二次再热机组，1990 年投运的川越电厂 2×700MW、31MPa/566℃/566℃/566℃天然气超超临界参数二次再热机组，热效率达到 46.3%。1979 年，联邦德国曼海姆热电厂建成装机容量为 467MW、蒸汽参数为 25.5MPa/530℃/540℃/530℃的二次再热机组。1998 年，丹麦 NORDJYLLAND 电厂建成装机容量为 410MW、蒸汽参数为 29MPa/582℃/580℃/580℃的二次再热机组，热效率达到 47%。据不完全统计，国外二次再热超（超）超临界参数机组数量超过 50 台，大部分建于 20 世纪六七十年代。

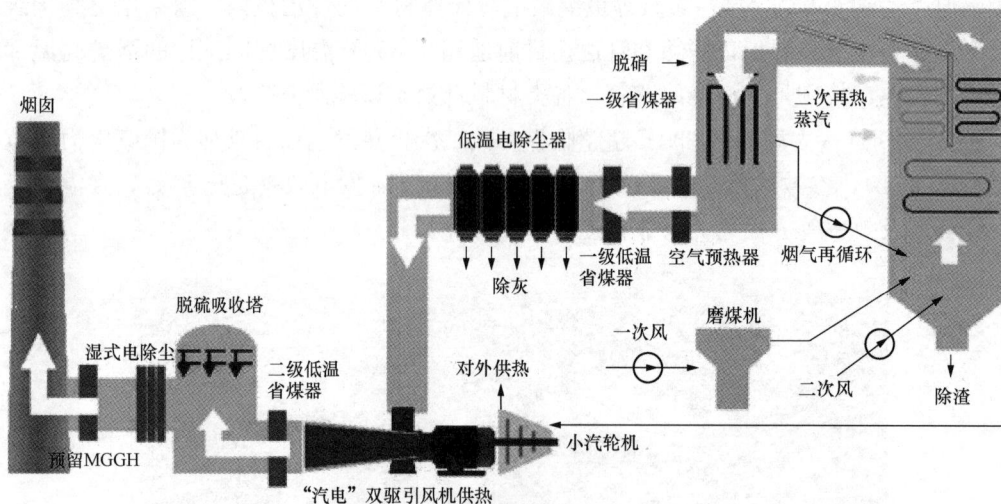

图 1-3　二次再热燃煤电厂流程图

我国自 20 世纪 80 年代后期发展超临界参数发电技术以来，经过几十年的创新发展，超超临界参数发电技术整体上已达到国际先进水平。近年来在常规超超临界参数发电技术基础上，进一步发展了超超临界参数二次再热发电技术。

图 1-4　国电泰州电厂

2015 年 6 月，我国首台 660MW 超超临界参数二次再热燃煤发电机组在华能安源发电有限责任公司建成投产，机组参数为 31MPa/600℃/620℃/620℃，设计发电效率达到 45%、供电煤耗率达到了 271g/kWh。2015 年 9 月，我国首台 1000MW 超超临界参数二次再热发电机组在国电泰州发电有限公司二期国家示范工程中建成投产（见图 1-4），机组参数为 31MPa/600℃/610℃/610℃，设计发电效率达到 47.9%、供电标准煤耗率达到 266g/kWh。我国已建成国家能源集团泰州发电有限公司二期、华能莱芜发电有限公司、江苏华电句容发电有限公司、广东大唐国际雷州发电有限责任公司等 10 余台 1000MW 级超超临界参数二次再热发电机组，主要采用参数水平为 31MPa/600℃/610℃～620℃/610℃～620℃，主机设备均采用了国产化设备。

2017 年 6 月开始，国家能源投资集团、电力规划设计总院、华东电力设计院、上海电气集团股份有限公司及相关高校、科研院所等 14 家单位，依托国家重点研发计划项目"高效灵活二次再热发电机组研制及工程示范"，建成国家能源集团宿迁发电有限公司 2×660MW 高效灵活二次再热超超临界参数发电示范机组，两台机组分别于 2018 年 12 月和 2019 年 6 月投产。宿迁发电有限公司 2×660MW 高效灵活二次再热超超临界参数发电示范机组集成优化了回热、真空、旁路、锅炉快速调温、智能发电等一系列创新技术，实现了机炉参数深度耦合，并首次采用"汽电双驱"引风机高效灵活供热技术，实现机组在 100% 额定负荷发电煤耗率低于 256g/kWh、70%～100% 额定负荷发电煤耗率为 256～260g/kWh。

二、 超临界压力循环

超超临界参数等发电技术以水蒸气为工质，采用朗肯循环。然而采用朗肯循环的传统发电技术面临两大瓶颈：

（1）在低温热源领域，其效率非常低，甚至无法正常运行；

（2）在高温热源领域，其效率极限仅为 40%，难以进一步提升。

因此，科研人员一直在寻求新的发电技术来突破朗肯循环的效率限制。其中，改变传统发电方式的水蒸气工质为超临界压力二氧化碳，可以将发电过程中的朗肯循环改变为布雷顿循环。相比于朗肯循环，布雷顿循环更接近理想的卡诺循环，热效率高于朗肯循环，其循环过程如图 1-5 所示。

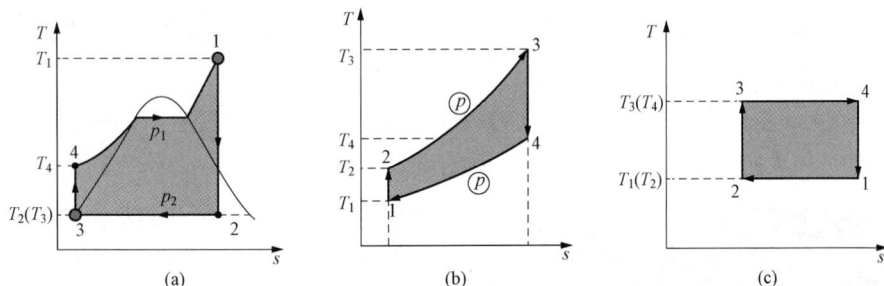

图 1-5 循环示意

（a）水蒸气—朗肯循环；（b）超临界压力 CO_2—布雷顿循环；（c）理想循环—卡诺循环

如图 1-6 所示，相比于其他循环工质，如水蒸气和氦气等，超临界压力 CO_2 无论是在中低温还是在高温均表现出更优异的循环效率。当超临界压力 CO_2 的温度超过 700℃ 时，循环效率可以达到 50%，远高于相同温度的其他运行工质。此外，相比水蒸气（374.15℃、22.12MPa）和氦气（－268.0℃、0.299MPa），CO_2 的临界温度和压力更温和且更易实现（31℃、7.4MPa）。

除了在循环效率上的优势以外，超临界压力 CO_2 循环发电系统的结构相较于采用其他工质循环的发电系统要更紧凑。图 1-7 给出了以水蒸气、氦气和超临界压力 CO_2 为循环工质的发电系统结构尺寸示意，可以明显地看出，采用氦气作为循环工质的发电系统尺寸小于以水蒸气为循环工质的发电系统，而以超临界压力 CO_2 为循环工质的发电系统尺寸远小于以氦气为循环工质的发电系统。

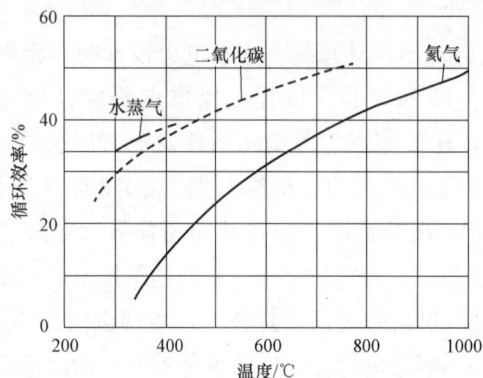

图 1-6　不同运行工质在不同温度下的
循环效率

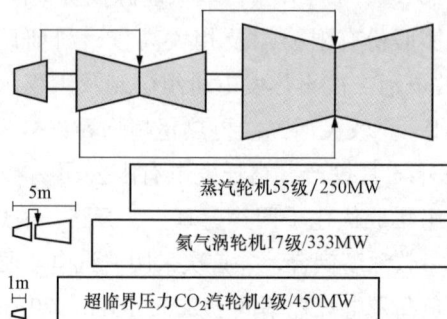

图 1-7　以超临界压力 CO_2 为循环工质的
发电系统结构尺寸示意

国际上早在 20 世纪六七十年代已经开始了超临界压力 CO_2 布雷顿循环的相关研究。但因受限于相关设备的加工困难，相关研究一直鲜有突破。直至 20 世纪 90 年代，随着高精度数控机床的应用，相关制造工艺得以突破，相关的研制工作才得以继续进行。美国能源部（DOE）于 2011 年开始实施太阳能应用领域的"Sunshot 攻关计划"，以 10MW 超临界压力 CO_2 发电机组为主体研发和测试项目，且制定了 10MW 示范项目市场应用的推进时间表：2015—2020 年，实现在工业余热利用领域的应用，效率超过 ORC 循环机组；2020—2025 年，实施光热发电领域的应用，在 10～100MW 功率等级内效率超过蒸汽轮机；2025 年以后研发实施化石燃料超临界压力 CO_2 电厂、第四代核电和直燃式超临界压力 CO_2 发电装置。

我国于 2012 年开始了超临界压力 CO_2 发电系统的研究与应用推广，中国核动力研究设计院、西安热工研究院有限公司、中国船舶重工集团公司第七一一研究所等企业机构联

图 1-8　国内首台兆瓦级超临界压力
二氧化碳压缩机

合相关高校和研究所开始在系统理论、零部件加工等方面进行探索。2018 年 2 月，由中国科学院工程热物理研究所研制的国内首台兆瓦级超临界压力二氧化碳压缩机，在中国航发沈阳黎明航空发动机有限责任公司燃气轮机分公司完成加工装配，成功交付工程热物理研究所衡水基地（见图 1-8）。压缩机是超临界压力二氧化碳布雷顿循环系统的核心部件之一，它的研制成功，是我国在超临界压力二氧化碳布雷顿循环系统研究领域的一次重大突破。

第二节 燃气 - 蒸汽联合循环技术

燃煤发电的优点是拥有较高的能量密度，能转换为大量的电力，煤炭便于开采、运输存储，且我国煤炭储量大、成本低；但是煤属于不可再生资源，且燃煤产生的污染气体加剧酸雨的形成和全球气候变暖，此外，燃煤废水含有大量的悬浮物和重金属，需进行脱硫处理。

天然气的主要成分是甲烷（CH_4），其分子由一个碳原子和四个氢原子组成。天然气无色、无味、无腐蚀性，燃烧生成水（H_2O）与二氧化碳（CO_2），不产生灰、渣、二氧化硫等有害物质，是世界公认的清洁能源。液化后的天然气（LNG）体积是气体形态的六百分之一，方便大量储存和远距离运输。采用 LNG 为原料，利用燃气 - 蒸汽联合循环技术来发电的电厂称为燃气 - 蒸汽联合循环发电厂。图 1 - 9 给出了燃气 - 蒸汽联合循环发电与传统燃煤电厂的性能对比，采用天然气发电可大大减少对环境的污染。采用燃气 - 蒸汽联合循环技术发电，机组发电效率高达 57%，而燃煤电厂机组的发电效率仅为 40% 左右；发同样的电，燃气 - 蒸汽联合循环发电厂 CO_2 排放量仅为燃煤电厂的 40% 左右，SO_2、粉尘排放量接近于 0。

图 1 - 10 为燃气 - 蒸汽联合循环发电系统设备与生产流程图。燃气 - 蒸汽联合循环是以燃气为高温工质、蒸汽为低温工质，由燃气轮机的排气作为蒸汽轮机装置循环加热源的联合循环。经过加热的天然气进入燃气轮机的燃烧室，与压气机压入的高压空气混合燃烧，产生高温高压气流推动燃气轮机旋转做功。从燃气轮机排出的气体温度高达 600℃，

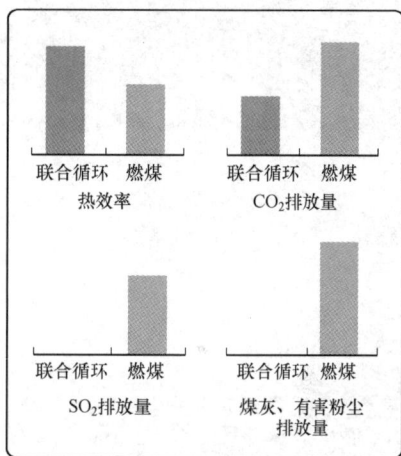

图 1 - 9　燃气 - 蒸汽联合循环发电厂与传统燃煤电厂对比

仍然具备很高的能量，利用这些高温气体把水加热成蒸汽推动蒸汽轮机，带动发电机发电。将燃气轮机循环与蒸汽动力循环耦合在一起，燃气轮机循环以燃料为热源，蒸汽动力循环以燃气轮机排气工质为热源，利用燃气轮机循环工作区间温度高和蒸汽动力循环工作区间温度低的特点，拓展工质工作温度范围，提高热利用效率。目前，燃气轮机联合循环发电技术已得到广泛应用，以天然气为燃料的燃气轮机联合循环的发电效率达 64%，热电联供热利用率可达 90%。

对于煤燃烧发电技术，可以借鉴天然气发电厂的运行模式，采用燃气 - 蒸汽联合循环技术大幅提高系统热效率。当前最具竞争力的方案有三个，即①增压流化床燃烧（PFBC）方案；②增加流化床加碳化炉加顶置燃烧室（CPFBC）方案；③整体煤气化联合循环（IGCC）方案。下面主要介绍方案①和方案③。

一、 增压流化床燃烧

PFBC 技术从原理上同常压流化床燃烧基本一致，燃烧空气通过布风板进入燃烧室，

7

加入的煤粒和脱硫剂（通常为石灰石或白云石）处于悬浮状态，形成一定高度的流态化"床"层。床层温度在 785～980℃ 范围内，燃烧烟气中的 SO_2 和加入流化床的石灰石（或白云石）反应生成 $CaSO_4$，该反应可以去除烟气中 90% 左右的 SO_2；同时由于流化床燃烧温度控制在 900℃ 以下，抑制了燃烧过程中氮氧化物的生成，因此大大减少了污染物的排放。燃烧产生的部分热量，通过安置在流化床内的埋管和水冷壁，使流经受热面的水或空气得到加热，经加热的空气或水蒸气，通过透平膨胀发电；离开燃烧室的加压燃气，经过高温除尘后，进入燃气轮机膨胀做功，驱动空气透平压缩机使空气增压，使多余的功发电，对外输送电力，其基本系统如图 1-11 所示。增压流化床的燃烧效率高，对煤种适应性强。

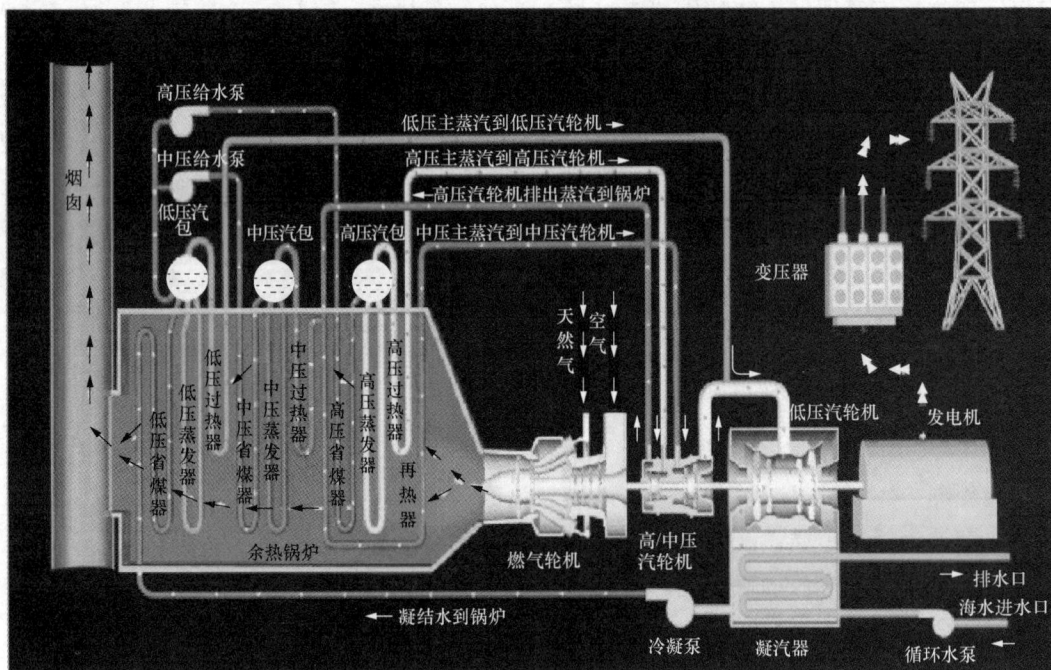

图 1-10　燃气-蒸汽联合循环发电系统设备与生产流程图

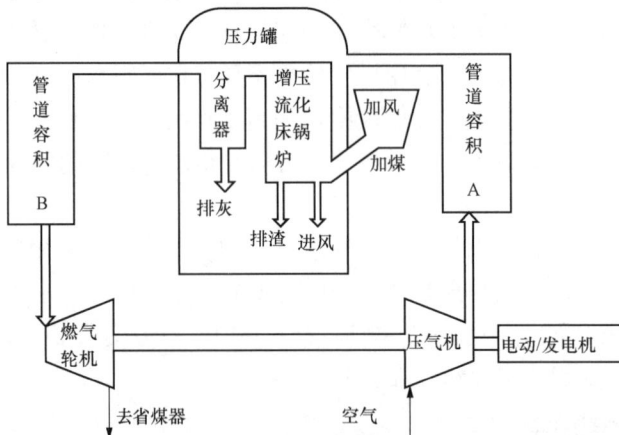

图 1-11　PFBC 联合循环系统图

PFBC 技术采用增压（6～20 个大气压）燃烧，燃烧效率和脱硫效率可以得到进一步提高。燃烧室热负荷增大，改善了传热效率，锅炉容积紧凑。该技术除了可在流化床锅炉中产生蒸汽使汽轮机做功外，从 PFBC 燃烧室出来的加压烟气，经过高温除尘后，可进入燃气轮机膨胀做功。通过燃气-蒸汽联合循环发电，发电效率得到提高，目前可比相同蒸汽参数的单蒸汽循环发电提高 3%～4%。

PFBC 燃气-蒸汽联合循环（简称 PFBC 联合循环）于 1969 年由英国人首先开始研究，此后发展迅速，到 1991 年世界上已有三个示范性的 PFBC 电厂投运或调试。1991 年 9 月 15 日，ABB carbon 公司建立在瑞典首都斯德哥尔摩市区凡登电站的 PFBC 热电联供电厂投入商业运行，该电厂由两套 P200 型 PF 配模块组成，电功率 137MW，热功率 220MW，全厂的热利用率为 88.7%。国内对 PFBC 技术的研究始于 20 世纪 80 年代初，经过近 40 年的不断努力，目前已基本掌握了该项技术。东南大学热能工程研究所自 1981 年开始对 PFBC 技术进行研究，1984 年建成热输入为 1MW 的 PFBC 试验装置，达到了国外同类实验规模研究水平。由东南大学工程研究所技术负责的徐州贾汪发电厂为我国第一套中试规模的 PFBC 联合循环发电机组，于 1998 年建成并于 2000 年 10 月最终顺利通过 72h 连续运行，此电站燃烧效率达 98%，脱硫率为 92%，灰渣可综合利用，如图 1-12 所示。

图 1-12 徐州贾汪发电厂增压流化床燃气-蒸汽联合循环中试电站

PFBC 联合循环的研究开发已经成型，但在技术上仍存在局限性。为了克服 PFBC 联合循环动力装置中燃气轮机入口温度较低（850～920℃）的问题，研究人员提出了第二代 PFBC 联合循环发电技术。第二代系统主要增加了一个增压气化装置，将原煤分解为煤气和焦炭，焦炭送入增压流化床，经过净化的煤气送入燃气轮机的前置式燃烧室，与来自增压流化床锅炉的热烟气混合并提高温度后送入燃气轮机做功发电，如图 1-13 所示。第二代 PFBC 联合循环的效率相比第一代提高 15%～20%。PFBC 联合循环前置燃烧室的高温燃烧可以有效降低 CO、N_2O 和碳氢化合物的排放，因此，第二代 PFBC 联合循环具有更优良的环保性能。

二、整体煤气化联合循环

除了 PFBC 联合循环外，整体煤气化联合循环也是燃煤发电的研究热点之一，整体煤气化联合循环发电系统（integrated gasification combined cycle，IGCC）是将煤气化技术和高效的联合循环相结合的先进动力系统。

IGCC 由两部分组成，即煤的气化与净化部分和燃气-蒸汽联合循环发电部分。第一部分的主要设备有气化炉、空分装置、煤气净化设备（包括硫的回收装置）；第二部分的主要设备有燃气轮机发电系统、余热锅炉、蒸汽轮机发电系统。IGCC 电厂工艺流程如下

（见图 1-14）：煤经气化成为中低发热量煤气，经过净化，除去煤气中的硫化物、氮化物、粉尘等污染物，变为清洁的气体燃料，然后送入燃气轮机的燃烧室燃烧，加热气体工质以驱动燃气透平做功，燃气轮机排气进入余热锅炉加热给水，产生过热蒸汽驱动蒸汽轮机做功。IGCC 整个系统大致可分为煤的制备、煤的气化、热量的回收、煤气的净化和燃气轮机及蒸汽轮机发电几个部分。

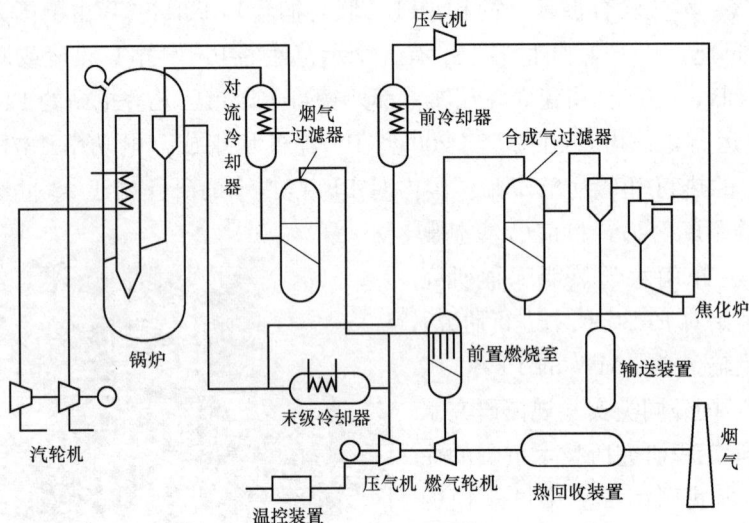

图 1-13 第二代 PFBC 联合循环示意

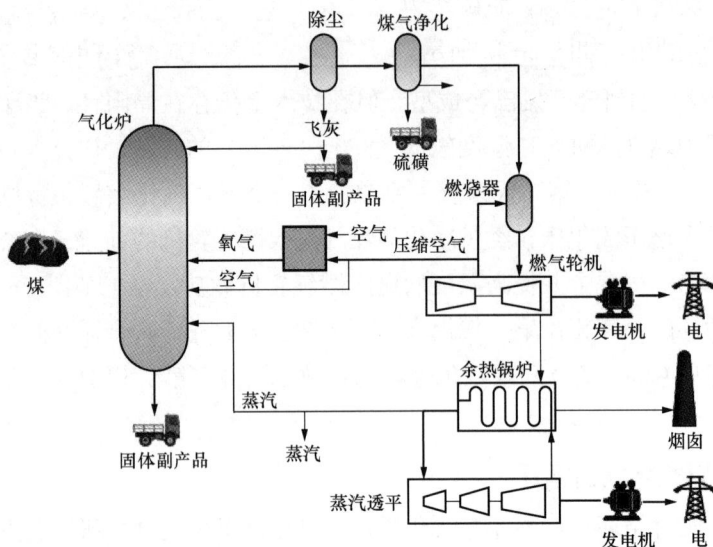

图 1-14 IGCC 电厂工艺流程

在整个 IGCC 的设备和系统中，燃气轮机、蒸汽轮机和余热锅炉的设备和系统均是已经商业化多年且十分成熟的产品，因此 IGCC 发电系统能够最终商业化的关键是煤的气化炉及煤气的净化系统。燃气轮机将在本书的第五章中详细介绍，此处主要介绍煤的气化炉和煤气化净化系统。

　　煤气化是指煤或焦炭、半焦等固体燃料在高温常压或加压条件下与气化剂反应，转化为气体产物和少量残渣的过程。气化剂主要是水蒸气、空气（或氧气）或它们的混合气，气化反应包括了一系列均相与非均相化学反应。煤气化工艺技术分为固定床气化技术、流化床气化技术、气流床气化技术三大类，如图 1-15 所示。各种气化技术有其各自的优缺点，对原料煤的品质均有一定的要求，其工艺的先进性、技术成熟程度也有差异。

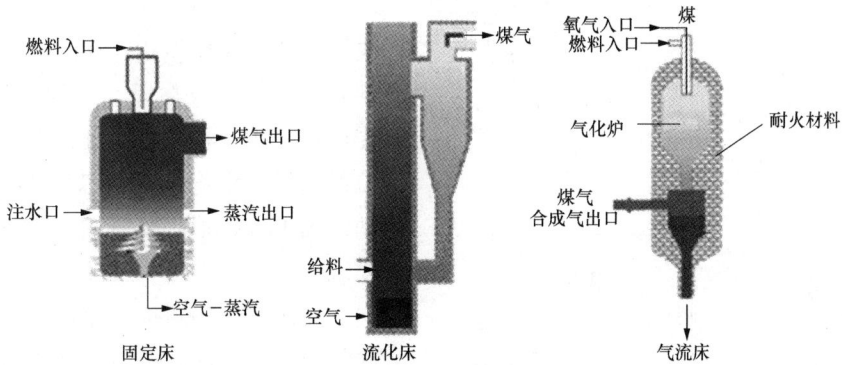

图 1-15　三种煤气化工艺

　　固定床气化采用的原料煤粒度为 6～50mm，采用水蒸气与纯氧作为气化剂。固定床气化技术的典型代表是鲁奇加压气化技术和 BGL 碎煤熔渣气化技术，具体应用见图 1-16。该气化技术的优点为原料适应范围广，除黏结性较强的烟煤外，从褐煤到无烟煤均可气化，可气化水分、灰分较高的劣质煤；氧耗量较低，气化变质程度较低的煤种（如褐煤、泥煤等）时，可以得到各种有价值的焦油、轻质油及粗酚等多种副产品。该气化技术存在的不足主要体现在出炉煤气中甲烷及二氧化碳含量较高，有效气含量较低，投资也相对较高。

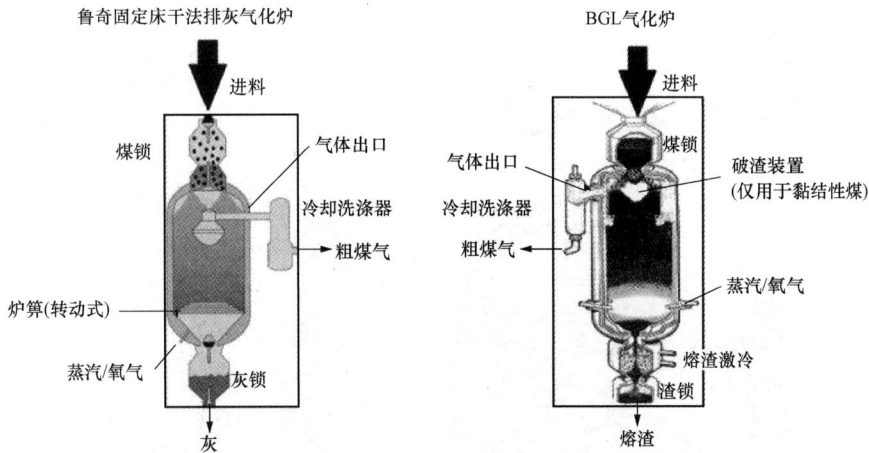

图 1-16　固定床气化

流化床气化又称之为沸腾床气化，是一种成熟的气化工艺，在国外应用较多。该工艺可直接使用0～6mm碎煤作为原料，备煤工艺简单，气化剂可同时作为流化介质，炉内气化温度均匀，典型的代表有德国温克勒气化技术（见图1-17）、山西煤炭化学研究所的ICC灰融聚气化技术和恩德粉煤气化技术。

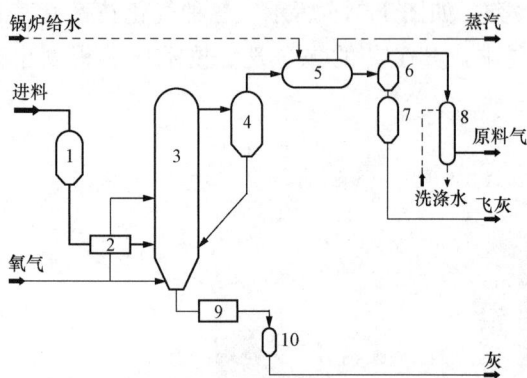

图1-17 流化床气化（德国温克勒气化技术）
1—进料斗；2—螺旋进料机；3—HTW™气化炉；
4—旋风分离器；5—余热锅炉；6—陶瓷过滤器；
7、10—锁斗；8—洗涤塔；9—螺旋冷却输送机

虽然近年来流化床气化技术已有较大发展，相继开发了如高温温柯勒（HTW）、U-Gas等加压流化床气化新工艺以及循环流化床工艺（CFB），在一定程度上解决了常压流化床气化存在的带出物过多等问题，但仍然存在煤气中带出物含量高、带出物中碳含量高且又难分离、碳转化率偏低、煤气中有效成分低等多方面问题，同时难以达到煤高活性、高灰熔点的要求。

气流床采用粉煤为原料，同气化剂一起喷入气化炉内，反应温度很高，灰分呈熔融状排出。气流床在高温高压下完成气化过程，粗煤气中有效气（CO+H$_2$）含量高，碳转化率高，不产生焦油、萘和酚水等，是一种环境友好型的气化技术。气流床气化技术主要分为水煤浆气化技术和粉煤气化技术，主流的气流床气化技术如图1-18所示。由于气流床气化技术具有气化效率高、污染易处理、可控制富氧度调节合成器品质的特点，适用于对合成气发热量有较高要求的燃气用户或大型煤化工用户，适用性广，是当前煤气化的主要发展方向。

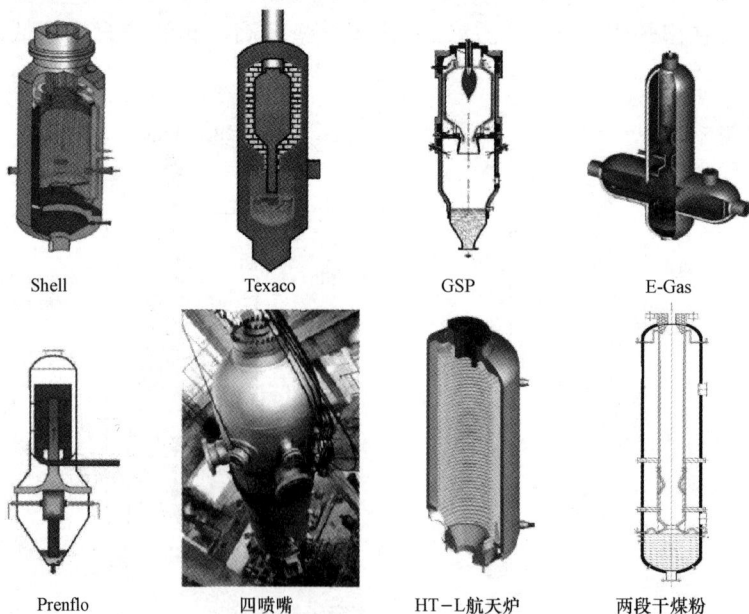

Shell　　Texaco　　GSP　　E-Gas
Prenflo　　四喷嘴　　HT-L航天炉　　两段干煤粉

图1-18 主流气流床气化技术

煤经气化净化后即可进入燃气轮机燃烧做功。IGCC 技术把洁净的煤气化技术与高效的燃气 - 蒸汽联合循环发电系统结合起来,既有高发电效率,又有极好的环保性能,是一种有发展前景的洁净煤发电技术。在目前技术水平下,IGCC 发电的净效率可达 43%～45%,今后可望达到更高;而污染物的排放量仅为常规燃煤电站的 1/10,脱硫效率可达 99%,标准状态下二氧化硫排放在 25mg/m³ 左右,远低于排放标准 1200mg/m³,氮氧化物排放只有常规电站的 15%～20%,耗水为常规电站的 1/3～1/2,对于环境保护具有重大意义。

世界第一座 IGCC 电站于 1972 年在德国北莱茵 - 威斯特法伦州试运行,而公认的第一座实现长周期稳定运行的 IGCC 电站是美国的 Cool Water 电站,于 1984 年 5 月在美国加利福尼亚州建成。我国第一座自主设计和建造的 IGCC 电站是华能绿色煤电天津 IGCC 电厂,如图 1 - 19 所示。40 多年来,通过在美国、欧洲、日本及中国若干电站的示范探索及商业运行,IGCC 发电技术已经取得了重大发展。

图 1 - 19　华能绿色煤电天津 IGCC 电厂鸟瞰图

第三节　超低排放技术

超低排放是指火电厂燃煤锅炉在发电运行、末端治理等过程中,采用多种污染物高效协同脱除集成系统技术,使其大气污染物排放浓度基本符合燃气机组排放限值,即烟尘、二氧化硫、氮氧化物排放浓度(基准含氧量 6%)分别不超过 5、35、50mg/m³,比 GB 13223—2011《火电厂大气污染物排放标准》中规定的燃煤锅炉重点地区特别排放限值分别下降 75%、30% 和 50%,是燃煤发电机组清洁生产水平的新标杆。

为了达到超低排放标准,需要对燃煤电厂的脱硝、脱硫和除尘设备进行提效改造,并引入新的环保技术对汞和三氧化硫进行进一步脱除,使电厂排放的烟尘、二氧化硫、氮氧化物、汞和三氧化硫达到超低排放的要求(见图 1 - 20)。

(1) 针对烟尘,采用低低温电除尘、湿式电除尘、高频电源等技术,实现除尘提效,排放浓度不超过 5mg/m³;

(2) 针对二氧化硫,采用增加均流提效板、提高液气比、脱硫增效环、分区控制等技术,对湿法脱硫装置进行改进,实现脱硫提效,排放浓度不超过 35mg/m³;

（3）针对氮氧化物，采用锅炉低氮燃烧改造、SCR 脱硝装置增设新型催化剂等技术，实现脱硝提效，排放浓度不超过 $50mg/m^3$；

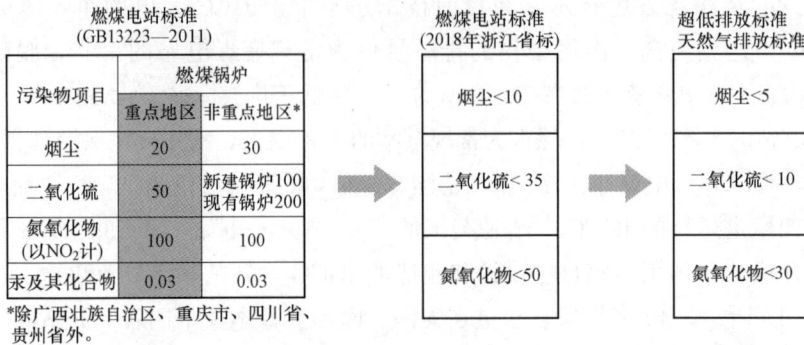

燃煤电站标准
(GB13223—2011)

污染物项目	燃煤锅炉	
	重点地区	非重点地区*
烟尘	20	30
二氧化硫	50	新建锅炉100 现有锅炉200
氮氧化物 (以NO_2计)	100	100
汞及其化合物	0.03	0.03

*除广西壮族自治区、重庆市、四川省、贵州省外。

燃煤电站标准
(2018年浙江省标)

烟尘<10

二氧化硫<35

氮氧化物<50

超低排放标准
天然气排放标准

烟尘<5

二氧化硫<10

氮氧化物<30

图 1-20　燃煤电站标准和超低排放标准［单位：mg/m^3（标准状态下）］

（4）针对汞及其化合物，采用 SCR 改性催化剂技术，可使汞氧化率达到 50% 以上，经过吸收塔脱除后，排放浓度不超过 $3\mu g/m^3$；

（5）针对三氧化硫，采用低低温电除尘、湿式电除尘等，排放浓度不超过 $5mg/m^3$。

超低排放主流技术路线如图 1-21 所示，通过多污染物协同脱除的方式实现超低排放，在 SCR 高效脱硝装置中实现协同氧化 Hg^0（零价汞），通过静电高效除尘装置实现协同控制 SO_3，通过湿法高效脱硫装置实现协同控制 NO_x/Hg，通过湿式静电深度除尘装置实现协同脱除 SO_3/Hg，等等。

控制措施
· SCR高效脱硝技术：脱硝效率≥90%
· 静电高效除尘技术：除尘效率≥99.8%
· 湿法高效脱硫技术：脱硫效率≥99%，脱汞≥80%
· 湿式静电深度除尘技术：$PM_{2.5}$脱除效率≥90%

目标值（标准状态下）
· PM≤4.5mg/m^3
· SO_2≤20mg/m^3
· NO_x≤30mg/m^3
· Hg≤0.005mg/m^3

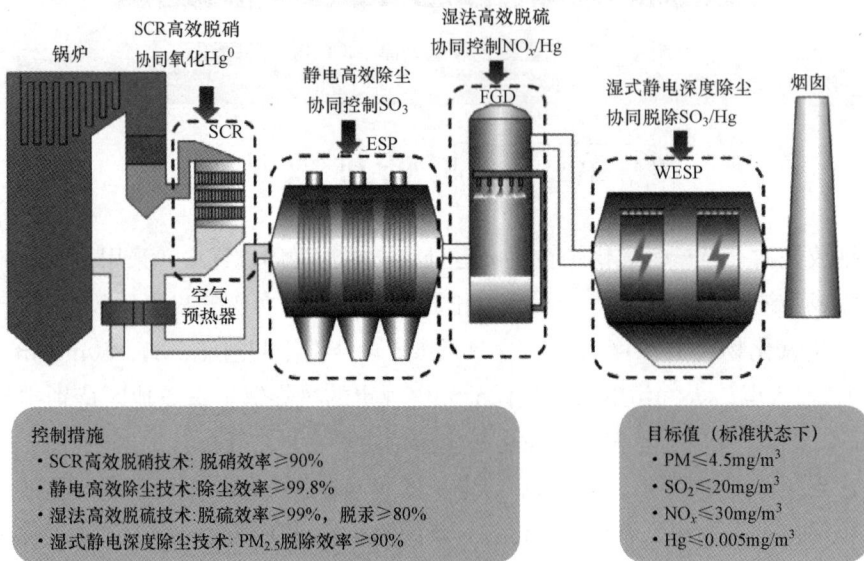

图 1-21　超低排放主流技术路线

选择性非催化还原法（SNCR）/选择性催化还原法（SCR）联合脱硝技术是超低排放中的一项主流技术，SNCR 是一种不使用催化剂，在 850～1100℃ 温度范围内还原 NO_x 的方法。SCR 是指在催化剂的作用下，利用还原剂（如 NH_3、尿素）"有选择性"地将烟气

中的 NO_x 还原成 N_2 和 H_2O，如图 1-22 所示。

SNCR/SCR 联合脱硝技术是一种联体工艺，而不仅仅是 SCR 与 SNCR 工艺共用。它是在 SCR 工艺的基础上，结合了 SCR 技术高效、SNCR 技术投资低的特点而发展起来的一种新颖、高效、技术成熟的 SCR 改进工艺。该工艺前端是 SNCR 装置，它利用稳定的尿素溶液减少锅炉内的 NO_x，尿素 SNCR 产生的氨有一部分随烟气一起进入后端较小的 SCR 装置中进一步还原 NO_x，使反应剂得到充分利用，并有效控制氨逃逸。

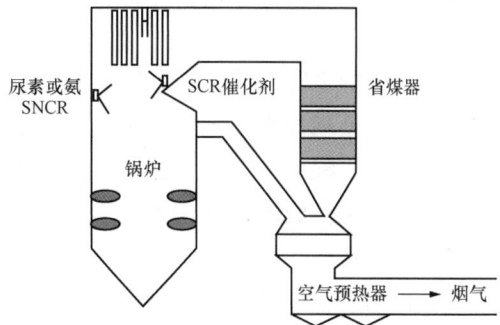

图 1-22 SNCR/SCR 联合脱硝技术

SNCR/SCR 联合脱硝技术的另一项优点是因为锅炉内已装有 SNCR 系统，大幅度降低了 SCR 装置入口的 NO_x 浓度，从而大幅度减少了系统所需要的催化剂数量和 SCR 反应器溶剂，同时也不需要复杂的控制系统，因此降低了 SCR 系统昂贵的装置成本和对相关催化剂的限制。

湿法脱硫＋湿式静电除尘技术（WFGD＋WESP）也是当前超低排放的主流技术（见图 1-23）之一，湿式静电除尘技术在湿法脱硫工程中的应用，是通过高压静电吸附作用，完成了对脱硫后烟气的再处理，有效吸收了烟气夹带的液滴中溶解的脱硫产物，避免液滴中溶解的脱硫产物在大气中结晶析出造成二次颗粒物污染，同时减少了湿法脱硫向大气中排入的大量水汽。

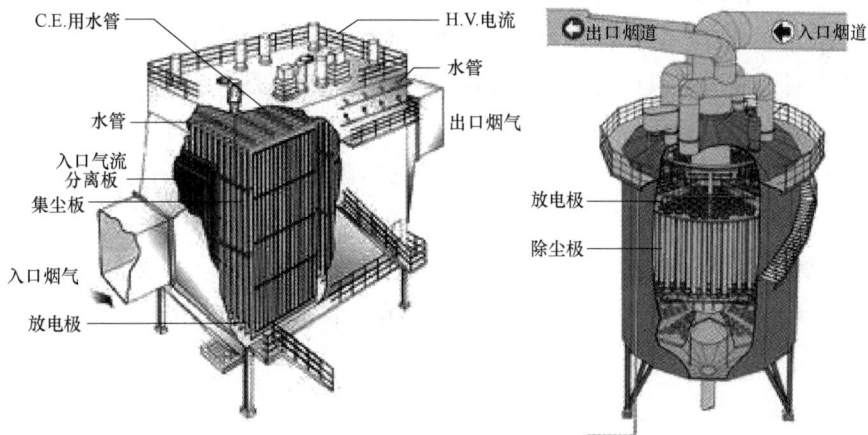

图 1-23 湿法脱硫＋湿式静电除尘技术

湿法脱硫技术将 120℃ 左右的烟气经脱硫塔喷淋处理后，经烟囱直接排放。在脱硫塔喷淋处理过程中，脱硫浆液滴随烟气被夹带，一部分可被除雾器收集，另一部分随烟气排出，形成湿法脱硫后烟囱长长的烟尾，严重的形成酸雨、石膏雨。被夹带的脱硫液滴在高空中受自然作用，随着水分的蒸发，脱硫相关产物会结晶析出形成粉尘；而且粉尘以可吸入颗粒物、细颗粒物为主。湿法脱硫虽然可以通过喷淋洗涤脱出部分灰尘，但其本身也会在脱硫的同时产生二次颗粒物污染，向大气中排入大量雾化水分。因此，湿法脱硫后的烟气必须再处理。

采用湿式静电除尘技术可有效地避免因湿法脱硫产生的二次颗粒物污染、石膏雨、酸雨等现象，大量减少雾化水分向大气中的排放。湿法脱硫＋湿式静电除尘技术具有如下的优点：①有效去除 SO_3、重金属（Hg）、$PM_{2.5}$ 粉尘、细小液滴等；②大大降低烟气不透明度；③解决湿法脱硫带来的石膏雨及酸雨问题；④可满足更高的环保要求；⑤减少水耗、降低运行费用。

超低排放理念由浙江省能源集团有限公司（简称浙能集团）在 2011 年首次提出。2012 年，浙能集团开始着手广泛调研国内外燃煤机组污染物治理的先进技术。2013 年浙能集团在全国率先启动了"燃煤机组烟气超低排放"项目建设，于 2014 年 5 月 30 日 13 时 45 分在浙能嘉华发电有限公司 8 号机组投入运行。"嘉华百万千瓦燃煤机组烟气超低排放改造工程"是全国率先实施超低排放的示范改造项目，采用首创的"多种污染物高效协同脱除集成技术"，对现役的两台百万千瓦燃煤机组进行示范改造，使燃煤机组大气污染物排放浓度满足超低排放要求。

第四节 碳捕集利用与封存技术

碳捕集与封存（CCS）是指将大型发电厂所产生的二氧化碳收集起来，并用各种方法储存以避免其排放到大气中的一种技术。这种技术被认为是未来大规模减少温室气体排放、减缓全球变暖最经济、可行的方法。

CCUS 作为一项新兴的、具有大规模减排潜力的技术，是中国应对气候变化的一项重要战略选择，对达成国家减排目标、实现经济环境可持续发展具有重要意义。

CCS 技术可以分为捕集、运输以及封存三个步骤，商业化的二氧化碳捕集已经运营了一段时间，技术已发展得较为成熟；而对于二氧化碳封存技术，各国尚在进行大规模的实验。

一、二氧化碳捕集方式

二氧化碳的捕集方式主要有三种：燃烧前捕集（pre - combustion）、富氧燃烧（oxy - fuel combustion）和燃烧后捕集（post - combustion），如图 1 - 24 所示。

1. 燃烧前捕集

燃烧前捕集主要运用于 IGCC 系统中，将煤高压富氧气化变成煤气，再经过水煤气变换后产生 CO_2 和氢气（H_2），气体压力和 CO_2 浓度都很高，将很容易对 CO_2 进行捕集；剩下的 H_2 可以被当作燃料使用，如图 1 - 25 所示。该技术的捕集系统小，能耗低，在效率以及对污染物的控制方面有很大的潜力，因此受到广泛关注。然而，IGCC 发电技术仍面临着投资成本高、可靠性还有待提高等问题。

2. 燃烧中捕集

燃烧中捕集方法主要有富氧燃烧和化学链燃烧两种。

富氧燃烧采用传统燃煤电站的技术流程，但通过制氧技术，将空气中大比例的氮气（N_2）脱除，直接采用高浓度的氧气（O_2）与抽回的部分烟气（烟道气）的混合气体来替代空气，这样得到的烟气中有高浓度的 CO_2 气体，可以直接进行处理和封存，富氧燃烧技术原理如图 1-26 所示。欧洲已有在小型电厂进行改造的富氧燃烧项目。该技术路线面临的最大难题是制氧技术的投资和能耗太高，未能找到一种廉价低耗的能动技术。

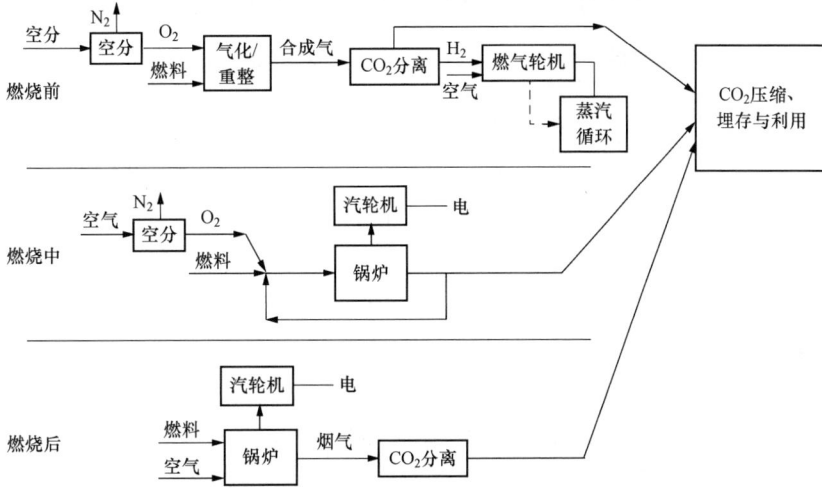

图 1-24 二氧化碳捕集技术分类

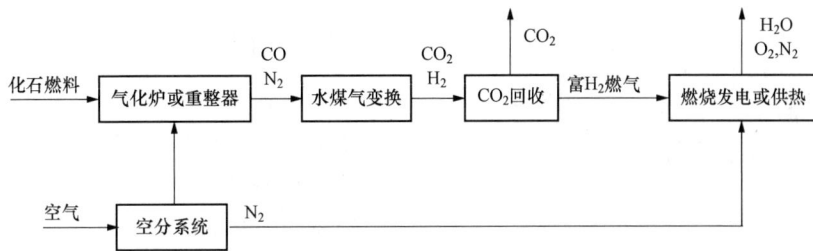

图 1-25 燃烧前捕集 CO_2 技术原理图

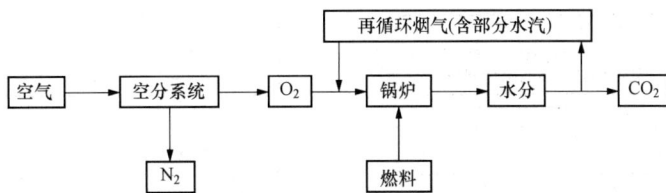

图 1-26 富氧燃烧技术原理图

化学链燃烧（见图 1-27）是一种燃料与空气不直接接触的无火焰燃烧方式，基本原理是将传统的燃料与空气直接接触反应的燃烧借助于载氧体的作用分解为 2 个气固反应，燃料与空气无须接触，由载氧体将空气中的氧传递到燃料中。化学链燃烧可有效抑制 CO_2 排放，系统热效率高，能够实现化学能的梯级利用，从而减少了燃烧过程中的损失。

3. 燃烧后捕集

燃烧后捕集即在燃烧排放的烟气中捕集 CO_2，当今常用的 CO_2 分离技术主要有化学吸收法（利用酸碱性吸收）和物理吸收法（变温或变压吸附），此外正处于发展阶段的膜分离法技术，是公认的在能耗和设备紧凑性方面具有较大潜力的技术，如图 1-28 所示。从理论上说，燃烧后捕集技术适用于任何一种火力发电厂。然而，普通烟气的压力小、体积大、CO_2 浓度低，且含有大量的 N_2，因此 CO_2 捕集系统庞大、能耗高。

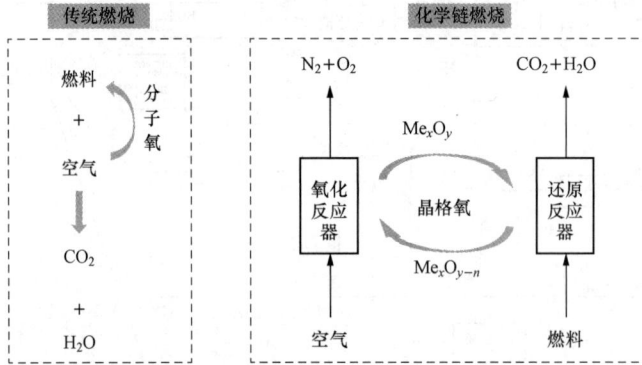

图 1-27 化学链燃烧技术原理图

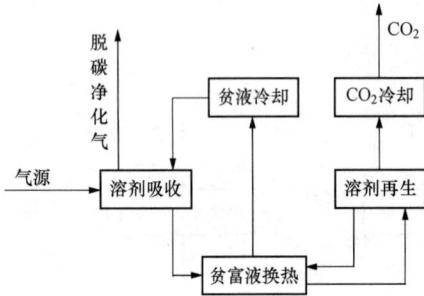

图 1-28 燃烧后捕集 CO_2 技术原理图

通过以上对各种不同的二氧化碳捕集技术的介绍，我们可以系统地对比不同二氧化碳捕集技术的优缺点，如图 1-29 所示。

二、二氧化碳封存

捕集到的二氧化碳必须运输到合适的地点进行封存，可使用汽车、火车、轮船以及管道来进行运输。一般而言，管道是最经济的运输方式。2008 年，美国约有 5800km 的 CO_2 管道，这些管道大都用以将 CO_2 运输到油田，注入地下油层以提高石油采收率（enhanced oil recovery，EOR）。

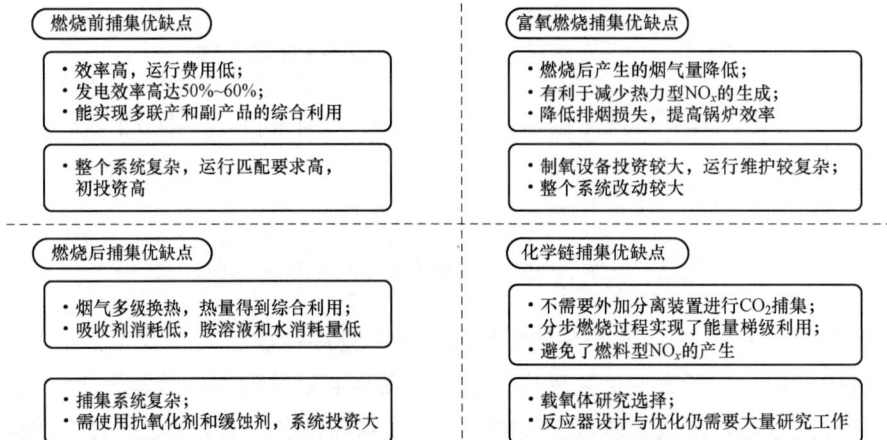

图 1-29 四种二氧化碳捕集方式优缺点对比

把二氧化碳存放在特定的一种自然或人工"容器"中，利用物理、化学、生化等方法，将二氧化碳封存百年甚至更长的时间。CO_2封存技术目前共有四大类别封存工艺，分别是海洋封存、矿石碳化、地质封存和工业利用。

（1）海洋封存（见图1-30）是指将CO_2通过轮船或管道运输到深海海底进行封存。然而，这种封存办法也许会对环境造成负面影响，比如过高的CO_2含量将杀死深海的生物、使海水酸化等；此外，封存在海底的二氧化碳也有可能会逃逸到大气当中（有研究发现，海底的海水流动到海面需要1600年的时间）。

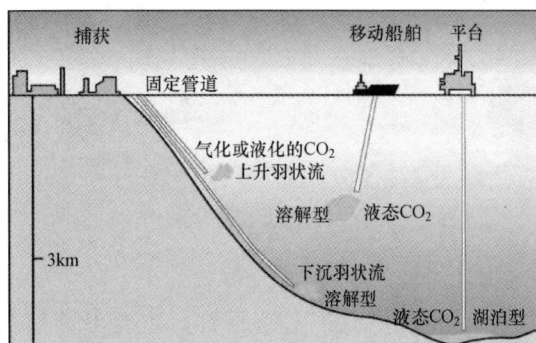

图1-30 海洋封存示意

（2）地质封存（见图1-31）一般是将超临界状态（气态及液态的混合体）的CO_2注入地质结构中，这些地质结构可以是油田、气田、咸水层、无法开采的或油气藏煤矿等。联合国政府间气候变化专门委员会IPCC的研究表明，CO_2性质稳定，可以在相当长的时间内被封存。若地质封存点经过谨慎的选择、设计与管理，注入其中的CO_2 99%都可封存1000年以上。把CO_2注入油田或气田用以驱油或驱气可以提高采收率（使用EOR技术可提高30%～60%的石油产量）；注入无法开采的煤矿可以把煤层中的煤层气驱出来，即所谓的提高煤层气采收率（enhanced coal bed methane recovery，ECBM）。然而，若要封存大量的CO_2，最适合的地点是咸水层。咸水层一般在地下深处，富含不适合农业或饮用的咸水，这类地质结构较为常见，同时拥有巨大的封存潜力。不过与油田相比，人们对这类地质结构的认识还较为有限。

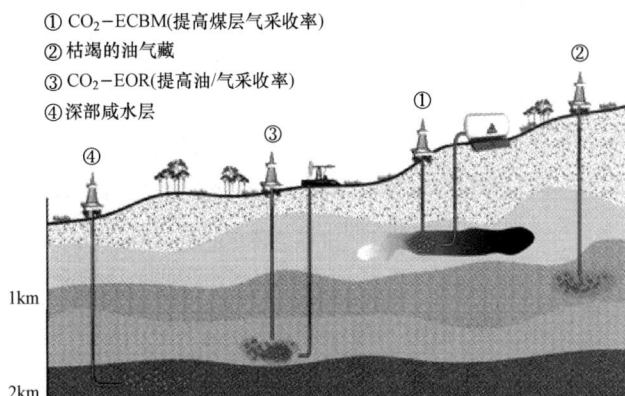

图1-31 地质封存示意

三、二氧化碳高值化利用

二氧化碳高值化利用是指通过化学转化反应实现对二氧化碳的资源化利用，获得高附

19

加值的能源、材料及化工产品，如图 1-32 所示。

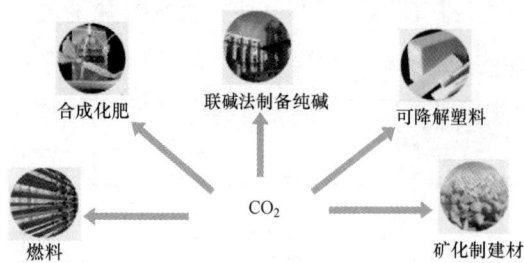

CO_2 与氨发生氨化矿化反应生成三聚氰酸，具有原料用量少、工艺可行、产品价值高及用途广泛等优点。比如三聚氰酸中 1 份质量的氨可固定 2.5 份的 CO_2，CO_2 在产品中的含量达 72%。二氧化碳氨化矿化生产三聚氰酸固体产品是一条封存利用 CO_2 的有效方法，该技术不仅能够封存 CO_2，而且使 CO_2 得到增值，形成 CO_2 利用的循环经济产业链。

图 1-32　二氧化碳高值化利用

甲醇是重要的化工基础原料，主要由天然气或煤经合成气（H_2＋CO）制备。近年来随着人们对温室二氧化碳气体排放的日益关注，二氧化碳加氢制甲醇技术路线受到重视。将 CO_2 转化为高附加值燃料或化学品是一个变废为宝的过程，而甲醇是一个很好的选择。

CO_2 基生物可降解塑料是以 CO_2 和烯烃为原料聚合而成的新型生物可降解塑料，其中 CO_2 组分可占据 31%～50%的比例。CO_2 制备可降解塑料具有可回收再利用、燃烧后不生成有毒有害物质和填埋处理可被微生物降解等优点。

截至 2019 年 12 月，全球共 51 个大型一体化 CCUS 项目，其中 18 个处于商业运行阶段，5 个处于建设阶段，加拿大和美国开展了大规模示范应用（见表 1-1）。2014 年世界首个燃煤电厂 100 万 t/aCO_2 捕集工程——加拿大边界大坝 CCS 项目正式投运，电厂 CO_2 排放由 1100g/kWh 降至 120g/kWh。2017 年世界最大的燃烧后 CO_2 捕集工程——美国佩特拉诺瓦 CCS 项目正式运行，设计规模 140 万 t/a。

我国在 CCUS 技术研发、试验示范和商业化探索方面已开展了大量工作，至 2018 年底，全国已建成或运营的万吨级以上 CCUS 示范项目 13 个，处于准备阶段的大规模全流程集成项目 14 个，规模大多在 100 万 t 以上。目前，国内已建成的最大的燃烧后 CO_2 捕集装置规模为 12 万 t/a，再生热耗 2.8GJ/tCO_2。2019 年 11 月 1 日，国家能源集团在陕西国华锦界能源有限责任公司建设 15 万 t/a 燃烧后 CO_2 捕集装置，2021 年 1 月安装建设完成，并通过 168h 试运行，连续生产出纯度 99.5%的工业级合格液态 CO_2 产品。

表 1-1　　　　　　　　　全球大型 CCS 项目统计分布

国家	累计封存量（万 t）	CCUS 年封存量（万 t）	项目数
中国	＞5800（1972—2019 年）	～2100	13
美国	～200（2007—2019 年）	10～100	9
挪威	～2200（1996—2019 年）	～179	2
加拿大	～4425（2000—2019 年）	～300	4

我国的 CO_2 捕集技术还处于商业示范的起步阶段，仍然存在总体规模偏小、CO_2 捕集能耗和成本较高的问题。同时，我国的 CO_2 捕集项目运行期较短，示范经验优先，需进一

步开展工程实践，在长时间的工程应用中积累经验。"十四五"期间，结合资源禀赋特色与技术发展阶段，加强燃烧后 CO_2 捕集技术研发、降低 CO_2 捕集能耗，重点掌握低能耗、大规模 CO_2 捕集利用与封存技术，优先推动 CO_2 富集浓度较高的煤化工等行业实施碳捕集，完成大规模碳捕集、驱油与封存工程技术评估，建成百万吨级全流程捕集示范工程。中远期，为了实现碳减排、碳中和目标，现役及新建煤电机组均需增设碳捕集装置。

第二章

可 再 生 能 源

可再生能源指的是风能、太阳能、水能、生物质能、地热能、海洋能等非化石能源。与化石能源不同，这些能源在自然界中可以循环再生，因而被称为可再生能源。发展可再生能源可以增加能源供给，缓解化石燃料资源的短缺问题，对国家能源安全有着重要的战略意义。此外，可再生能源的应用还可以改善能源结构，减少化石能源利用带来的温室气体排放，有助于减小能源利用对环境的影响。

自20世纪90年代以来，全球可再生能源行业飞速发展，已经在发电、燃料、供热/供冷等多个途径实现了对传统能源的替代。以最主要、规模最大的发电为例，许多国家包括冰岛、挪威、奥地利、瑞士、巴西等都实现了高比例的可再生能源发电。生物柴油、燃料乙醇等生物质液体燃料的产量也实现了高速增长。特别是2015年达成了《巴黎协定》以后，可再生能源的开发利用已经成为世界各国实现"碳中和"这一战略目标的关键途径。根据21世纪可再生能源政策网最新发布的《2021可再生能源全球现状报告》，几乎所有国家都制定了可再生能源的发展目标并颁布了相应的支持政策。在2020年中，尽管受到全球疫情的影响，可再生能源电力仍然异军突起，风电、水电、光伏发电等在不同领域均再创历史新高。其中水电全球总装机容量达到1170GW、海洋能发电装机容量527MW、光伏发电装机容量760GW、光热发电装机容量510GW、离岸/陆域风电装机容量743GW。

近年来，中国可再生能源开发利用规模稳居世界第一，为能源绿色低碳转型提供了强大支撑。截至2020年年底，我国可再生能源发电总装机容量达到9.3TW，占全国发电总装机容量的比重达到42.4%。水电、风电、光伏发电、生物质发电总装机容量如图2-1所示，分别连续16年、11年、6年和3年稳居全球首位。与此同时，我国可再生能源还保持着高利用率水平。全国主要流域水能利用率约96.61%，风能平均利用率97%，光电平均利用率98%，处于世界领先位置。随着2020年习近平总书记在第75届联合国大会上发表重要讲话，就我国碳达峰目标与碳中和愿景向国际社会作出"2030年前二氧化碳排放达到峰值、2060年前实现碳中和"的庄严承诺，可再生能源的发展将在"十四五"期间进入新的阶段，可再生能源在能源消费中的占比将持续提升，并将多元化发展。如图2-2所示，根据国际能源署（IEA）的预测，在可持续发展情景下，可再生能源在中国一次能源需求中的占比将在2040年达到35%。本章将从太阳能、风能、生物质能、水能、地热能和海洋能这五个部分来讲述可再生能源的利用。

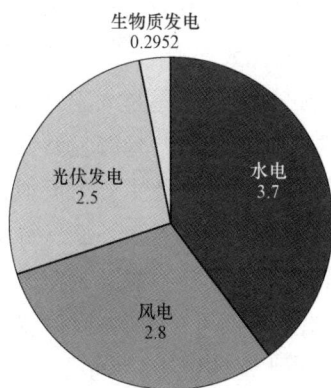

图 2-1 2020 年中国可再生能源发电
总装机容量（单位：亿 kW）
数据来源：国家能源局。

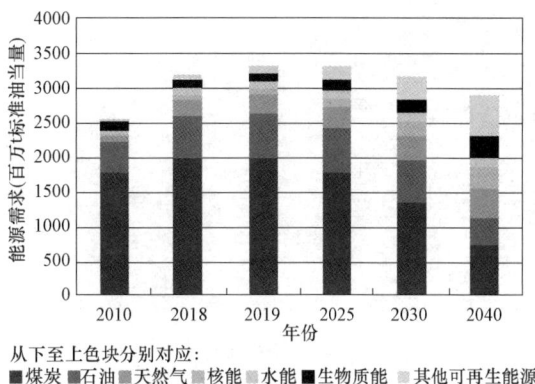

从下至上色块分别对应：
■煤炭 ■石油 ■天然气 ■核能 ■水能 ■生物质能 □其他可再生能源

图 2-2 中国一次能源需求
数据来源：国际能源署能源展望 2020。

第一节 太 阳 能

我国陆地表面每年接受太阳辐射能约 49 000 亿 t 标准煤，全国 2/3 的国土面积年日照
在 2200h 以上，年太阳辐射量超过 5000MJ/m² （约 170kg/m²标准煤），丰富的太阳能资源
是中华民族赖以生存、永续繁衍的最宝贵的资源。太阳能的利用方式主要有热利用和光伏
发电。

一、太阳能热利用

太阳能热利用技术主要运用了光热转换的原理，其基本原理是收集太阳辐射能，通过
与物质的相互作用转换成热能并加以利用。这种利用方式技术水平相对成熟、成本低廉、
普及性广、工业化程度较高。使用最多的太阳能收集装置主要有平板型集热器、真空管集
热器和聚光集热器等。目前，太阳能热利用系统的应用主要包括太阳能低温热利用技术、
太阳能中温热利用技术和太阳能高温热发电技术。

（一）发展历史及现状

1. 太阳能低温热利用技术

太阳能供热（热水与采暖）系统的工程应用是指太阳能代替常规能源满足建筑物供热
水和供暖功能要求，在欧美等国家已有几十年历史。国际能源署 IEA 的太阳能取暖与制
冷计划（solar heating & cooling programme）开展了被动式和主动式太阳能低能耗建筑、
太阳能储热、太阳能辅助制冷、太阳能与热泵系统、建筑能耗模拟与测试、光伏 - 光热复
合系统等方面的研究工作。特别在近 10 年中，包括区域供热在内的大型太阳能供热综合
系统（solar combisystem）的研究与应用发展较快。我国太阳能供暖系统，尤其是主动式
的，发展一直比较缓慢，尚处在起步阶段，由于我国严寒和寒冷地区冬季必须供暖，夏热
冬冷地区对采暖的要求也不断提高，造成这部分能耗比例不断增加。因此，太阳能供热技
术对实施建筑节能有着重要意义。

图 2-3 太阳能热水器

低温热利用的其他方面包括太阳能热水器、太阳能建筑、太阳灶、太阳能干燥等（见图 2-3～图 2-6）。我国是太阳灶的最大生产国，主要应用于甘肃、青海、西藏等西北边远地区和农村。太阳灶主要为反射抛物面型，其开口面积为 $1.6\sim2.5m^2$，每个太阳灶每年可节约 300kg 标准煤。太阳能干燥是热利用的重要方面，主要用于谷物、木材、蔬菜、草药干燥等。

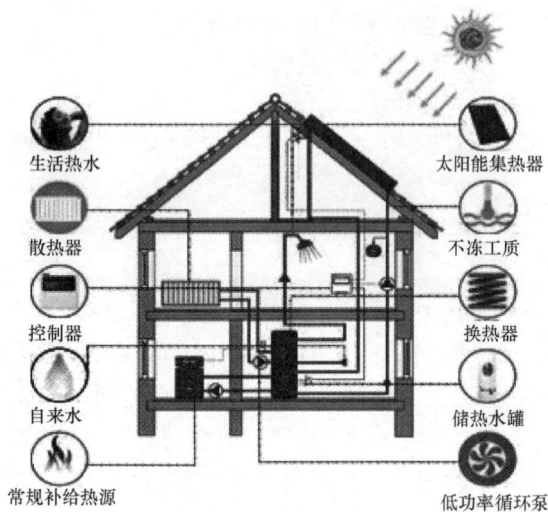

生活热水　太阳能集热器
散热器　不冻工质
控制器　换热器
自来水　储热水罐
常规补给热源　低功率循环泵

图 2-4 太阳能建筑

图 2-5 太阳灶

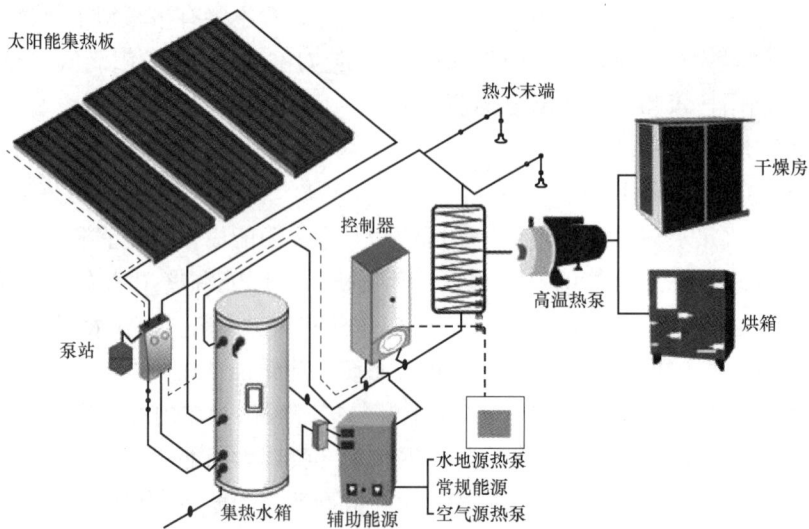

太阳能集热板　热水末端　干燥房
控制器　高温热泵　烘箱
泵站
集热水箱　辅助能源　水地源热泵　常规能源　空气源热泵

图 2-6 太阳能干燥器

2. 太阳能中温热利用技术

太阳能中温热利用主要涉及中温太阳能集热器、太阳能空调、太阳能工业应用和海水淡化等技术领域。国外对太阳能热利用技术在工业领域的应用研究始于 20 世纪 70～80 年代，国际能源署 - 太阳能和化学能组织（IEA - SolarPACES）开展了工业过程太阳能热利用项目（solar heat for industrial processes，SHIP），国内太阳能企业与有关大学（如清华大学、上海交通大学等）合作参与了该项目中太阳能工业应用技术的开发。然而，目前太阳能热利用技术在工业领域的应用工程仍然较少，成本较高。许多工业过程需要高于传统太阳能热利用的温度，除了厂房采暖和锅炉水预热外，工业领域的许多工艺过程都需达到 80℃以上的温度，有的甚至需要达到 100～250℃的温度范围。因此，太阳能工业热利用技术的成功主要取决于中温集热器的发展和成本的降低。

3. 太阳能高温热利用技术

欧美等发达国家投入了大量资金和人力对太阳能热发电系统进行了研究，取得了大量科研成果，先后建立了几十座太阳能热电系统。IEA - Solar PACES 开展的热发电系统研究项目（solar thermal electric systems）关注聚光太阳能热发电系统（CSP）的设计、测试、工程示范、评估和应用等。

我国太阳能热发电技术的研究开发工作始于 20 世纪 70 年代末。近年来随着经济的发展和技术进步，在国家项目的支持下，开展了太阳能热发电技术的研究与项目示范，掌握了一批太阳能热发电的关键技术，如高反射率高精度反射镜、高精密度双轴跟踪控制、高热流密度下的传热、太阳能热电转换等，从基础研究、关键技术、装备到产业化等各个方面逐渐缩小与世界发达国家的差距。

（二）工作原理

1. 太阳能热水系统

太阳能热水器将太阳的辐射能转化为水的热能，产生的热水可供生活和生产使用。太阳能热水器主要由集热器、保温储水箱、支架、循环管路、控制部件等装置组成。一般情况下，太阳能热水器的工作流程是：冷水通过下循环管路进入集热器加热，经过集热器加热后的热水经由上循环管路进入保温储水箱，经过多次循环加热，保温储水箱中的水全部得以加热。保温储水箱与室内冷、热水管相连，使整套系统形成一个闭合的环路。

2. 太阳能集热器

太阳能集热器是将太阳辐射能转化为热能的装置，是太阳能利用系统的关键部件。太阳能集热器主要有平板集热器、真空管集热器、复合抛物面（CPC）集热器、小型抛物槽式集热器、线性菲涅尔集热器等。

平板集热器（见图 2-7）的工作原理是：阳光透过透明盖板照射到表面涂有吸收层的吸热体上，其中大部分太阳辐射能为吸收体所吸收，转变为热能，并传向流体通道中的工质。从集热器底部入口的冷工质，在流体通道中被太阳能所加热，温度逐渐升高，加热后的热工质，带着有用的热能从集热器的上端出口，蓄入储水箱中待用，即为有用能量收益。真空管集热器（见图 2-8）工作原理和平板集热器大致相同，真空管集热器玻璃外管相当于平板集热器的透明盖板，其玻璃内管则相当于平板集热器的吸热板。

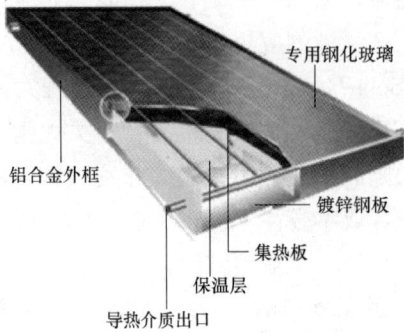

图 2-7 平板集热器

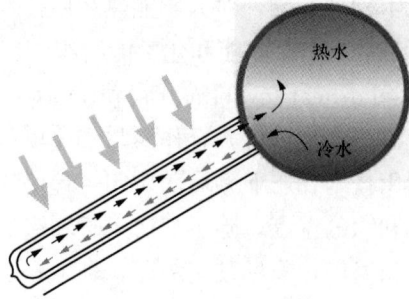

图 2-8 真空管集热管

3. 太阳能海水淡化技术

海水淡化技术根据工作原理可分为热法（即利用热能驱动海水发生相变）和膜法（即利用电能驱动渗析产水），如图 2-9 所示。热法工艺是利用热能实现海水蒸馏，再将其冷凝以产生淡水，而热能可以来自传统的化石能源或非传统的太阳能或地热能等。所有海水淡化工艺均必须对未经处理的海水进行化学预处理，防止结垢、发泡腐蚀、生物滋长和污染，此外，还须进行化学后处理。

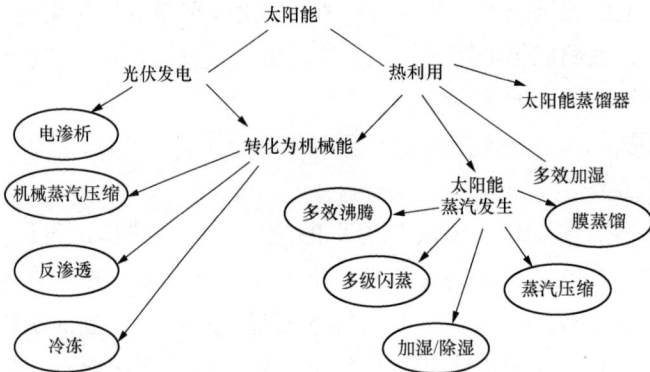

图 2-9 太阳能海水淡化技术图

4. 太阳能热发电系统

太阳能热发电是太阳能间接发电方式中的一类。

槽式太阳能热发电（见图 2-10）是目前最成熟、成本最低的太阳能热发电技术。典型抛物槽式太阳能热发电电站主要分为槽式太阳能集热场和发电装置两部分。整个太阳能集热场是模块化的，由大面积的东西或南北方向平行排列的多排抛物槽式集热器阵列组成。反射镜在控制系统的驱动下东—西或南—北向单轴跟踪太阳，确保将太阳能辐射聚焦在集热管上。集热管表面的选择性涂层吸收太阳能传导给管内的热传输流体。热传输流体在集热管中受热后，依次通过过热器、蒸汽发生器、预热器等一系列热交换器释放热量，加热另一侧的工质水产生高温高压过热蒸汽推动汽轮发电机组产生电力。

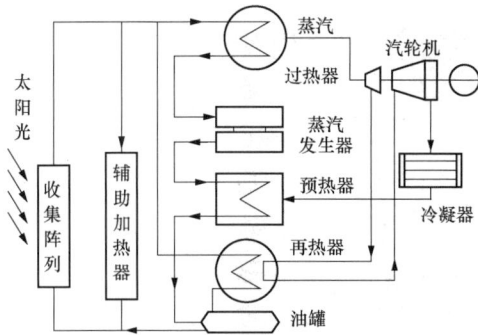

图 2-10　槽式太阳能热发电系统

塔式太阳能热发电系统（见图 2-11）主要由定日镜阵列、集热系统、蓄热系统、发电系统、控制系统等部分组成。塔式太阳能热发电工作的基本原理是利用独立跟踪太阳的定日镜群，将阳光聚集到固定在塔顶部的接收器上，用以产生高温，加热工质产生过热蒸汽或高温气体，驱动汽轮机发电机组或燃气轮机发电机组发电，从而将太阳能转换为电能。

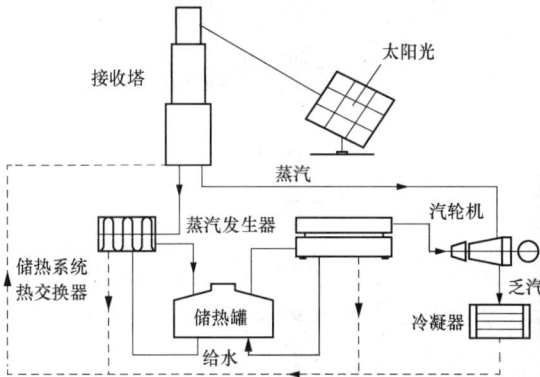

图 2-11　塔式太阳能热发电系统

碟式太阳能热发电［见图 2-12（a）］借助于双轴跟踪，抛物型碟式镜面将接收的太阳能集中在其焦点的接收器上，接收器吸收这部分辐射能并将其转换成热能。在接收器上安装热电转换装置，比如斯特林发动机或布雷顿循环热机等，从而将热能转换成电能。碟式系统可以是单独的装置［见图 2-12（b）］，也可以由碟群构成以输出大容量电力［见图 2-12（c）］。碟式系统的聚光比可以达到 3000，运行温度达到 900～1200℃。因此，在 3 种太阳能热发电方式中，碟式太阳能热发电可以达到最高的热效率，光电转换效率可高达 29％。

二、光伏

（一）光伏发电的历史和现状

太阳能光伏发电（简称光伏发电）是直接将太阳光转换为电能的一种发电形式，其他光-电转换原理还有光感应发电、光化学发电及光生物发电等。

光伏发电技术的研究始于 100 多年前。1839 年，法国物理学家贝克勒尔意外地发现，

27

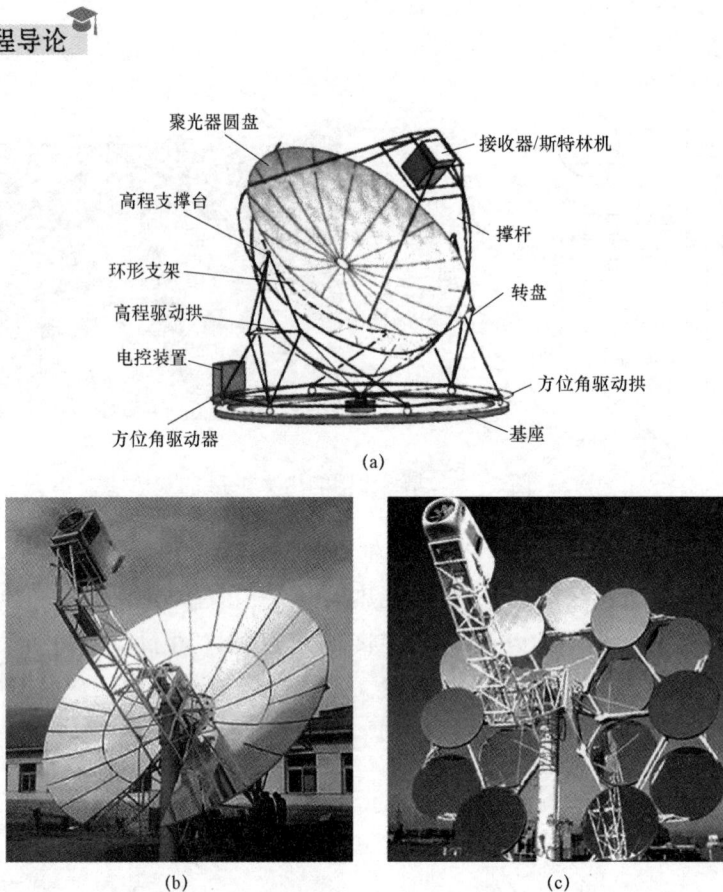

图 2-12 碟式太阳能热发电机组

(a) 结构图；(b) 碟式太阳能热发电机组示意；(c) 多碟式太阳能热发电机组示意

用两片金属浸入溶液构成的伏打电池在光照下会产生额外的伏打电势，他将这种现象称为光生伏打效应（photovoltaic effect）。1873 年，英国科学家威洛比·史密斯观察到对光敏感的硒材料，并推断出在光的照射下硒导电能力的增加正比于光通量。1880 年，美国科学家查尔斯·弗里茨开发出以硒为基础的太阳电池，以后人们即把能够产生光生伏打效应的器件称为光伏器件。半导体 PN 结器件在阳光下的光电转换效率最高，通常称这类光伏器件为太阳电池（solar cell）。1946 年，美国科学家拉塞尔·奥尔申请并取得了现代结型硅半导体太阳能电池的专利。

20 世纪 50 年代初，美国贝尔实验室的科学家发现经杂质处理的硅对光敏感，可产生稳定的电压。1954 年，贝尔实验室的研究员第一次做出了光电转换效率为 6% 的实用单晶硅太阳能电池，开创了光伏发电的新纪元，对太阳能电池的实际应用起到决定性作用。1958 年，这些新发明首次用于为美国第二颗人造卫星"先锋 1 号"的仪器设备供电。从那以后，美国和苏联间展开的太空竞赛促使了太阳能电池技术取得了快速的发展。

从 1955 年西部电工（Western Electric）开始出售硅光伏技术商业专利，霍夫曼（Hoffman）电子推出效率为 2% 的商业太阳能电池产品以后，太阳能电池的生产步入轨道。2000 年以来，全球光伏产业持续以 30%～60% 的速度增长，成为当今世界发展速度最快的产业之一。

（二）光伏发电原理

太阳能电池是一种具有光-电转换特性的半导体器件，可将太阳辐射能转换成直流电，是光伏发电的最基本单元，其结构如图 2-13 所示。在光照下，具有特殊电性能的半导体内可产生自由电荷，这些自由电荷定向移动并积累，从而在其两端形成电动势，用导体将其两端闭合时便产生电流。

负电荷区位于电池的上层，这一层由磷元素组成。正电荷区置于电池表层的下面，是由掺硼的硅片制成，正负电荷界面区域称为 PN 结。当阳光投射到太阳能电池时，内部产生自由的电子-空穴对，并在电池内扩散，自由电子被 PN 结扫向 N 区，空穴被扫向 P 区，在 PN 结两端形成电压，当用金属线将太阳能电池的正负极与负载相连时，在外电路就形成了电流。每个太阳能电池基本单元 PN 结处的电动势约 0.5V，此电压值大小与电池片的尺寸无关。太阳能电池的输出电流受自身面积和日照强度的影响，面积较大的电池能够产生较强的电流。

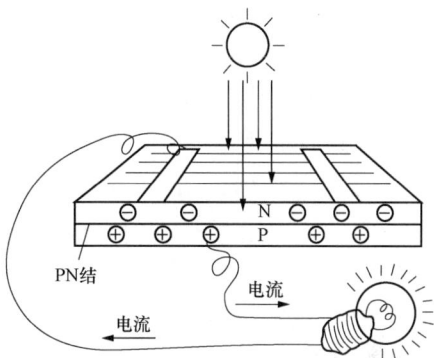

图 2-13　太阳电池原理结构示意

（三）光伏发电技术及应用

光伏发电最核心的器件是太阳能电池，电池的转化效率、生产成本决定了它的市场前景、制造者的利润以及最后环节——电站业主的投资回报期。太阳能电池的种类可以分为：第一代硅基太阳能电池、第二代薄膜太阳能电池和第三代新型高效电池（包括有机太阳能电池、钙钛矿太阳能电池等）。

1. 第一代硅基太阳能电池

由于硅材料地球储量丰富，晶硅电池整个制程的技术与支撑设备体系完善，产业化推广最为成熟，是当前太阳能光伏市场的主流产品。目前，国内外太阳能电池市场上以晶体硅电池为主，占市场份额约 90%。其中，单晶硅电池约占一半。单晶硅电池的转换效率较高，可达 20%～25%，使用寿命可达 25 年，在目前所有种类太阳能电池中光电转换效率最高且发展最成熟。但需要指出的是，单晶硅电池的制作成本高，特别是高纯硅的生产工艺复杂，耗电量高，占总成本的一半左右，污染较为严重，需要进一步降低能耗和污染排放。

多晶硅太阳能电池的制作工艺与单晶硅电池相似，由于减少了拉单晶的环节，能耗和生产成本相对较低，但由于晶体方向的无规律性，存在大量晶界，造成材料中的正、负电荷有部分会因晶界连接的不规则性而造成损失，因此不能全部被 PN 结电场所分离，造成电池的转换效率一般要比单晶硅电池低，为 17%～20%。相同情况下，使用寿命相对单晶硅电池短一些。

2. 第二代薄膜太阳能电池

目前，晶硅是全球大部分光伏产业的主体材料，同时也是成品太阳能电池制造的主要成本来源（>40%）。此外，传统晶体硅太阳能电池脆性较大，易产生隐形裂纹，使用钢化玻璃防护层又会增加额外的重量和成本，并且导致较差的抗震性和便携性，应用范围受限。受材料纯度和加工工艺的限制，第一代太阳能电池很难进一步提高转化效率和降低成本。

相比之下，采用薄层结构的第二代薄膜太阳能电池只需要几微米的厚度就能实现光电转换，不到传统晶体硅太阳能电池厚度的 1/100，大幅降低了制造成本。在制备工艺方面，薄膜太阳能电池采用成本低廉的玻璃、塑料、陶瓷、金属片等材料作为基板，利用多种成熟的镀膜工艺实现大面积和大批量连续生产。薄膜太阳能电池早在 20 世纪 80 年代就已有报道，但由于技术落后导致较低的光电转化效率和严重的光致衰减问题，未能引起业界的关注。随着材料学的飞速发展和制备工艺的不断成熟，已报道的薄膜太阳能电池转化效率已经赶超传统晶硅太阳能电池，并且凭借制备工艺和成本的优以及独特的柔韧性，成为极具应用前景的新型太阳能电池。以硅薄膜电池为例，它通常以硅烷（SiH_4）或三氯硅烷（$SiHCl_3$）作为原料，利用化学气相沉积法（CVD）或者等离子体化学气相沉积法（PECVD）实现大面积低成本制造。除了硅材料之外，其他已实现商业化量产的材料包括碲化镉（CdTe）、砷化镓（GaAs）、铜铟硒（CIS）等。但是，由于上述材料使用的金属元素中铟和硒都是稀有元素，且镉是剧毒重金属会导致严重的环境污染，因此并不是晶硅太阳能电池的理想替代品。

目前，薄膜太阳能电池的一个主要应用就是太阳能无人机（见图 2-14），其本身具有良好的柔性，可以给太阳能无人机的气动外形设计、机翼翼型选择提供更大的设计空间，从而大幅提高太阳能无人机的续航能力。

图 2-14　西风 7 号太阳能无人机

3. 第三代新型高效电池

现有的第一代硅基太阳能电池和第二代薄膜太阳能电池进入发展瓶颈的一个关键原因在于材料本身吸光性能差，所以需要极薄的厚度来弥补不足。以有机太阳能电池为代表的新一代高效电池技术开始获得行业的重视并成为目前研究的热门领域。有机太阳能电池利用具有共轭结构、光敏性质和导电性的有机物作为核心半导体材料，如酞菁化合物（phthalocyanine）、卟啉（porphyrin）、菁（cyanine）等。以染料敏化太阳能电池（DSSC）为例，它模仿了植物光合作用的基本构造，利用纳米骨架材料极大的比表面积吸附有机染料敏化剂，从而提高了吸光性。和第一、第二代太阳能电池相比，它的优势还包括较长的使用寿命（15～20 年）、较低的生产成本（仅为硅晶太阳能电池的 1/10～1/5）以及独特的多彩化等，是具有相当广泛应用前景的新型太阳能电池。

作为第三代太阳能电池的最新成员，具有钙钛矿结构（ABX_3）的有机卤化物太阳能电池（或者称为钙钛矿太阳能电池，见图 2-15）在 2013 年年底被《科学》杂志报道，并被列为当年的世界十大科技进展之一。钙钛矿晶型材料的独特结构呈现出了优异的光电特性。和现有太阳能电池材料相比，钙钛矿光伏器件有着优秀的综合性能，可以高效完成光的吸收、光生载流子激发、载流子迁移等多个步骤。经过近几年的飞速发展，已经实现了媲美商用光伏电池的光电转化效率（>20%）。此外它还具有薄膜电池低成本、可使用柔性基底的优势。可以预见，在攻克材料稳定性等现有瓶颈之后，钙钛矿太阳能电池有望成为变革性的新兴技术，取代目前主导整个行业的传统光伏电池。

图 2-15　钙钛矿太阳能电池结构示意

鉴于常规能源供给的有限性和环境压力的日益增加，世界上许多国家出台政策推动光伏发电快速规模化发展。预计到 2040 年，可再生能源将占总能耗的 50% 以上，光伏发电量将占总发电量的 20% 以上。太阳能利用最大的缺陷是能量的间歇性，即在晚上或者阴天时无法提供足够的电能输出，使得能量的输出出现较大的波动性。为了解决这一问题，多能源互补技术可以将太阳能、风能、沼气能相结合，突破地区时间、季节、气候变化对三种清洁能源的影响，使其有机互补，达到清洁能源的最大化利用。

太阳能利用的价格取决于转换效率和材料价格。近年来晶体硅和薄膜太阳电池价格的大幅度下降有力地促进了光伏产业的可持续发展，新型太阳能电池材料如钙钛矿的研发技术进步将推动人类大规模利用太阳能成为现实。

三、 中国光伏产业的困境与涅槃

我国从 1958 年开始太阳能电池的研究，于 1971 年成功地首次应用于我国发射的第二颗卫星上；1973 年起开始地面应用，包括光伏航标灯、太阳能灯塔、气象及通信用光伏电源；20 世纪 80 年代中期，我国引进了国外太阳能电池生产线和关键设备，太阳能电池生产能力达到 1MW，逐步构建了我国的光伏产业的雏形，但由于产品价格昂贵、应用市场小，行业的发展十分缓慢。进入 21 世纪后，随着德国率先颁布《可再生能源法》，欧洲的光伏市场迅速兴起。2002 年，无锡尚德建成 10MW 太阳能光伏电池生产线，缩短了我国与国际光伏产业的差距，光伏产业的全面国产化进程正式开启。2006 年，随着《中华人民共和国可再生能源法》的正式实施，光伏也从一个生涩的概念逐渐变得家喻户晓，从 2009 年开始，我国太阳能电池产量跃居世界首位，并凭借成本优势和政策支持迅速占领国际市场。

但是，制造大国并不等于应用强国，光伏产业的资金、技术、市场等战略制高点仍然被西方国家把控。随着 2012 年欧美国家出台光伏"双反"政策，中国光伏企业受到重挫。在光伏产业危机持续恶化之际，2012 年 11 月，党的十八大胜利召开并在报告中明确提出

"支持节能低碳产业和新能源、可再生能源发展，确保国家能源安全。"在之后的短短5年内，迅速营造出了一个有利于光伏产业发展和互补配套的政策环境，出台的一系列政策涵盖了产品制造、市场应用、价格补贴、土地管理等产业发展的各个方面。在国家政策的大力扶持下，我国的光伏产业浴火重生、不断取得令人瞩目的成就。2013年，中国光伏发电总装机容量一举超过德国，成为全球第一。2021年年初，我国的光伏发电总装机容量已经达到了254GW，占全球总量的35.6%，光伏产业成为我国在世界经济发展中的一张崭新名片。

第二节 风 能

风能是一种清洁的可再生能源，指由太阳辐射导致空气受热不均，引起的大气水平压差使空气沿着水平方向运动所形成的动能。风能是太阳能的一种转化形式，其开发利用的成本较太阳能低，在可再生能源中极具开发前景。世界各国都在积极探索提高其利用的途径，风能在不远的将来有望成为替代传统能源的有效能源之一。

一、风能概述

人类利用风能由来已久，中国、古埃及、古巴比伦是世界上最早使用风能的国家和地区。人们最早是将风能转化为机械能，如风能提水、灌溉、舂米、风帆航行等。自1973年世界石油危机以来，在常规能源告急和全球生态环境恶化的双重压力下，风能作为新能源的一部分才重新有了长足的发展。

研究表明，风能分布与地貌地形有密切联系，世界风能资源多集中于沿海和开阔大陆收缩带。从分布来看，主要分布在北美洲、亚洲、拉丁美洲等地方，图2-16给出了地面风速高于5m/s的陆地区域分布。

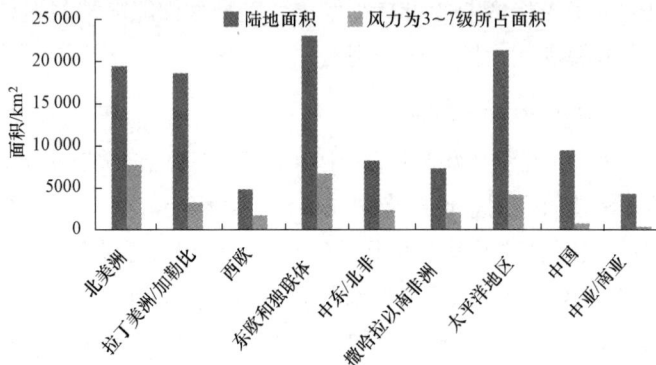

图2-16 世界风能资源分布图

数据来源：前瞻产业研究院。

全球历年风电装机容量变化如图2-17所示。2020年全球风电新增装机容量最大的5个市场分别是中国、美国、巴西、德国和荷兰，这5个市场加起来占全球装机容量的80%。2020年全球风电新增装机容量市场占比如图2-18所示。就风电累计装机容量而言，截至2020年年底，风电市场排名前五保持不变，为中国、美国、德国、印度和西班牙，它们加起来占全球风电装机总量的 73%。在碳中和的政策下，风电发展前景广阔。

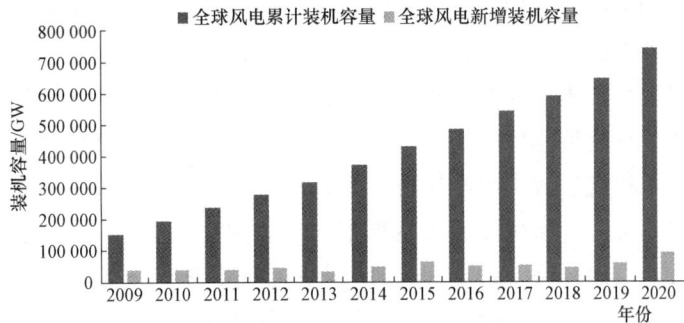

图 2-17　全球历年风电装机容量变化图（数据来源：GWEC）

二、风力发电技术

风能利用形式多样，按照风能的转化路径主要可以分为三类：①风能转化为机械能，主要是通过连接轴进行传动，实现风能驱动机械，如风力磨坊、水车等；②风能转化为热能，利用阻尼效应，如用风能干燥、制热；③将风能转化的机械能进一步转化为其他能源，最为典型的即风力发电，也是目前世界风能利用最主要的形式。

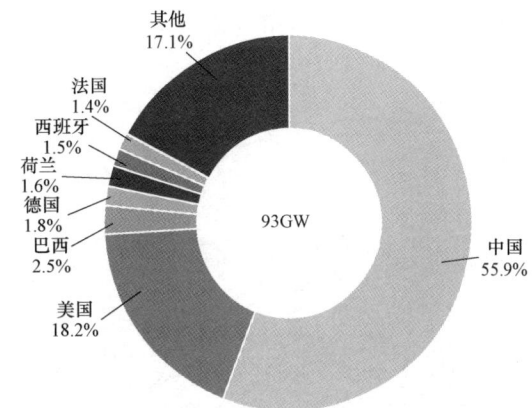

图 2-18　2020 年全球风电新增装机容量市场占比
数据来源：GWEC。

1. 风力发电原理

风力发电基本原理是将风能通过风轮机和发电机实现风能到机械能再到电能的转化，主要包含空气动力学理论及复杂的机电设备理论。在能量转化过程中，风轮将风能转化为机械能，风轮由气动性能优异的叶片装载在轮毂上，低速的风轮由增速齿轮箱增速后，将动量传递给发电机产生电能。目前，常见的风力发电机组主要为水平轴式风力发电机，如图 2-19 所示，机舱主要设备如图 2-20 所示。

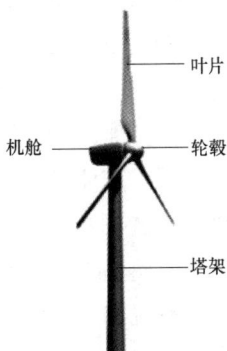

图 2-19　水平轴式风力发电机组成示意

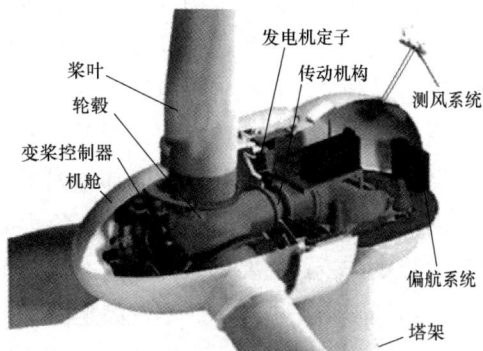

图 2-20　机舱主要设备示意

能源动力工程导论

2. 未来风电技术展望

风能分布与地貌地形有密切联系。随着陆域风能的不断开发，储量更为丰富的离岸风能以及高空风能逐渐引起人们的重视，有着相当广阔的发展空间。由于风电设备的安装困难、运行成本高以及高技术要求的限制，发展较为缓慢。20世纪90年代起，国外开始建设海上风电场。按照目前近海风电场所采用的固定在海底的贯穿桩结构传统方法，整个风力机基础的制作成本将随着海水深度的增加而急剧上升，使得深海风电场的建设在工程和经济两方面均变得不可行。深海漂浮式能源中心（见图2-21）不仅可利用两者的发电设备作为平台的压载物，而且可以共用一套海底电缆装置将所发电量输送到负荷侧，实现风能到电能的转化。与海上风电场的海底固定贯穿桩类似，风力机大型化的发展趋势要求很高的塔架才能达到距地面近百米的高度，而且这一高度的风力较小，同时也不稳定。美国阿尔泰罗能源公司研制出可飘浮在空中的风力发电机（AWT）原型，能够在距地面350ft（约合100m）的高度发电（见图2-22）。

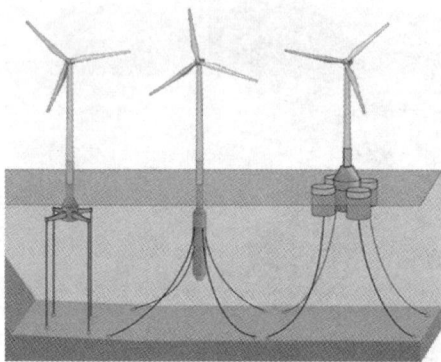

图2-21　海洋漂浮式风力发电图

图2-22　高空漂浮式风力发电机

三、 中国风电的发展

我国风能资源丰富。商业化风力发电起始于20世纪80年代中期，通过引进国际上主流的风电设备开启了中国风电的序幕。1986年，我国第一座风电场——山东省荣成市的马兰风力发电厂正式并网发电。之后相继建成立了内蒙古华电辉腾锡勒风力发电有限公司和国家能源集团龙源浙江括苍山风电场，前者是当时亚洲最大的风力发电厂，后者则是世界相对海拔最高的风力发电厂。随着国家在风电方面的持续投入以及相关企业积极从事相关零部件的研发和生产，我国风电产业的发展已经从依赖国外技术、向海外学习，到自主市场化探索、政策支持大规模扩张，再到成长为全球第一。在数代风电人的不懈努力下，中国的风电技术、装备和项目开发全部领先世界。当下，我国风电产业已经摆脱了对国外技术引进的长期依赖，形成了一个具有竞争力的较为完整的产业链体系，在设备制造技术方面取得了长足进步，主要风机部件基本实现国产化，叶片、齿轮箱、发电机以及变流器等组件更是达到国际先进水平。不仅满足国内市场，许多风电整机和关键零部件已能做到持续向国际市场供货。

在风电机组研发创新方面，针对国内的实际情况，相关企业开发出了低风速型、低温

34

型、抗盐雾型、抗台风型等一系列先进的风电机组，处于国际领先地位。在国家一系列的政策扶持下，我国的风力发电规模增长十分迅速。截至 2021 年 11 月，我国风电并网装机容量已经突破 3 亿 kW 大关，较 2016 年年底实现翻番，是同年欧盟装机容量的 1.4 倍，已经连续 12 年全球第一。甘肃酒泉风电基地是我国第一个千万千瓦级风电场，也是当今世界上最大的风力发电场。是我国继西气东输、西电东送和青藏铁路之后，西部大开发的又一标志性工程，被誉为"风电三峡"。我国代表性风电场见图 2-23～图 2-26。

图 2-23　20 世纪 90 年代达坂城风电场

图 2-24　内蒙古华电辉腾锡勒风力发电有限公司

图 2-25　国家能源集团龙源浙江括苍山风电场

图 2-26　甘肃酒泉千万千瓦级风电基地

随着"双碳"目标的提出，能源结构转型需要风机向大功率方向发展，要求开发匹配大功率机组的创新技术。在这种情况下，只有不断加强相关基础研究，提高基础制造能力和关键技术的自主创新能力，同时结合能源互联网与相关数字技术，将研究成果应用于大功率风电机组的研发中去，才能在激烈的国际竞争中脱颖而出。

第三节　生 物 质 能

生物质是指通过光合作用而形成的各种有机体，包括所有的动植物和微生物。而生物质能就是太阳能以化学能形式储存在生物质中的能量形式，即以生物质为载体的能量。生物质能一直是人类赖以生存的重要能源之一，是仅次于煤炭、石油、天然气之后的第四大能源，是可再生能源的重要组成部分，在整个能源系统中占有重要地位，分布广泛、种类

35

多样、储量丰富，同时具有环境友好、成本低廉和碳中性等特点。

生物质具有独特性，不仅能储存太阳能，而且还是一种可再生的碳源，可转化成常规的固态、液态和气态燃料，煤、石油和天然气等能源实质上也是由生物质能转变而来的。自 20 世纪 70 年代以来，世界各国（尤其发达国家）都在积极开展生物质能应用技术的研究，全球生物质能的开发利用技术取得了飞速发展。

一、 生物质能概述

生物质资源主要划分为农作物、林作物、水生藻、工农业有机废弃物等几大种类。据估计，世界全部生物质存量约为 1.9 万亿 t，陆地与海洋合计平均最低更替率为 11 年，可以计算出每年新产生的生物质约为 1700 亿 t，折算成标准煤 850 亿 t 或标准油 600 亿 t。

我国每年可作为能源利用的生物质资源总量约相当于 4.6 亿 t 标准煤。其中农业废弃物资源量约 4 亿 t，折算成标准煤约 2 亿 t；林业废弃物资源量约 3.5 亿 t，折算成标准煤约 2 亿 t；其余相关有机废弃物约为 6000 万 t 标准煤。生物质作为推进能源生产和消费革命的重要内容，对改善环境质量、发展循环经济具有不可忽视的作用。我国生物质资源丰富，能源化利用潜力大。2016 年，国家能源局印发了《生物质能发展"十三五"规划》，将生物质能的发展纳入国家能源战略。但是，生物质能技术发展仍面临两大难题：一是高昂转化成本和低廉产品价值之间的矛盾，二是巨大市场需求和技术成熟度较低之间的矛盾，这两者是阻碍当前生物质转化利用技术发展的关键问题。2020 年，习近平总书记提出了"双碳"目标的愿景，在此背景下，作为零碳能源的生物质有望成为碳中和利器，生物质能产业也将迎来重大发展机遇期，正成为企业、创业者纷纷布局的重要方向并且逐渐呈现产业化趋势。随着政策扶持力度的逐步加大和技术自主创新攻关的加强，未来生物质能将在我国能源供给结构中发挥更加重要的作用。

二、 生物质能利用原理与技术

生物质能的利用主要包括生物质发电、生物液体燃料、生物燃气、生物质固体成型燃料等。目前，生物质发电和生物液体燃料产业已形成一定规模，生物质固体成型燃料、生物燃气等产业已起步，呈现良好发展势头。

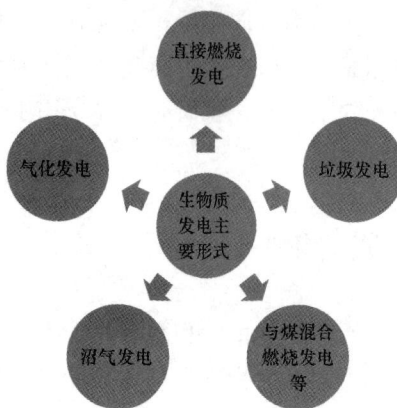

图 2-27 生物质发电主要形式

（一）生物质发电技术

生物质发电技术是目前最成熟、发展规模最大的现代生物质能利用技术。它是以生物质及其加工转化成的固体、液体、气体为燃料的热力发电技术。主要的发电形式有以下几种：直接燃烧发电、气化发电、垃圾发电（包括垃圾焚烧发电和垃圾气化发电）、沼气发电以及与燃煤耦合生物质发电等技术，如图 2-27 所示。

生物质发电出现于 20 世纪 70 年代，受世界性能源危机的影响，丹麦等西方国家开始重视开发清洁能源，利用秸秆等生物质能进行发电。20 世纪 90

年代以来，生物质能发电技术在欧美许多国家开始大力发展，其中丹麦发展生物质发电的成就最为显著。自从建成投运世界第一座秸秆生物燃烧发电厂以来，丹麦已经创建了一百多家秸秆发电厂，秸秆发电等多种可再生能源占到了整个国家能源消费总量的25%左右，成为世界各国发展生物质发电的标杆。在欧美等发达国家，生物质能发电已形成非常成熟的产业，成为一些国家重要的发电和供热方式。

我国生物质发电与西方国家相比起步较晚，但近年来发展迅速。2015—2020年，我国生物质发电装机容量连续增长，累计增长近2万kW。截至2020年年底，我国生物质发电累计并网装机容量达2962.4万kW，连续第三年位列世界第一（见图2-28），其中农林生物质和垃圾焚烧占的发电装机容量比例达97%（见图2-29）。

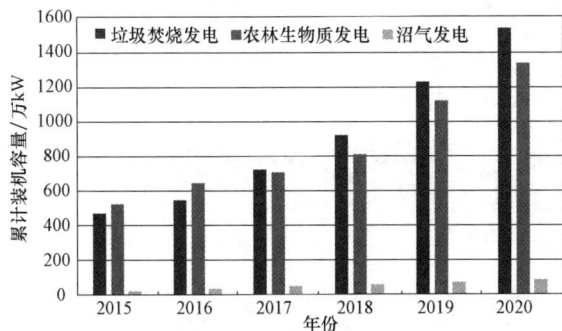

图2-28 2015—2020年中国各类生物质发电累计装机情况

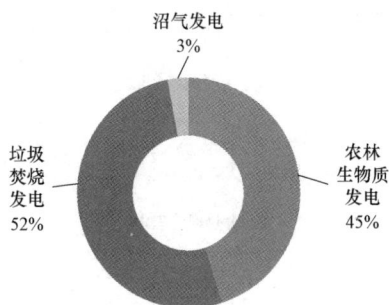

图2-29 2020年中国生物质发电装机容量结构

1. 生物质直燃发电技术

生物质直燃发电是指把生物质原料直接送入适合生物质燃烧的特定锅炉中燃烧，产生的高温、高压蒸汽推动蒸汽轮机做功，最后带动发电机产生清洁高效的电能。生物质直接燃烧发电的关键技术包括原料预处理、生物质锅炉防腐、提高生物质锅炉的多种原料适用性及燃烧效率、蒸汽轮机效率等技术。

生物质直燃发电技术成熟，产业推动较快。目前在丹麦、芬兰、瑞典、荷兰等欧洲国家，以农林生物质为原料的发电厂有300多座。丹麦的农林废弃物直接燃烧发电技术处于世界领先水平。东南亚国家在以稻壳、甘蔗渣等为原料的生物质直接燃烧方面也取得了一定的发展。

2. 生物质气化发电技术

生物质气化发电技术是将各种低发热量固体生物质资源（如农林业废弃物、生活有机垃圾等）通过气化转换为生物质燃气，经净化、降温后进入燃气发电机组发电的技术。根据气化工艺的不同，生物质气化可分为空气气化、富氧气化、水蒸气气化和热解气化。生物质气化炉可采用固定床、流化床或气流床。生物质气化发电可通过三种途径实现：①生物质气化产生燃气作为燃料直接进入燃气锅炉生产蒸汽，再驱动蒸汽轮机发电；②将净化后的燃气送至燃气轮机燃烧发电；③将净化后的燃气送入内燃机直接发电。在发电和投资规模上，它们分别对应于大规模、中等规模和小规模的发电。

3. 燃煤耦合生物质发电技术

燃煤耦合生物质发电是利用生物质燃料与煤进行混烧的发电方式，不仅降低了原燃煤电厂污染物及温室气体的排放量，而且综合利用生物质与煤炭资源，逐步减少一次能源的消耗量，缓解社会发展对能源需求的压力。燃煤耦合生物质发电充分利用燃煤电厂大容量、高蒸汽参数、高效率的优点，可在更大容量水平上使生物质发电效率达到燃煤电厂的最高水平，同时解决了生物质能田间焚烧、大量堆积等问题，促进了我国能源结构的调整。

现阶段燃煤耦合生物质发电技术主要有 3 种方式：直接混燃耦合发电技术、分烧耦合发电技术及生物质气化与煤混燃耦合发电技术（见图 2-30）。由于生物质与煤粉直接混燃发电技术可在原有燃煤电厂锅炉的基础上仅对锅炉进料系统进行改造，即可应用混合燃料燃烧发电，大大降低了电厂转型所需的投资改造成本，因此是目前常见的一种投资成本最低和转换效率最高的生物质耦合发电方式。

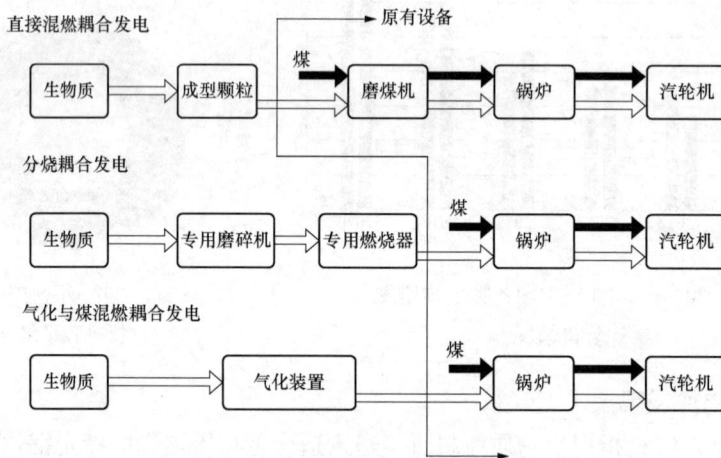

图 2-30 燃煤耦合生物质发电技术

（二）生物质液化技术

我国是全球最大原油进口国，液体燃料的不足已严重威胁到我国的能源与经济安全。生物质是唯一可以直接转化为液体燃料的可再生能源，将生物质转化为液体燃料不仅能够弥补化石燃料的不足，而且有助于保护生态环境。本节将主要介绍生物质液化制取液体燃料的技术与研究进展。

1. 生物化学法生产燃料乙醇

燃料乙醇作为一种新型生物燃料，技术上成熟安全可靠，是目前世界上可再生能源利用技术的发展重点。生物质生产燃料乙醇的原料主要有剩余粮食、能源作物和农作物秸秆等。利用粮食等淀粉质原料生产乙醇是工艺很成熟的传统技术。我国政府于 2002 年制定了以陈化粮生产燃料乙醇的政策，然而随着中国人口的持续增长，粮食很难出现大量剩余。因此，陈化粮是一种不可靠的能源。从原料供给及社会经济环境效益来看，用含纤维素较高的农林废弃物生产燃料乙醇是比较理想的工艺路线。

纤维素燃料乙醇是把木质纤维素水解制取葡萄糖，然后将葡萄糖发酵生成燃料乙醇。纤维素水解只有在催化剂存在的情况下才能显著地进行。我国在这方面开展了许多研究工作，纤维素制乙醇技术如果能够取得技术突破，在未来几十年将有很好的发展前景（见图2-31）。

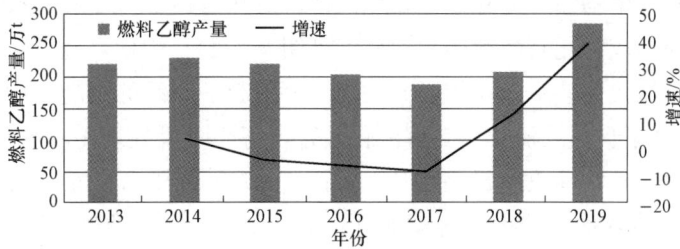

图 2-31 2013—2019 年中国燃料乙醇产量统计及增长情况

2. 酯化法生产生物柴油

生物柴油是指以植物油、动物油、废弃油脂或微生物油脂为原料，与甲醇或乙醇等短链醇经酯转化而制成的脂肪酸甲酯或乙酯。生物柴油是典型的绿色能源，具有环保性能好、发动机启动性能好、燃料性能好、原料来源广泛、可再生等特性。

我国生物柴油已经开始了产业化进程。相比于世界生物柴油主产区以可食用油脂为原料，我国以废油脂为原料进行生物柴油的生产，如地沟油、酸化油等。2019 年，我国生物柴油产能为 26.8 亿 L，约为 214.4 万 t；2020 年，国内生物柴油产能进一步增加到 218.1 万 t。2010—2020 年中国生物柴油行业产能情况如图 2-32 所示。我国生物柴油行业除了具有可再生和绿色的特点外，还肩负着对废油脂进行无害化处置和资源化利用的重担，因此具有较大的发展空间。

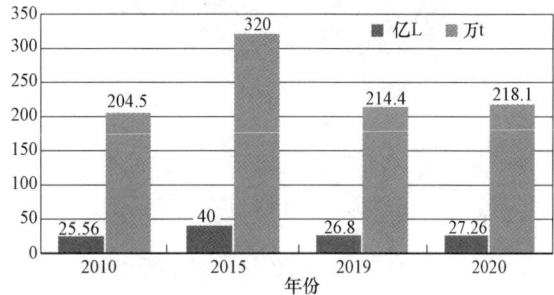

图 2-32 2010—2020 年中国生物柴油行业产能情况

3. 热化学法制备液体燃料

通过热化学转化可以将生物质最大限度地转化为液体燃料，其产物也可作为化工原料，产品的能量密度高、附加值大、储运方便。根据目前生物质热化学法制备液体燃料基础研究和产业化发展的现状和趋势，热化学转化可以进一步分为直接液化和间接液化两种方法，技术路线见图2-33。根据国内外目前正在开展的热化学法制备液体燃料的工艺过程，大致可以分成常压快速热解、高压热解、常压快速液化、气化合成、超临界液化五种类型。

常压快速热解液化是在中温（一般为 500～650℃）、快速加热（10^2～

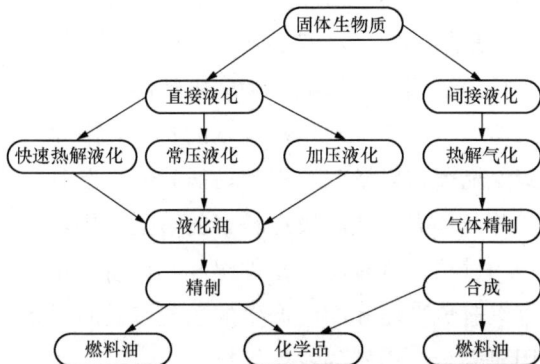

图 2-33 固体生物质热化学转化制备液体燃料技术路线

39

10^4℃/s）、超短气相停留时间（0.5～2s）、隔绝空气的条件下，使生物质中的有机高聚物分子迅速断裂为短链分子，使焦炭和产物气降到最低限度，从而最大限度获得液体产品。这种液体产品被称为生物油，为棕黑色黏性液体，发热量达 20～22MJ/kg，可直接作为燃料使用，也可经精制成为化石燃料的替代品（见图 2-34）。因此，随着化石燃料资源的逐渐减少，生物质常压快速热解液化的研究在国际上引起了广泛的兴趣。中国科学技术大学于 2006 年研制成功了自热式流化床热解液化装置，每小时可处理 100 余千克生物质原料。使用木材为原料时，生物油收率最高可达 70%。2007 年该技术在安徽某生物能源有限公司进行放大试验，装置加工能力提升至 800～1000kg/h。广州迪森集团公司于 2014 年建成了 1 万 t/a 生物油的生产示范装置，所生产的生物油主要用于工业锅炉燃料油替代。目前生物质快速热解液化技术已经较为成熟，具备了工业化推广的技术条件。

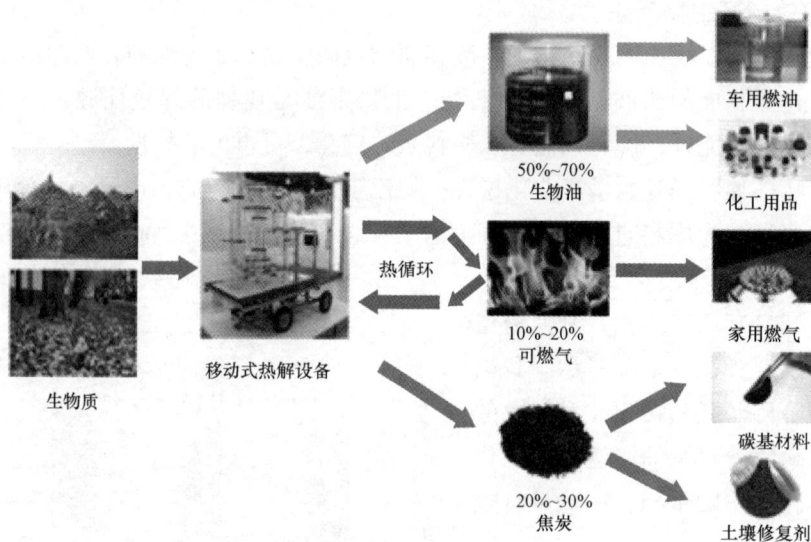

图 2-34 生物质常压快速热解制油及产品后续利用

高压热解液化是在低温（250～400℃）、高压（一般在 10MPa 以上）和催化剂的条件下对原料进行热化学处理，使其在水或者其他适宜的溶液中断裂成小分子，这些小分子性能非常活泼，可以重新聚合成不同分子量的油状化合物。由于反应在液相中进行，对生物质原料不需要进行干燥处理。为了避免小分子聚集成固体，要加入一定的溶液，依靠溶液的电解质效应来减少小单元的缩聚反应。常见的溶剂为石炭酸、碳酸丙烯酯、碳酸亚乙酯和乙二醇等，催化剂有硫酸、碱金属和无机盐。木质纤维素是富羟基的材料，液化可以生成生物高分子聚合物，用于环氧树脂胶、聚氨酯塑料以及胶合板胶黏剂的生产当中。

常压快速液化是生物质在液化剂（乙二醇、环碳酸盐等极性较强的溶剂）中，在常压条件下转化为分子量分布广泛的液态混合物的过程，具有反应条件温和、设备简单、产品可以替代传统石油化学品的特点。该技术可以避免高压和高温产生的危险以及对设备的较高要求。因此，生物质常压液化工艺的应用研究具有很好的发展优势。

生物质的间接液化与直接液化相比具有产品纯度高，几乎不含 S、N 等杂质的优点，但工艺较为复杂。生物质经定向气化后，通过净化调整气化气，然后采用催化合成的方法生产醇、醚及各种烃类燃料。目前，生物质气化合成甲醇的技术已经较成熟，只是其经济性还不能与石油、煤化工相竞争；而生物质气化合成二甲醚、生物柴油的技术还处于实验室研究和工程示范阶段。

近年来超临界流体技术得到广泛的推广，这种流体兼有液体和气体的优点。超临界液化是利用超临界流体良好的渗透能力、溶解能力和传递特性而进行的生物质液化，通常利用超临界状态下的水或醇类作为反应介质，生物质在其中进行热解、氧化、还原等一系列热化学反应的过程。利用生物质超临界液化制取燃料和化学品，具有很高的能量转化效率和很强的有机物无害化处理能力，目前国内外正积极开展相关研究工作。

（三）生物质气化技术

生物质气化是在不完全燃烧条件下，利用空气中的氧气或含氧物质作气化剂，将生物质转化为含 CO、H_2、CH_4 等可燃气体的过程。目前气化技术是生物质热化学转化技术中最具实用性的一种，将低品位的固态生物质转化为高品位的可燃气体，可用于驱动内燃机和燃气轮机发电、农用灌溉设备、炊事、采暖和作物烘干等。

1. 沼气

沼气是有机物在一定温度、湿度、酸碱度和厌氧条件下，由微生物分解发酵而生成的一种可燃气体。人工制造的沼气中，甲烷约占 60%，二氧化碳约占 40%，还含有微量氢、氮、硫化氢和一氧化碳等气体。沼气发热量较高，约为 $23MJ/m^3$。利用沼气生产技术，不仅得到了优质的气体燃料，还可获得高效的有机肥料，在能源、环境和生态等方面效益明显。20 世纪 90 年代以来，我国沼气建设一直处于稳定发展的势态。截至 2020 年，全国已推广户用沼气 3900 万户，建设各类沼气工程超过 10 万处，形成年产沼气 200 多亿 m^3 的能力。根据《中国沼气行业"双碳"发展报告》预测，到 2030 年可获得沼气生产潜力约 1690 亿 m^3，实现温室气体减排量为 3.0 亿 t 二氧化碳当量。到 2060 年，可获得沼气生产潜力 3710 亿 m^3，实现温室气体减排量为 6.6 亿 t 二氧化碳当量，相当于可以替代 2020 年全国 68% 的天然气消费量，或 2020 年天然气进口量的 1.5 倍以上。

2. 生物燃气

生物质热解气化是一种热化学处理技术。该技术主要通过气化炉将生物质转化为清洁的可燃气体，作为燃料或生产动力。根据气化介质和气化炉的不同，燃气发热量也会发生变化。当采用空气作为气化剂进行气化时，燃气发热量将在 $4\sim18MJ/m^3$ 的范围内变化。

美国、欧洲等发达国家农业生产以农场为主，生物质资源集中，生物质气化一般规模较大，以发电和供热为主。而中国主要以家庭为单位进行农业生产，生物质的收集相对较难，目前生物质气化应用最广泛的领域是集中供气以及中小型气化发电，也用于工业锅炉供热。农村集中供气工程解决了农作物秸秆的焚烧和炊事用能问题，而生物质气化发电主要针对具有大量生物质废弃物的木材加工厂、碾米厂等工业企业。目前，生物质热解气化的主要功能定位是节能和环保，优势在于规模灵活，投资较低，具有广阔的发展前景。

3. 氢气

氢能被视为21世纪最具发展潜力的清洁能源。生物质制氢是如今最有前景的制氢方式。生物质制氢技术主要分为两类，一是生物质热化学转化法，是以生物质为原料利用热物理化学原理和技术制取氢气，如生物质气化制氢、超临界转化制氢、高温分解制氢等热化学法制氢以及基于生物质的化学重整转化制氢等；另一类是利用生物转化途径转换制氢，包括生物光解、光发酵、暗发酵和微生物燃料电池等技术。

超临界水气化是20世纪70年代中期由美国麻省理工学院的Modell提出的新型制氢技术。超临界水气化是利用超临界水（指温度和压力均高于其临界点温度374.15℃，压力22.12MPa）强大的溶解能力，将生物质中的各种有机物溶解，生成高密度、低黏度的液体，然后在高温、高压反应条件下快速气化，生成富含氢气的混合气体。生物质在超临界水中气化率可以达到100%，氢气含量可超过50%，对于含水量高的湿生物质可直接气化，减少了高能耗的干燥过程。该技术具有高效、无二次污染等优点，是未来生物质热化学技术发展的重点方向。但由于反应过程复杂，还未从理论和技术上系统总结出可工业化利用的规律，目前仍停留在实验室规模的研究上。

（四）生物质固体成型燃料

生物质固体成型燃料技术是生物质能开发利用的一项重要技术，它是指利用专门设备将农林废弃物等生物质压缩为颗粒或块（棒）状燃料，其储存、运输、使用方便，清洁环保，燃烧效率高，既可作为农村居民的炊事和取暖燃料，也可作为城市分散供热的燃料（见图2-35）。秸秆成型燃料体积为散秸秆的$\frac{1}{8} \sim \frac{1}{6}$，配套专用锅炉热效率可达90%以上，污染物排放量低于燃煤锅炉；同时灰分可回收做肥料，实现"秸秆→燃料→肥料"循环利用。

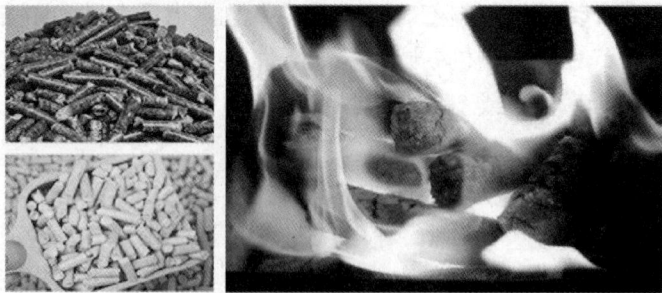

图2-35　生物质固体成型燃料

目前，我国已研制出规模化、低能耗的生物质成型技术生产线，将原料预处理、粉碎、成型工艺组合集成为一体化成型燃料生产设备，采取以乡镇为单位建立生物质成型燃料厂，开发了适合我国国情的秸秆成型燃料技术，建成了多个万吨级示范基地。生物质成型燃料产量不断增长，从2010年的300万t，提高到2018年的约1500万t，年均增长率达22%，主要用于中小型锅炉供热、发电以及农村炊事供暖用能等。在国家政策的支持下，生物质成型燃料的应用比重有望大幅提升，发展前景广阔。

第四节 地 热 能

地热能是由地壳抽取的天然热能，这种能量来自地球内部的熔岩，并以热力形式存在，是引致火山爆发及地震的能量。地热能可以用来发电，它不依赖煤炭、石油等不可再生资源，是一种新的洁净能源。除发电外，地热能也可用于家庭供暖、供热水。

一、地热能概述

从旧石器时代开始，温泉就被用来洗澡。已知最古老的温泉是公元前 3 世纪建于秦朝的中国骊山上的石池，也是后来修建华清池的地方。自 14 世纪以来，世界上最古老的地热区域供热系统一直在法国肖德斯 - 艾格运行。1960 年，美国太平洋燃气和电力公司在加利福尼亚州间歇泉开始成功运营美国第一个地热发电厂，最初的涡轮机持续运行了 30 多年，产生了 11MW 的净功率。2006 年，美国阿拉斯加州切纳温泉的一个二元循环工厂上线，创纪录地从 57℃（135℉）的低温流体中发电。

中国是世界上开发利用地热能资源最早的国家之一，山汤等温泉的利用可追至先秦时期。20 世纪 50 年代，中国开始规模化利用温泉，相继建立 160 多家温泉疗养院。20 世纪 70 年代初，中国地热能资源开发利用开始进入温泉洗溶、地热能供暖、地热能发电等多种利用方式阶段。21 世纪以来，在政策引导和市场需求推动下，地热能资源开发利用得到较快发展，特别体现在地热利用技术相关专利数量的快速增长上，如图 2 - 36 所示。

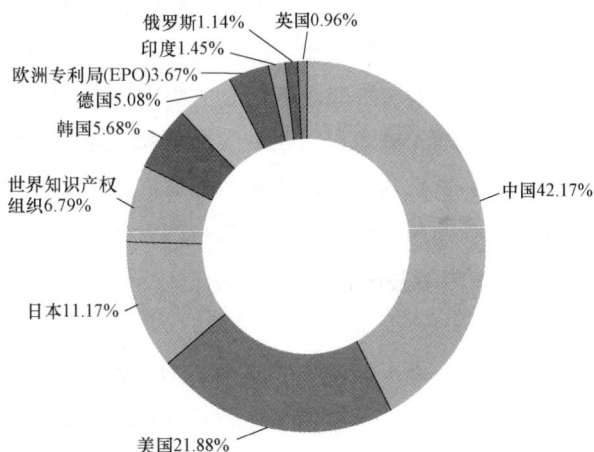

图 2 - 36 地热能相关专利申请数量占比

1. 地热资源分类

地热资源通常根据热储介质、构造成因、水热传输方式等因素划分为不同类型。在结合常用划分类型的前提下，进一步综合考虑地热温度范围、可被开发利用方式等相关重要影响因素，通常将地热资源分为浅层地温能、水热型地热能和干热岩型地热能三种类型，如表 2 - 1 所示。

表 2 - 1 地热能资源分类

分类	浅层地热能	水热型地热能			干热岩型地热能
		低温地热能	中温地热能	高温地热能	
温度范围	深度<200m	温度为 25～90℃	温度为 90～150℃	温度为 150～180℃	温度>180℃
	温度<25℃				

浅层地热能是蕴藏在岩土体、地下水和地表水中具有开发利用价值的低位热能，其可开采深度通常小于200m，地温普遍低于25℃。

水热型地热能是通常所说的深部地热资源，泛指埋藏深度较深的天然地下水及其水蒸气中的地热资源。

干热岩型地热能是指其热能满足现有经济技术条件要求，可被开发利用的，且自身不含或仅含少量流体，温度不低于180℃的岩体，也常称作增强型地热系统，或工程型地热系统。

2. 地热能资源的分布

受大地构造运动等诸多因素影响，全球范围内地热资源的分布是极度不平衡的。按温度划分，高温地热资源主要集中在板块生长、开裂的大洋扩张脊和板块碰撞、衰亡的消减带部分，同时少数存在于部分板块内部常出现高温活动的热点、热柱处。中低温地热资源则广泛分布在各板块内部，主要存在于由褶皱山系及山间盆地等构成的地壳隆起区和以中新生代沉积盆地为主的沉降区内。

高温地热资源整体分布具有明显的不均一性，根据各板块界面的地理分布和自身的力学特征，可将全球高温资源划分为4个高温地热带，即环太平洋地热带、地中海—喜马拉雅地热带、红海—亚丁湾—东非裂谷地热带和大西洋中脊地热带。

我国已知地热资源丰富，已探明资源总量约占全球地热资源总量的8%，相当于8530亿t标准煤。我国水热型地热资源主要集中分布在东部地区、东南沿海、台湾地区、环鄂尔多斯断陷盆地、藏南、川西和滇西等相关地区。受地中海—喜马拉雅高温地热带和环太平洋高温地热带控制，我国高温地热资源多分布于藏南、滇西、川西和台湾等地区，并形成了两个主要的高温地热区：一是藏南—川西—滇西地区，二是台湾地区。

二、 地热能发电技术

1. 地热能发电原理

地热能发电和火力发电的原理类似，都是利用蒸汽的热能在汽轮机中转变为机械能，然后带动发电机发电（见图2-37）；不同的是，地热能发电不像火力发电那样要备有庞大的锅炉，也不需要消耗燃料，它所利用的能源就是地热能。地热（余热）发电技术有四种类型：干蒸汽发电法、扩容（闪蒸）发电法、双工质循环发电法和全流循环式发电法。

干蒸汽发电法（见图2-38）是世界上最早的地热能发电技术，单机装机规模大，发电成本低，对地热资源类型要求高，适用于地热温度在150℃以上的高温干蒸汽资源。

扩容（闪蒸）发电法（见图2-39），适

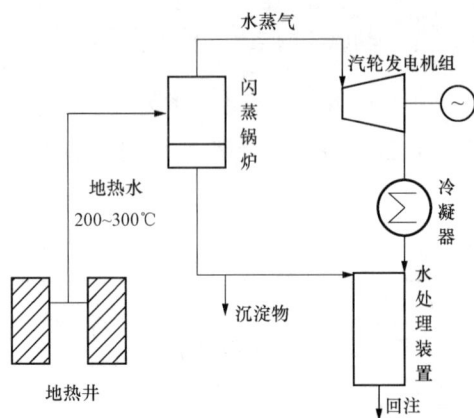

图2-37 地热能发电装置原理示意

用于地热温度为 90～150℃，设备工艺简单，技术成熟，全球应用最为广泛，但整体热效率和经济效益不高。由于我国地热资源以中低温为主，因此主要采用扩容（闪蒸）发电技术。

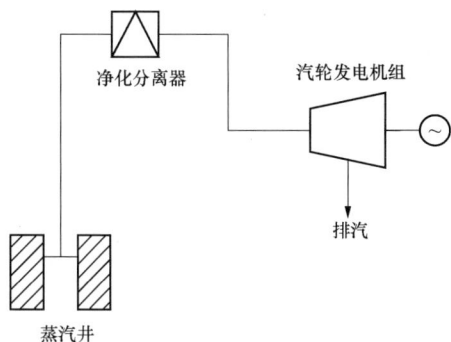

图 2-38 干蒸汽发电装置示意

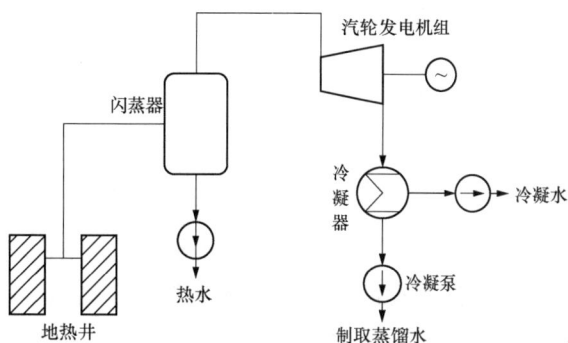

图 2-39 扩容（闪蒸）发电技术装置示意

双工质循环发电法（见图 2-40），一般适用于地热资源的低温段，以低沸点有机物为工质，在流动系统中获取热能产生有机质蒸汽，带动发电机发电。目前主要有朗肯循环和卡琳娜动力循环两种双工质发电法。

全流循环式发电法（见图 2-41），采用汽水混合的地热流体直接通过特殊设计的螺杆膨胀机一边膨胀一边做功。目前国内羊易地热田装有两套机组。根据不同的热源条件，螺杆膨胀机也可用于扩容发电法和双工质循环发电法。

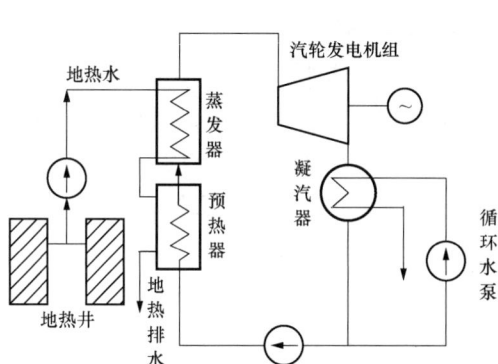

图 2-40 双工质循环发电技术装置示意

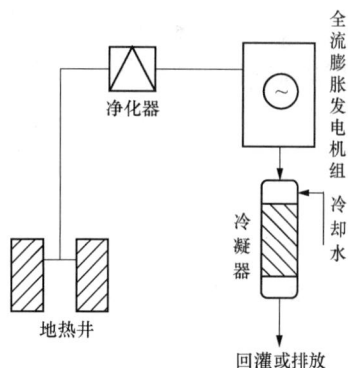

图 2-41 全流循环式发电技术装置示意

2. 全球地热发电现状及未来展望

目前地热总装机容量最大的国家（按降序排列）分别是美国、印度尼西亚、菲律宾、土耳其、新西兰、墨西哥、意大利、肯尼亚、日本和哥斯达黎加。印度尼西亚拥有四座世界上最大的地热发电厂，其中 Gunung Salak 发电站最大，装机容量为 375MW。按照印度尼西亚计划开发地热资源的速度，到 2027 年左右，印度尼西亚有可能超越美国，成为全球地热发电市场的领导者。表 2-2 列出了截至 2020 年地热发电量最多的 10 个国家。

表 2 - 2　　　　　　　　　　2020 年地热发电装机容量最多的 10 个国家

国家	装机容量/MW	国家	装机容量/MW
美国	3700	墨西哥	1105
印度尼西亚	2289	新西兰	1064
菲律宾	1918	意大利	916
土耳其	1549	日本	550
肯尼亚	1193	冰岛	755

近年来，各国越来越重视开发工程地热系统（EGS）的可能性，以便开发利用目前困在天然渗透率较低岩石中的大量热能资源。正在进行这项工作的国家包括美国、冰岛、英国、德国、中国、葡萄牙和荷兰。

在我国，1970 年 12 月在广东丰顺县邓屋建造了第一台闪蒸式地热水发电试验机组，利用 91℃ 的地热水发电，功率为 86kW，汽轮机进汽压力为 0.028MPa，进汽温度为 68℃，进汽量为 3000kPa/h，排汽压力为 5.1kPa，使中国成为世界上第 7 个利用地热发电的国家。我国的工业性地热电站均分布在西藏自治区，其中西藏羊八井是我国目前规模最大的商业化地热电站。1976 年开始对该地区地热田进行详查和钻探，并论证建设地热电站的可行性，同年 0.3MW 的试验地热发电机组发电成功；1977 年建成 1MW 地热试验电站（现已停机）；1985 年开始逐年扩展热田南部的一分厂，安装 3 台 3MW 国产汽轮发电机组，总装机容量 10MW；1991 年扩展热田北部的二分厂，共安装 4 台 3MW 国产汽轮发电机组及 1 台 3.18MW 进口汽轮发电机组，电站总装机容量达到 25.18MW。西藏羊八井是世界上海拔最高的地热电站，初期承担拉萨市平时供电的 50% 和冬季供电的 60%，曾被誉为世界屋脊上的一颗明珠。1977—2011 年底，累计发电 26.79 亿 kWh，与燃煤电厂相比节约标准煤 88.4 万 t，减少 CO_2 排放量 318 万 t，为西藏的经济建设和环境保护做出重要贡献。2009—2010 年西藏新增了 2 台容量为 1MW 的全流发电机组。

地热能源作为一种清洁无污染并且可再生的新型能源，对于我国发展低碳经济，早日实现经济的可持续发展具有积极的作用。需要注意的是，目前地热能源发电技术中应用最为广泛的是扩容式蒸汽发电技术，其优点是系统简单、地热参数要求较低。在低温地热能源的开发利用过程中，双工质循环技术和卡琳娜循环技术具有广阔的发展前景。新型的联合循环发电技术是地热发电技术的主要发展方向，在浅层地热能得到大规模的开发后，中深层地热能源的开发将成为地热能源发电技术新方向。

第五节　海　洋　能

地球表面总面积为 $5.1 \times 10^8 \, km^2$，其中海洋面积 $3.61 \times 10^8 \, km^2$，占地球面积的 70%。海洋含有 135 000 万 km^3 的水，约占地球上总水量的 97%。地球的海洋资源十分丰富，除了丰富的矿产、化学、生物资源外，还有以机械能、热能、化学能等方式存在的海洋能。海洋能通常指海洋中所蕴藏的可再生能源，主要为潮汐能、波浪能、海流能、温差能和盐差能等。

一、海洋能概述

海洋能种类繁多，其发电原理也各有不同，以下主要介绍机械能、温差能和盐差能。

1. 机械能

海洋中的潮流、海流等涌动时具有十分强大的动能和势能，故而可以利用机械装置，将这些海洋里的机械能转换成电能。潮汐能、海流能和波浪能发电技术就是典型地利用海洋机械能进行发电。

潮汐现象指的是因月球引力变化引起海水周期性涨落的自然现象，由于海水涨落以及潮水流动产生的能量就成称潮汐能。潮汐能发电原理和水力发电相似，主要是利用海水涨落时形成的水势能。一般潮汐能的大坝建在河口或者海峡海湾处，形成一个天然水库。水库中的水在涨潮时灌入，潮落时排出。拦海大坝里的发电机组就利用潮汐涨落时产生的势能推动水力涡轮发电机组发电。我国的潮汐能量相当可观，蕴藏量为 1.1 亿 kW，可开发利用量约 210 万 kW。浙江省的潮汐能蕴藏量尤其丰富，约有 1000 万 kW，钱塘江口潮差达 8.9m，是建设潮汐电站最理想的河口。

海流（潮流）能指的是海水流动时的动能。海水团从一个海域向另一个海域的非周期流动是海水的基本运动形式之一。海流（潮流）发电是依靠海流的冲击力使水轮机旋转，然后再带动发电机发电的过程，其原理类似于风能发电技术。由于其外形的设计原理类似于风力发电机，海流（潮流）发电装置可以由风力发电装置改造而成。但由于海流发电装置置于水下，因此关键技术处理方面有些许不同，故也称"水下风车"（见图 2 - 42）。目前，海流（潮流）发电站通常浮在海面上，用钢索和锚加以固定。据调查统计，中国海流能资源理论蕴藏量为 8.3GW，技术可开发量为 1.7GW，空间分布主要集中在浙江杭州湾口和舟山群岛海域，约为 5.2GW，占中国海流（潮流）能资源总量的 62%，技术开发量约为 1GW。在这些海流（潮流）能资源丰富的地方开发海流能发电技术十分有前

图 2 - 42　一种海流（潮流）发电装置

景，既能因地制宜利用资源，又能解决能源短缺问题。

波浪能是海面波动时海水动能和势能的总和，它的大小可以用海水起伏势能的变化来估计，波浪能与波高平方、波浪运动周期以及迎波面的宽度成正比。波浪能的利用主要由三个基本转换环节组成（见图 2 - 43）。第一级转换通常指用装置将波浪能接收，转换成自身的机械运动能，一般用浮子等波力装置完成；二级转换是将采集的机械能转化为传动机构的液压能或气动能，主要起到稳向、稳速和增速的作用；三级转换是将机械能转化成为电能，通常由发电机和蓄电池来完成。

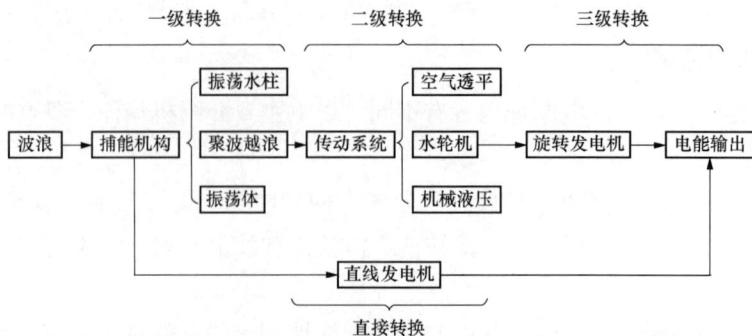

图 2-43　波浪能发电转换示意

目前，波浪能发电技术的开发面临诸多挑战，如波浪能装置获能效率不高，装置结构安全性、稳定性要求较高，等等。因此，波浪能发电应用的研究目标主要在于优化装置整体发电性能，提高装置可靠性及可维护性，增强装置在极端海况下的生存能力。

2. 温差能

海洋温差能指的是海水吸收和储存的太阳辐射能。太阳辐射热量随纬度的不同而变化，纬度越低，水温越高。此外，海水温度也会随深度的不同发生变化。海水温差能发电技术主要就是利用海水表层和深层之间的温差进行发电，利用高温表层高温度海水加热工质，底层低温度海水冷凝工质，这两层海水间 20℃ 的温差可以使低沸点的工质通过蒸发冷凝的热力过程推动汽轮机发电。

海水温差能发电首先将海洋表层的温海水抽到蒸发器内，在蒸发器中加热低沸点的液态工质使之蒸发成高压气态工质，将获得的高压气态工质送到透平机，使汽轮机转动并带动发电机发电，此时高压工质变为低压工质。将深水区的冷海水抽到冷凝器中，使由汽轮机出来的气态工质冷凝成液态，之后将液态工质送到压缩机中加压再送至蒸发器中进行下一轮新的循环，如图 2-44 所示。

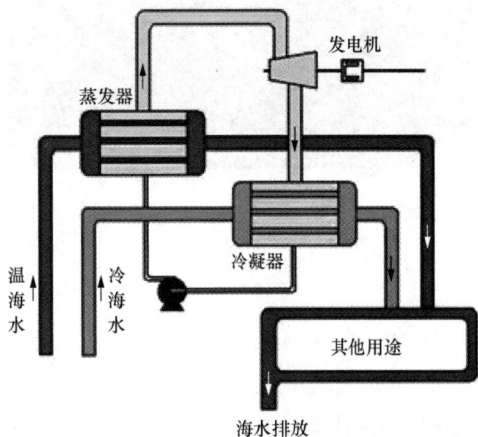

图 2-44　海洋温差能发电示意

虽然海洋温差能开发利用技术取得不断突破，但投资成本高仍是制约其发展的重要原因。现有热交换器换热效率及其在海洋环境中运行可靠性较低，是制约海洋温差能发电高效换热器发展的主要技术难题。目前温差能发电技术尚在开发中，技术问题较难突破，但是获得了科学研究者的持续关注，是一项非常具有前景的技术。

3. 盐差能

与江河水等淡水不同，海水中的咸水富含盐分。江河水与海水交融的地方，淡水和咸水会自发扩散、混合，直到两者盐浓度相等。由于淡水和海水存在渗透压力差，在混合过程中释放出的巨大能量称为海水盐浓度差能（简称盐差能）。海洋盐差能发电就是利用这个能量进行发电。

渗透压发电是最常见的盐差能发电技术，主要是利用半透膜将海水和淡水隔开，由于半透膜两侧的浓度不同，通过半透膜产生一个压力梯度，使得淡水向海水一侧渗透直至二者盐浓度相同。此时，海水一侧的水位就会高于淡水水位，二者之间的水位差产生渗透压从而驱使水轮发电机组发电（见图2-45）。当淡水和海水的盐浓度差越大时，海水一侧的液面就升得越高，二者渗透压差就越大，一般可以达到24个标准大气压。

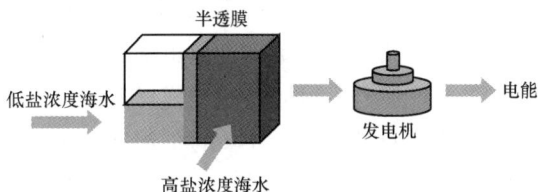

图 2-45 渗透压发电原理

目前盐差能发电尚处于实验室开发阶段，还未成熟到投入实际运用。随着世界对能源的迫切需求、各国政府的重视以及全球科学研究的深入探究，盐差能发电技术和其他海洋能开发利用技术一定会迎来崭新的局面。

二、 我国海洋能利用现状

我国多省临海，海洋能资源丰富，已针对不同种类的海洋能进行了开发和利用。

1. 潮汐能利用现状

中国利用潮汐能的历史可追溯到11世纪出现的潮汐磨坊，而潮汐能发电则始于20世纪50年代后期。经过多年的研究，潮汐能发电不但技术上日趋成熟，而且在降低成本方面也取得了较大进展。《"十四五"可再生能源发展规划》指出要"稳妥推进海洋能示范化开发""稳步发展潮汐能发电"，优先支持具有一定工作基础、站址优良的潮汐能电站建设，推动万千瓦级潮汐能示范电站建设。开展潟湖式、动态潮汐能技术等环境友好型新型潮汐能技术示范，开展具备综合利用前景的潮汐能综合开发工程示范。而在这一庞大体量的背后，潮汐发电行业也将会迎来实质性的利好。

我国潮汐能主要分布在福建、浙江等沿海地带，发电站也多建在附近区域。温岭江厦潮汐试验电站是我国海洋能开发利用的先驱，也是我国第一座潮汐能双向发电站（见图2-46），在世界上仅次于韩国始华湖潮汐电站、法国朗斯潮汐电站和加拿大安纳波利斯潮汐电站，位列第四。江厦潮汐试验电站在涨潮与落潮时均可发电，与传统单向潮汐发电站相比，大大提高了潮汐能的利用率。经过早期建设及近年来扩容升级，目前共安装6台双向灯泡贯流式潮汐发电机组，总装机容量4100kW，年发电量约730kWh。到2020年已累计发电2.35亿kWh。

图 2-46 温岭江厦潮汐能试验电站

2. 海流（潮流）能利用现状

我国的海流（潮流）能主要分布在东海沿岸，如浙江舟山群岛有着众多的水道，且其流速、地形条件较为优越，能供海流能站址选择余地大，当前已有不少研究机构和企业在此建设了多个海流能示范工程项目。在政策方面，我国于 2012 年首次将海洋能纳入"五年规划"，将发展海洋能产业提升到国家战略层面，充分展现了我国发展可再生能源的强烈愿景。在装机容量方面，截至 2019 年 6 月底，我国海流能电站总装机容量达 2.8MW，累计发电 350 万 kWh。

我国近代海流能研究始于 20 世纪 70 年代末，2010 年后，进入了快速发展时期。除了高等学校和科研院所，不少企业也加入了海流能水轮机的研发队伍，其中包括了浙江舟山联合动能新能源开发有限公司研发的 LHD 海洋潮流能发电项目。2016 年 7 月 27 日，该项目首期安装总功率为 1MW 的机组下海发电，同年 8 月 26 日成功并入国家电网。2018 年 11 月与 12 月，LHD 新型发电机组 G 模块与 LHD 第三代水平轴式模块化发电机组相继投入运行，LHD 海洋潮流能发电项目投运总装机达到 1.7MW。2020 年 6 月 29 日，国内首个具备公共测试和示范功能的潮流能试验平台——舟山潮流能示范工程的 450kW 水平轴式水轮机正式实现了双向并网互通，1 年可发电总量为 60 万 kWh（见图 2-47）。

图 2-47　舟山潮流能示范工程

3. 波浪能利用现状

近年来，世界许多国家都在积极开展波浪能发电技术的研究和探索，有的已生产出了各种类型的波浪能发电装置，进入了海洋试验阶段，并成功向特定的用户进行供电。据初步统计，我国目前在引进和消化国外技术的基础上，研发了单机功率大小不等的各类波浪发电装置，一些装置也已开展了多年海上测试，实现了成功发电。

2015 年 11 月 20 日，中科院广州能源研究所开始在万山岛海域测试 100kW 鹰式波浪能装置的性能。该装置长×宽×高为 36m×24m×16m、吃水深 12m，为半潜驳船与波浪能转换设备的结合体，在波高 0.6～2.5m（对应波周期 4.0～6.5s）时装置发电效率约为 20%。清华大学研发团队通过多年的探索，研发了适应各类波高和不同能量密度的筏式波龙 I 型发电装置（图 2-48），该装置基于波浪能利用技术的研究现状，在 Pelamis 装置技术基础上做了一些重大的技术改进和创新，具有生存能力强、能量转换效率高、频响宽度宽的优势。目前该装置已完成了理论研究和实验室试验，准备适时打造样机，开展海试。

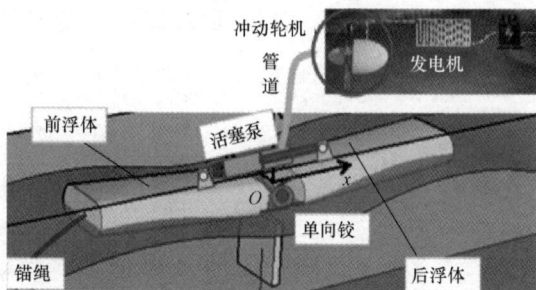

图 2-48　波龙 I 型发电装置外形图

4. 温差能利用现状

我国在温差能发电方面探索已久，典型案例是由自然资源部海洋局第一海洋研究所承担的 15kW 温差能发电项目（见图 2-49）。在 2012 年 8 月，该温差能发电项目通过了试验项目验收，在自主研发的基础上，搭建了我国首个温差能发电系统。该温差发电系统使我国成为第三个独立掌握海洋温差能发电技术的国家，标志着我国海洋温差能发电进入了一个新阶段。该系统总装机容量为 15kW，采用以氨为工质的朗肯循环发电方式，运行温差为 18～22℃。其中，自主研制了适用于海洋温差能发电的高效微型氨透平，在对已有循环方式进行研究的同时，增加了贫氨溶液的一级热回收，热力循环效率由 3％提高到 5.1％。该温差发电系统的成功运行，为我国今后的海洋温差能发电技术打下良好的基础。

图 2-49　海洋温差能发电系统

5. 盐差能利用现状

盐差能发电主要是依靠盐浓度差转化能量。我国在盐差能发电技术上的利用处于探索阶段，尚未达到建站规模。盐差能发电技术主要是压力延滞渗透法和反电渗析法，其核心都是渗透膜，前者需要高透水率渗透膜，而后者则需要高选择性离子渗透膜。2018 年，Zhu 等人成功制备了一种表面电荷密度和孔隙率可调控的高性能的 Janus 薄膜发生器并测试了该膜在海水环境中的性能，功率密度高达 $1.7W/m^2$，如图 2-50 所示。高盐浓度溶液中有效的离子选择性和整流电流确保了渗透能量转换的高性能，在 500 倍盐浓度梯度下功率密度更是高达 $5.1W/m^2$。这一技术的突破为我国盐差能利用起到了推动性作用。

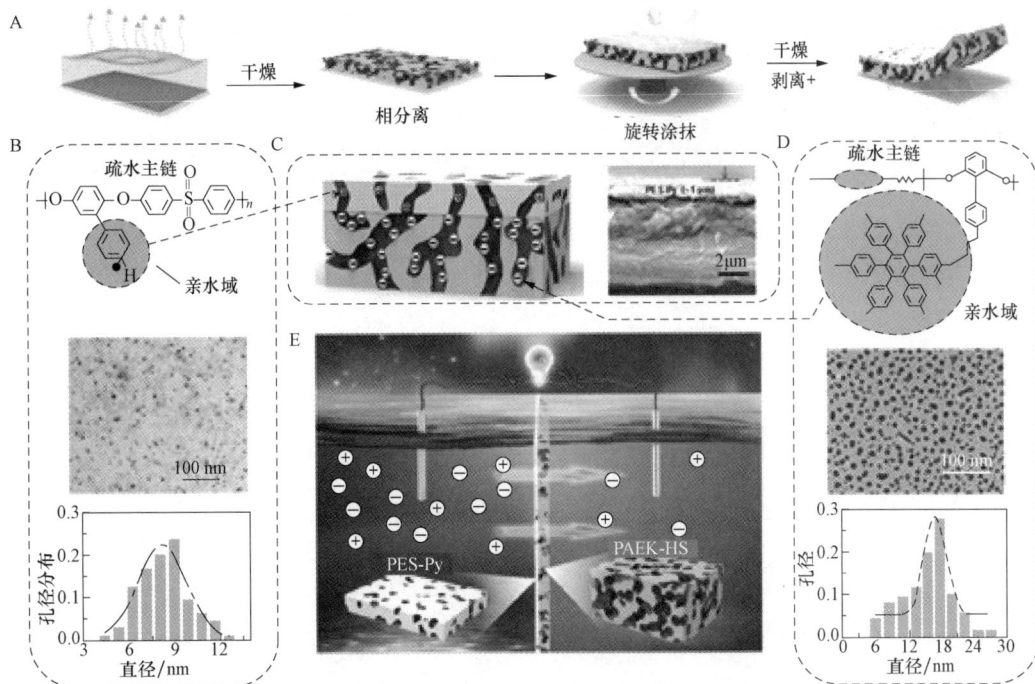

图 2-50　多孔膜渗透发电装置示意

A—多孔膜制备工艺；B、D—PES-Py 和 PAEK-HS 离子聚合体的化学结构（上），微观结构（中），

孔径分布、高斯拟合剖面（下）；C—多孔膜结构截面的示意（左）和扫描电镜图（右）；

E—基于多孔膜浓度梯度下发电过程的示意

51

目前，我国对于各种海洋能资源的发展利用尚未形成规模，主要困难在于建设运营成本和尖端技术等方面受到限制。海洋能的发展思路应为适度发展潮汐能发电，试验开发波浪能和海流（潮流）能发电，完善盐差能和温差能发电关键技术。随着科技发展，海洋能资源必将得到广泛的应用。

第三章

核　　能

🔬 第一节　核 能 发 电 原 理

一、核能的发展历史

核能（nuclear energy）是人类历史上的一项伟大发现。从 19 世纪末英国物理学家汤姆孙发现电子开始，人类逐渐揭开了原子核的神秘面纱。1895 年德国物理学家伦琴发现了 X 射线，也被称为伦琴射线。1896 年法国物理学家贝克勒尔发现了元素的放射性。20 世纪初，居里夫人经过近 4 年的艰苦努力，先后发现了放射性元素钋和镭，并因此获得了 1911 年的诺贝尔化学奖。1905 年，爱因斯坦提出了著名的质能转换公式，对于核能的利用起到了关键性的作用。1938 年德国科学家奥托·哈恩用中子轰击铀原子核，首次发现了核裂变现象。1942 年 12 月 2 日，美国芝加哥大学成功启动了世界上第一座核反应堆，芝加哥一号堆（简称 CP‑1）。同年 6 月，美国陆军部集中了当时世界上最优秀的核科学家，动员了 10 万多人开始秘密实施利用核裂变反应来研制原子弹的曼哈顿计划，历时 3 年、耗资 20 亿美元，于 1945 年 7 月 16 日成功地进行了世界上第一次核爆炸。第二次世界大战以后，苏联于 1954 年建成了世界上第一座商用核电站——奥布灵斯克核电站。从此人类开始将核能运用于军事、能源、工业、航天等领域。

二、核电站工作原理

世界上一切物质都是由原子构成的，原子又是由原子核和它周围的电子构成的。轻原子核的融合和重原子核的分裂都能释放出能量，分别称为核聚变能和核裂变能，简称核能。中子轰击重原子核的分裂，产生裂变能量如图 3‑1 所示；而轻原子核的融合，同时产生聚变能量如图 3‑2 所示。

核电站是指通过适当的装置将核能转变成电能的设施。它与火力发电极其相似，只是以核反应堆及蒸汽发生器来代替火力发电的锅炉，以核燃料在核反应堆中发生特殊形式的"燃烧"产生热量，使核能转变成热能。核电站的系统和设备通常由两大部分组成：①核的系统和设备，又称为核岛；②常规的系统和设备，又称为常规岛。核电站工作原理如图 3‑3 所示。一回路系统中的冷却剂通过堆心，利用铀燃料进行核分裂连锁反应所产生的热将水加热变成 70 个大气压左右的饱和蒸汽来推动汽轮发电机工作。

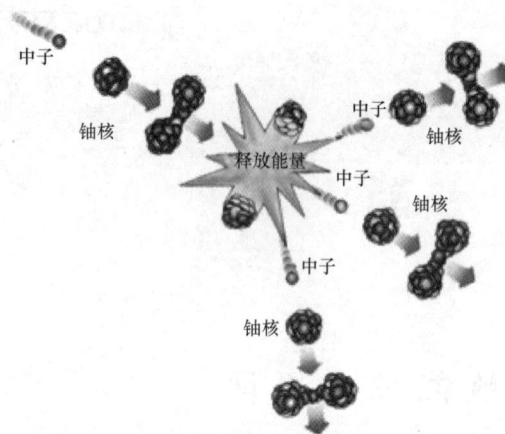

图 3-1 裂变能量的产生

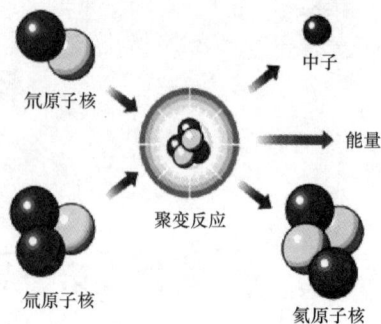

图 3-2 聚变能量的产生

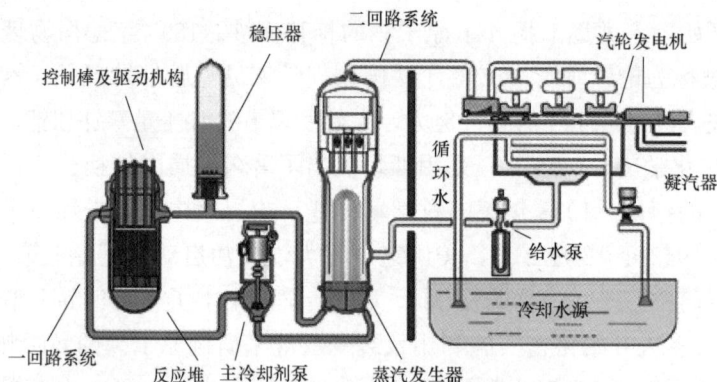

图 3-3 核电站工作原理

三、 核电站类型

世界上核电站常用的反应堆有轻水堆、重水堆、气冷堆和液态金属反应堆等，其中使用最广泛的是轻水堆。按产生蒸汽的过程不同，轻水堆可分成沸水堆和压水堆两类。压水堆是以普通水作冷却剂和慢化剂，它是从军用堆基础上发展起来的最成熟、最成功的动力堆堆型。目前，压水堆核电站占全世界核电总装机容量的60%以上。

四、 核能的特点

核能发电的优点包括：①清洁发电；②输出稳定；③运输方便；④成本可控；⑤能量密度高。缺点包括：①放射性；②高投资；③热效率低；④变负荷能力差；⑤政治纷争。

由于核能技术具备清洁高效、输出稳定等独特优势，在工业、农业、医疗健康等各行业都有广泛应用，比如核动力的船舶、星际探索、消杀病毒、中子治疗、农业育种等，是军民融合两用技术。

第二节 裂变反应堆

一、历史沿革

从 20 世纪 50 年代美国和苏联的第一代原型堆开始，裂变反应堆已经历经三代。目前世界上主力堆型是二代反应堆，正处于向三代反应堆过渡的过程之中。目前第四代反应堆正在研发。裂变堆发展历程如图 3-4 所示。

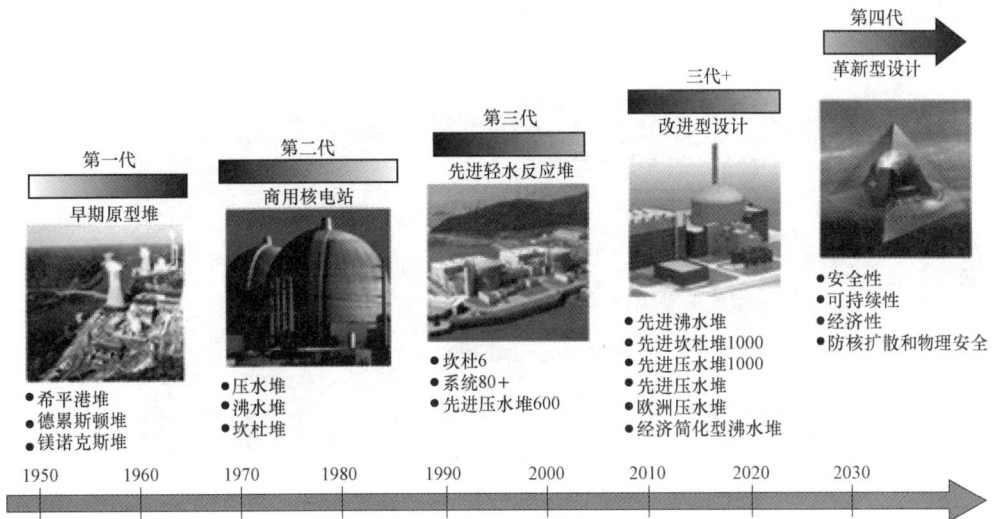

图 3-4 裂变堆发展历程

二、第一代原型堆

第一代反应堆集中了世界上（主要是美国、俄罗斯、法国、英国）建造的首批原型堆。1956 年，法国建造了天然铀石墨气冷堆（UNGG），英国建造了石墨气冷堆（MAGNOX）；美国 1957 年建造了首座用于发电的 60MW 压水堆（希平港）。这一代反应堆受到燃料循环的限制，由于没有工业浓缩铀技术，反应堆只能使用天然铀作燃料，用石墨或重水作慢化剂。法国建造和运行了 3 座产钚堆（G1、G2 和 G3）和 6 座发电堆。尽管更大规模的反应堆具有热效率高、可使燃料得到更充分的利用等特点，但是，由于受到技术限制，投资费用高，提高安全性困难，因此第一代反应堆的功率通常较低。第一代美国希平港核电厂如图 3-5 所示。

图 3-5 第一代美国希平港核电厂

三、 第二代反应堆

第二代反应堆是 20 世纪 70 年代到 2000 年投入运行的商业反应堆，有 PWR、BWR、VVER 和 CANDU 几种堆型。在这个阶段，PWR 和 BWR 向着更简单、可靠和经济的方向发展。这两种反应堆目前占世界核电反应堆总数的 85%。在法国和世界其他国家的工业经验反馈中，第二代反应堆从经济和环境方面验证了核电的性能。核电的价格与化石燃料相比非常有竞争力，废物排放大大低于允许限值。世界上的反应堆累计运行超过 1 万堆·年，表明这些工业技术是成熟的。截至 2022 年 7 月，世界上运行中的反应堆为 441 座，平均寿期为 20 年。中国有 55 座，仅次于美国与法国，居世界第三。中国自主研发的第二代秦山核电站如图 3-6 所示。

图 3-6 第二代秦山核电站

四、 第三代先进堆

必须向第三代反应堆发展的要求始于 1979 年美国三里岛核事故，主要目标是要提高现有反应堆的安全性。第三代反应堆派生于运行中的第二代反应堆。设计基于同样的原理，并在技术上汲取了这些反应堆几十年的运行经验。1993 年，法国和德国的核安全机构批准了未来压水堆安全的发展方向，并确定了新的安全参考标准。新的安全发展方向规定，假如发生严重事故，放射性及其效应不得影响到电厂以外。因此，在自1992 年开始的欧洲压水堆（EPR）的研究和设计工作中，安全被作为首要参考因素。加强安全主要表现在，为了进一步降低事故发生概率，增加了安全装置的冗余度，而且非能动安全设计可确保机组在发生事故时仍能正常运行。EPR 的设计和改进是由法国和德国历经 15 年的研发成果。该反应堆有以下明显优点：安全性大幅提高，造价降低，长寿命废物量降低，竞争力提高。在核领域，第二代与第三代反应堆之间的过渡已开始多年。例如，日本 1997 年投入运行的柏崎·刈羽核电站两台机组，法国分别于 1996 年和 1999 年投入运行的舒兹和希沃 N4 系列都属于这一类。美国正在建设第三代 AP1000 反应堆。中国已经建成自主设计的华龙一号反应堆，并出口巴基斯坦，同时建成美国引进的 AP1000和法国引进的 EPR 第三代核电站。华龙一号核电站如图 3-7 所示。AP1000 核电站如图3-8 所示。

图 3-7 华龙一号核电站

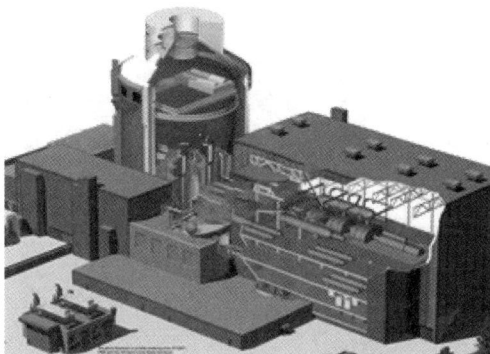

图 3-8 AP1000 核电站

五、 第四代革新堆

第四代反应堆是未来的核系统,无论是从反应堆还是从燃料循环方面都将有重大的革新和发展。作为 2000 年美国能源部(DOE)发起倡议的继续,2001 年成立了第四代反应堆国际论坛(GIF),参加的国家有阿根廷、巴西、加拿大、法国、日本、韩国、南非、瑞士、英国和美国。论坛上达成共识,在可持续发展和防止温室效应方面,核能能够发挥很大的作用。国际合作围绕着以下几方面进行:①持久性,从长远看有利于节省自然资源(铀),废物量最少化;②经济竞争性,目标是降低投资费用与运行费用;③安全和可靠性,目标是(如果可能)排除疏散核电厂外部人员的必要性,加强防扩散和实体保护能力。此外,考虑到长期需求的变化,未来的核能设施不应该只局限于发电,应能满足其他需要,如产氢或海水淡化等联合生产。同已实现的关键技术方案一样,未来反应堆的研发需要在国际范围内进行密切合作,尤其是在 GIF 范围内的合作。当年对最有希望的未来反应堆概念进行了选择,主要考虑了能源可持续性、经济竞争性、安全和可靠性以及防扩散和外部侵犯能力几个方面,确定了最具前景的 6 种核系统如表 3-1 所示。

表 3-1 第四代核能系统

第四代核能系统	代号	中子能谱	燃料循环
钠冷快堆	SFR	快	闭式
铅冷快堆	LFR	快	闭式
气冷快堆	GFR	快	闭式
超高温气冷堆	VHTR	热	一次
超临界水冷堆	SCWR	热和快	一次/闭式
熔盐堆	MSR	热	闭式

第四代反应堆概念与前几代完全不同,必须以大量的技术进步为前提。对这些系统的研究才刚刚开始。概念可行性研究结束后,对第四代系统的研究将进入技术和经济性论证阶段,目标是获得工业上成熟的第四代核系统。根据市场情况,2035 年可能开始实现首批工业应用。钠冷快堆如图 3-9 所示。熔盐堆如图 3-10 所示。ADS 堆回路设计

如图 3-11 所示。

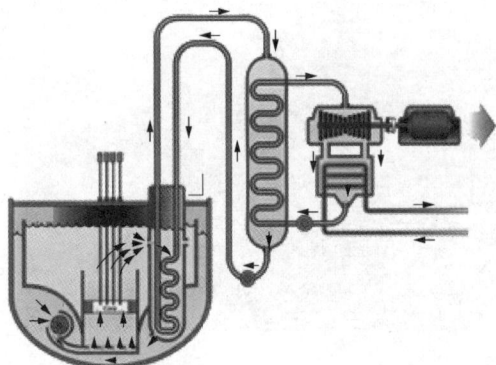

图 3-9 钠冷快堆

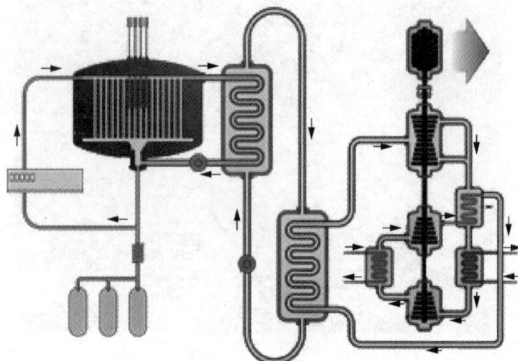

图 3-10 熔盐堆

辅助建筑物
安全壳
主泵
旋转屏蔽塞
反应堆容器
排放热交换器
过热器
蒸发器
副泵
中间热交换器

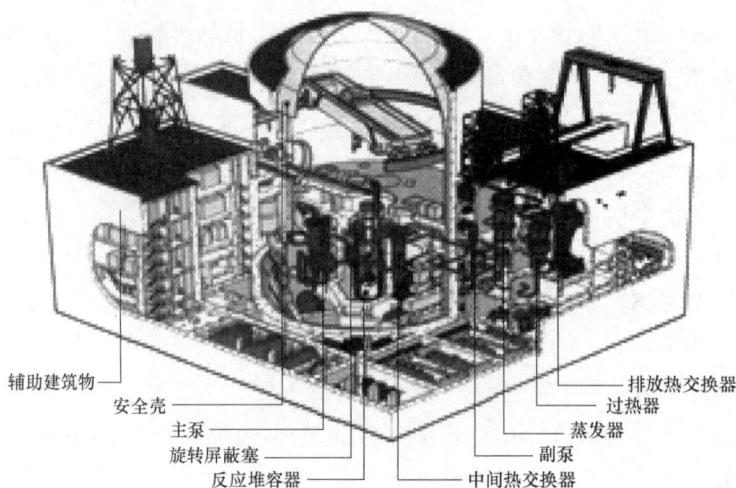

图 3-11 ADS堆回路设计

第三节 聚 变 堆

　　人类已经能控制和利用核裂变能。但由于很难将两个带正电核的轻原子核靠近从而产生聚变反应，控制和利用核聚变能则需要历经长期的、非常艰苦的研发历程。在所有的核聚变反应中，氢的同位素——氘和氚的核聚变反应（即氢弹中的聚变反应）是相对比较易于实现的。20世纪90年代，在欧洲、日本、美国的几个大型托克马克装置上，聚变能研究取得突破性进展。不论在等离子体温度、稳定性及约束方面都已基本达到产生大规模核聚变的条件。初步进行的氘-氚反应实验，得到16MW的聚变功率。可以说，聚变能的科学可行性已基本得到论证，有可能考虑建造"聚变能实验堆"，创造研究大规模核聚变的条件。ITER计划是目前全球规模最大、影响最深远的国际科研合作项目之一。它的建造大约需要十年，耗资50亿美元（1998年值）。合作承担ITER计划的七个成员是欧盟、中国、韩国、俄罗斯、日本、印度和美国。为建设 ITER，各参与方专门协商组建了一个独立的国际组织，各国政府首脑在过去几年中都采取不同方式对参加 ITER 计划作出过正式表态。聚变堆发电原理如图 3-12 所示。国际 ITER 计划堆芯如图 3-13 所示。

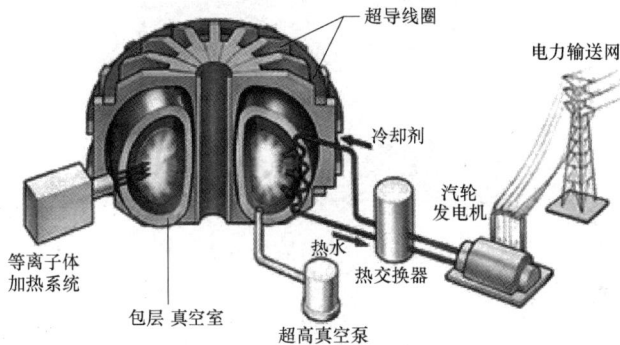

图 3-12　聚变堆发电原理

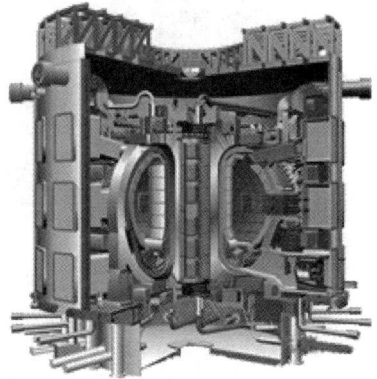

图 3-13　国际 ITER 计划堆芯

第四节　小型核反应堆

　　小型核反应堆指小型且简单的核能发电和产热机组。20 世纪 50 年代以来，核电反应堆的电功率已经从 60MW 增加至 1300MW 以上。国际原子能机构（IAEA）将"小型"定义为反应堆电功率在 300MW 以下。在国内外核能综合利用快速发展的背景下，小型核反应堆的技术、产业化优势正在显现，加之受核能发展政策影响，小型核反应堆即将成为现阶段我国核能综合利用的"主力军"。早在 2000 年，美国能源部就提出模块式小型核反应堆概念，用于小火电替代或城市附近电、热、淡水、蒸汽联供。IAEA 也于 2004 年 6 月倡导成立"革新性小型核能装置"协作研究项目，主要致力于核能的制氢、区域供热、海水淡化、海洋能源开发等多用途利用。据 IAEA 统计，截至 2017 年，全世界范围内正在研发 56 种致力于核能多用途综合利用的小型堆技术。可移动的小型核反应堆如图 3-14 所示。与太阳能结合的拟在 2022 年建成 1.5MW 美国极光核反应堆如图 3-15 所示。泰拉能源公司主导的行波堆如图 3-16 所示。中科院的核电宝如图 3-17 所示。

图 3-14　可移动式军民两用小型核反应堆

图 3-15　美国极光核反应堆

图 3-16 行波堆

图 3-17 中科院核电宝装置

第五节 中国核能发展

一、历史回顾

1974 年 3 月，周恩来总理批准在苏南建造功率为 30 万 kW 的压水堆设计方案。1979 年初，广东电力局、香港中华电力公司开始商讨合营建设核电站。一个依托深圳地理优势，"借贷建设、售电还钱、合资经营"的核电站建设思路渐渐酝酿形成，并为各界所接受。1983 年，国家在北京回龙观地区（现华北电力大学附近）召开的会议确定以压水堆为主的技术路线。1982 年 12 月国务院批准建设大亚湾核电站两台 98.4 万 kW 的压水堆核电机组，1987 年 8 月主体工程开工，1994 年 5 月建成投入商业运行。1995 年 7 月 13 日，位于浙江省海盐县秦山北麓的秦山核电站一期工程正式通过国家工程验收。从 20 世纪 60 年代中期第一颗原子弹爆炸成功到首座商用核电站投入商业运行，中国用了 30 多年；而同样的历程，英国、苏联、法国、美国则分别用了 4、5、7 年和 12 年。截至 2020 年，根据中国核能行业协会的统计，我国共有 49 台核电机组投入运行，总装机容量（电功率）超过 50 000MW，如图 3-18 所示。

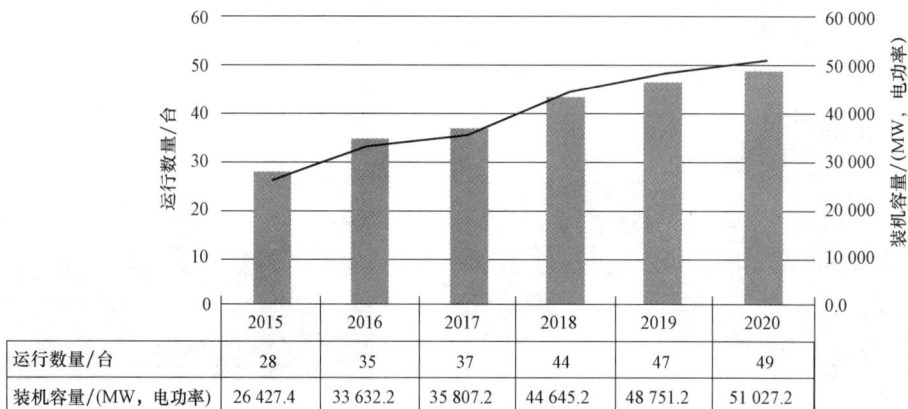

	2015	2016	2017	2018	2019	2020
运行数量/台	28	35	37	44	47	49
装机容量/(MW，电功率)	26 427.4	33 632.2	35 807.2	44 645.2	48 751.2	51 027.2

图 3-18 2015—2020 年中国核电机组运行数量及装机容量

二、 榜样力量

伴随着我国核事业的发展涌现出许多优秀的核科学工作者，代表人物有钱三强、邓稼先、周光召、于敏等（见表3-2）。中国核物理学家们筚路蓝缕、艰苦创业的历程，他们的崇高人格和对中国核事业做出的牺牲，壮丽伟大、可歌可泣。"不要问国家能为你做些什么，而要问你能为国家做些什么"，是中国核事业老一辈科学家们以身许国、敢为人先、严谨求实的精神文化的真实写照。

表3-2 优秀核工作者典型代表

序号	姓名	贡 献
1	邓稼先	中国核武器研制工作的领导者、开拓者和奠基者
2	于敏	在氢弹原理突破研究中起了关键作用
3	王淦昌	以身许国的核科学奠基人和开拓者之一
4	朱光亚	科学技术领导，为"两弹"技术突破及其武器化做出重大贡献
5	刘杰	我国核工业的开拓者、奠基人之一
6	吴自良	领导研制成功铀同位素分离用的甲种分离膜
7	宋任穷	核工业首任部长，我国核事业主要开创者之一
8	陈芳允	研制出第一颗原子弹爆炸测试用的多道脉冲分析器
9	陈能宽	核武器爆轰物理学的开拓者
10	周光召	为我国核武器的理论设计奠定了基础
11	钱三强	原子能科学事业卓越的开拓者和奠基人
12	郭永怀	研制"两弹一星"，科学家群体中唯一获得"烈士"称号的科学家
13	彭桓武	领导并参加了原子弹、氢弹原理的突破研究
14	程开甲	我国核武器事业的开拓者

三、 安全保障

核电站的放射性是公众最担心的问题。其实人们在生活中，每时每刻都不知不觉地在接受来源于天然放射性的本底和各种人工放射性辐照。据法国资料，人体每年受到的放射性辐照的剂量约为1.3mSv，其中包括宇宙射线、地球射线、电视、手机、飞机等。人体每年受到的放射性辐照的剂量见表3-3。

表3-3 人体每年受到的放射性辐照的剂量

序号	辐射名称	剂量/mSv	影响因素
1	宇宙射线	0.4~1	取决于海拔
2	地球辐射	0.3~1.3	取决于土壤性质
3	人体	约0.25	
4	放射性医疗	约0.5	
5	电视	约0.1	
6	夜光表盘	约0.02	
7	烧油电站	约0.02	
8	燃煤电站	约1	

2007年国家专门成立中国核电标准化工作领导小组，2010年又成立了专家委员会，特别重视极小概率的核电严重事故标准的制定，并加强了对原有核电事故标准的修改，新标准的要求更加明确和严格。目前已经建立的核电标准已有上千条。

核电技术坚持多重屏障，纵深防御。中国压水堆核电站拥有非能动措施来导出堆芯余热，并确保事故下核电站的安全性。最先进的第三代核电，其安全理念更多采用了非能动安全的概念。AP1000安全壳系统如图3-19所示。

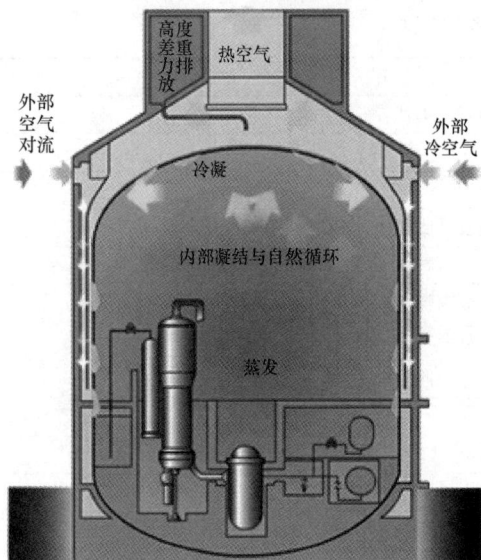

图3-19　AP1000安全壳系统

中国政府高度重视核安全、核安保工作。在推进核能可持续发展过程中保持了良好的核安全、核安保纪录。大亚湾核电站结合实际情况，形成大亚湾特色的核安全文化。坚持"四个凡是"进行项目管理体系的建设和运行，做到"凡事有章可循、凡事有人负责、凡事有人监督、凡事有据可查"，坚持"预防问题、正常工作、一次做好、精益求精"为质量管理工作的基本原则，形成了特有的"蓝色透明"核安全文化。要求人员养成"质疑探索的态度、严谨求实的作风、沟通交流的习惯"，并始终贯彻"人人都是一道安全屏障"的安全理念。中国核电制定了严格的标准、采用了先进的技术、具备中国特色的安全文化，日常不排放SO_2、CO_2和颗粒物，是安全和清洁的能源。

四、 未来前景

核电将会在先进医疗、特色农业、绿色供电为人类生活带来美好的未来。2002年12月，中国环流器2号A装置在成都核工业西南物理研究院建成并投入运行，如图3-20所示。2006年9月28日，中国等离子体所的托克马克装置首次实现放电，拥有多项专利技术，并积极参与ITER计划，如图3-21所示。核能制氢如图3-22所示。未来综合能源系统如图3-23所示。

图3-20　中国环流器2号A装置

图3-21　中国托克马克装置

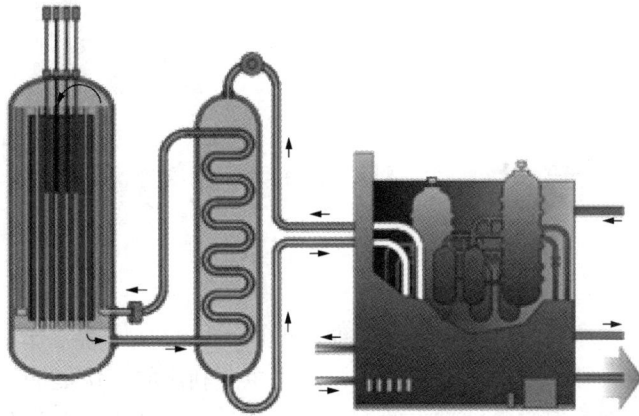

图 3-22　核能制氢

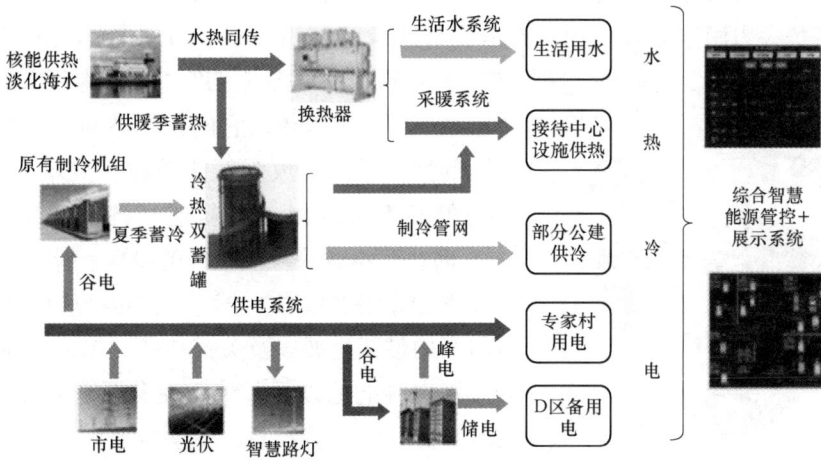

图 3-23　未来综合能源系统

第四章

氢能、化学电池与储能

随着工业的发展和社会的进步，对于能源的需求也与日俱增。在工业革命以来的二百余年中，化石燃料（煤、石油、天然气）是人类主要利用的一次能源，不可避免地带来一系列环境问题，特别是温室效应带来的全球气候变化。随着我国向国际社会做出碳达峰和碳中和的郑重承诺，显示了我国顺应低碳潮流、积极应对环境变化等全球问题的责任担当，也是我国贯彻实施节能减排、推行可持续发展理念的必然要求。实现这一目标的一个关键措施就是大力调整能源结构，着力提升能源的利用效率。与逐渐匮乏的油气资源相比，氢能作为清洁的二次能源，储量丰富、来源广泛、能量密度高，是构建未来多元能源供给系统的重要载体。它的开发与利用已经受到世界各国的高度重视，成为新能源技术变革的重要方向，以期在 21 世纪中叶进入氢能经济（hydrogen economy）时代。本章将从氢能源的制取、储运、应用三个方面进行介绍（见图 4-1），主要内容包括目前各国氢能研究的最新进展以及关键瓶颈；未来氢能利用的核心技术燃料电池以及其他常见化学电池的工作原理、技术特点、发展前景等；化学电池以及其他技术在储能方面的应用。

图 4-1　氢能经济示意

第一节　氢　能　概　述

氢是自然界存在最普遍的元素，主要以化合物的形态储存在水中。氢气则是目前世界上已知的密度最小的气体，在 1 个标准大气压和 0℃条件下密度是 0.089g/L，仅为空气的 1/14。氢气本身无色、无味并且极难溶于水，常温、常压下极易燃。人类对于氢能的开发可以追溯到 400 多年前的中世纪时期，如图 4-2 所示。氢元素的发现主要被归功于英国著名的物理学家、化学家亨利·卡文迪许。在他之前的 16～17 世纪中，虽然瑞士医生帕拉塞斯以及爱尔兰化学家罗伯特·波义耳都在铁屑和稀硫酸反应时接触过氢气，但并未开展研究。卡文迪许则是第一个对氢气进行收集和认真研究的科学家，他于 1770 年在氢-氧混合物中进行放电实验并收集到水。但他错误地认为水是一种元素，而氢是含有很多燃素的水，直到 1782 年法国化学家拉瓦锡明确提出水是一种化合物并在 1787 年根据希腊语"hydor"提出了"氢"这个词，意思是形成水的元素。

图4-2　氢能发展历史年图及重要人物

　　人类对于氢气的利用，也同样有着很长的历史。在19世纪初，英国科学家威廉·尼科尔森等人通过电解水获得氢气之后不久，瑞典人伊萨克·代·李瓦茨在1807年制成了人类历史上第一个氢气内燃机，在气缸中充入氢气燃烧并推动活塞往复运动。1823年，德国人约翰沃尔夫冈·德贝赖纳发现将氢气流吹到铂棉上立即就会燃着，并根据这个现象发明了自动点火器（口袋式打火机）。1839年是氢能利用发展的一个里程碑，英国科学家威廉·格罗夫爵士发明了世界上第一个伏打电池（氢氧燃料电池），这是现代燃料电池的雏形。他在电解实验中通电将水分解成氢和氧，并由此推想到将氢和氧反应，应该可以逆转电解过程得到电。为了证实这一猜想，他用金属铂作为电极，分别置入装有氢气和氧气的密封瓶中，当两个容器浸入稀硫酸溶液之后，可以观测到电流在两个电极之间流动，他也因此被誉为"燃料电池之父"。进入20世纪以后，燃料电池迅速发展。1950年，英国剑桥大学的培根教授用高压氢气和氧气演示了世界第一台功率达到5kW的碱性燃料电池。该系统随后由美国联合技术公司继续开发并成功地应用于阿波罗登月计划为飞船提供电力。从20世纪70年代开始，伴随着"氢能经济"概念的提出，燃料电池的概念被扩大应用，其他类型的燃料电池经过研发相继面世，逐渐在各个领域实现广泛的应用，成为步入21世纪以后前景最为广阔的新能源技术之一。

　　氢能经济包括制取、储运和应用三大环节。图4-3中展示了从一次能源进行氢气制取，再到储存运输等后续环节的大致流程以及每个环节的关键技术。从图中可以看出，氢气的来源非常广泛，从自然界储量丰富的水到各种化石能源都可以通过不同的技术路线获得氢气。目前主流的制氢技术，比如电解、水蒸气重整、天然气气化等都有着成熟的原理和工艺，瓶颈在于成本控制，相关的内容将在后续章节中进行详细的讨论分析。

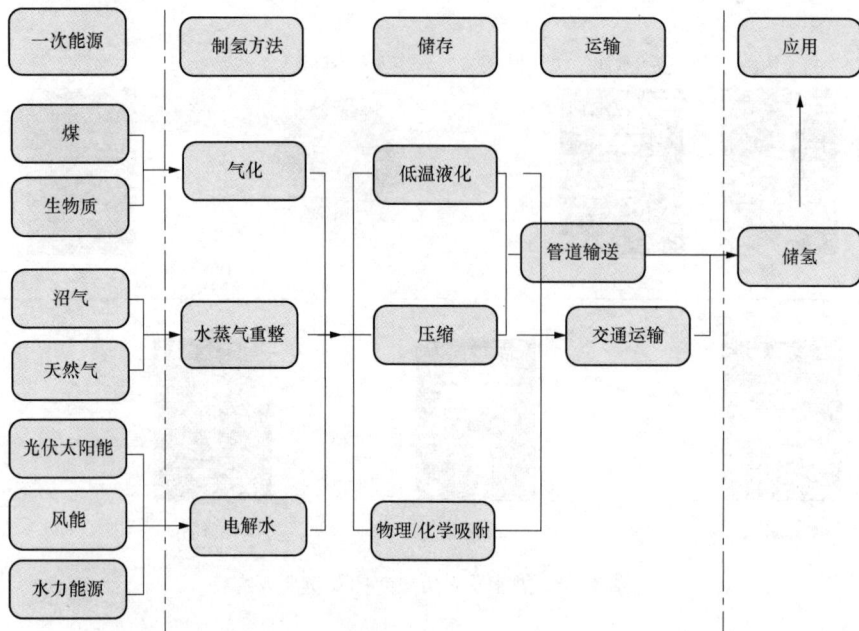

图 4-3　氢能利用流程图和相关技术

第二节　氢　气　制　取

随着近年来氢燃料电池的迅猛发展，对于氢气的需求量也逐年增加。目前氢气制取的主流工艺包括热化学和水电解制氢两大方向，其中热化学技术又可细分为化石能源制氢和化工原料制氢。图 4-4 展示了不同制氢技术的原料总占比以及主流制氢技术的经济性对比。由图可以看出天然气是目前制氢使用最为广泛的化石能源，占比接近 50%。化石能源制氢由于技术较为成熟，成本较低，为 1.5～2 元/kg（H_2）；而由于我国目前火电为主的电力结构，电解水制氢不仅成本过高且经济可行性较低，而且还会导致较高的碳排放。下面将对各个制氢技术进行单独的介绍。

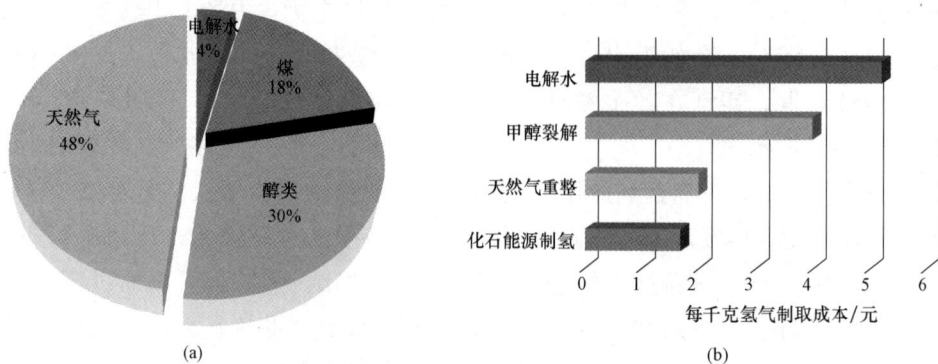

(a)　　　　　　　　　　　　　　　　　(b)

图 4-4　氢气制取的原料及经济性分析

（a）不同制氢技术原料占比；（b）主流制氢技术的经济性对比

一、化石能源制氢

如前所述，化石能源制氢（包括使用煤和天然气）是传统的制氢工业中最成熟、应用最广的方法，并已有多家企业进行大型工业装置示范。用煤和天然气作原料的制氢化学反应如下：

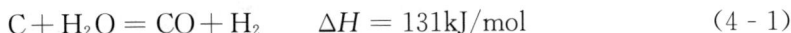

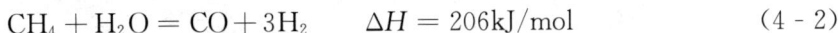

$$C + H_2O = CO + H_2 \qquad \Delta H = 131kJ/mol \qquad (4-1)$$

$$CH_4 + H_2O = CO + 3H_2 \qquad \Delta H = 206kJ/mol \qquad (4-2)$$

$$CO + H_2O = CO_2 + H_2 \qquad \Delta H = -41.2kJ/mol \qquad (4-3)$$

以化石能源为原料的相关工艺先通过水蒸气重整[反应式（4-1）]和煤的水蒸气转化[反应式（4-2）]生成合成气（CO 和 H_2 的混合气），再经过后续的水气置换[反应式（4-3）]把 CO 转化成 CO_2，便于后续的氢气净化和碳捕集，如图4-5所示。虽然化石能源制氢跟其他工艺相比技术最为成熟，特别是我国作为煤炭消费大国，以煤/天然气制氢有着突出的成本优势，但是消耗非可再生的一次能源制氢并不能摆脱对于传统能源的依赖，还会产生大量的碳排放。Muradov 等进行了全生命周期的 CO_2 排放量计算，发现水蒸气重整每制取 $1m^3$ 氢气，会导致 $0.3\sim0.4m^3$ 的 CO_2 排放。通过这种工艺制得的"灰氢"也不符合我国为了实现"双碳"目标所采取的低碳转型的发展需求，需要结合第一章介绍的 CCUS 等技术实现"灰氢"向"蓝氢"的转化。

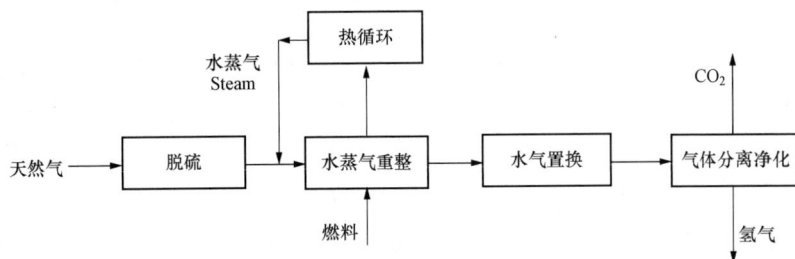

图4-5 天然气水蒸气重整制氢流程简图

二、电解水制氢

电解水制氢工业有着悠久的历史。早在 19 世纪初，英国科学家威廉·尼科尔森等人就发现可以通过电解水来获得氢气。这种方法是基于以下可逆的氢气氧化反应：

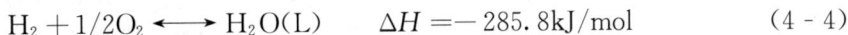

$$H_2 + 1/2O_2 \longleftrightarrow H_2O(L) \qquad \Delta H = -285.8kJ/mol \qquad (4-4)$$

传统模式下利用电能制氢成本昂贵，是化石能源制氢的 2～3 倍。我国的能源比例中火电比重超过 50%，所以消耗的大量电能会间接造成温室气体的排放。而利用风能、太阳能等可再生能源，一方面可以解决能源本身间歇性特点导致的弃光、弃风问题，另一方面可以节约电力资源。相关的技术路线如图4-6所示。

电解水制氢的核心组件是电解池。根据电解质材料选择的不同，常见的电解池可分为碱性电解池、质子交换膜电解池以及固体氧化物电解池。它们的技术参数和优缺点对比见表4-1。

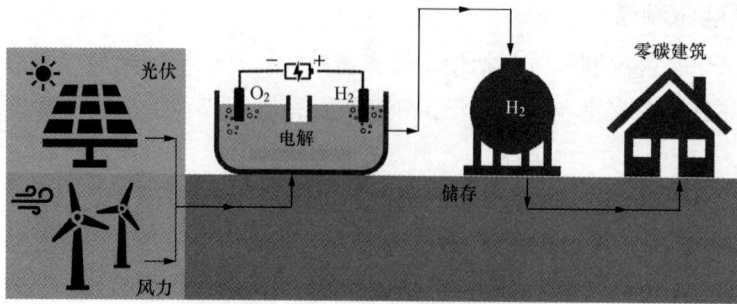

图 4-6　可再生能源制氢技术路线图

表 4-1　　　　　　　　　　　几种常见电解池技术参数和优缺点比较

参数	碱性电解池	质子交换膜电解池	固体氧化物电解池
工作温度/℃	70～90	70～80	700～1000
电流密度/(A/cm²)	0.2～0.4	1～2	1～10
能耗/(kWh/m³)	4.5～5.5	3.8～5.0	2.6～3.6
能源效率/%	60～75	70～90	85～95
响应速度	较快	快	慢
电解池寿命/h	＞12 000	＞10 000	
设备成本/(元/kW)	2000	8000	
优点	技术成熟； 已实现大规模工业化； 成本低	无腐蚀液体； 运维简单、成本低； 工作温度低	高效率； 不需要贵金属催化剂； 能耗最低
缺点	电解质有腐蚀性； 后期维护复杂	需贵金属催化剂； 质子膜成本较高； 国内暂未实现商业化	尚未实现商业化； 工作温度高； 启动响应慢

从表 4-1 中可以看出，碱性电解池和质子交换膜电解池技术均较为成熟，目前已经有了大规模的工业应用。其中质子交换膜电解池是目前国内外发展的重要方向，但是目前无法克服工艺中的关键部件质子交换膜和贵金属催化剂成本高的问题。固体氧化物电解池是目前研究的前沿领域，因其较高的工作温度（通常＞700℃），不仅可以避免贵金属催化剂的使用，还可以获得优异的能源效率和低能耗，未来的研究重点主要集中在降低工作温度和提高系统稳定性方面。

三、 其他制氢技术及未来发展趋势

除了前面介绍的水蒸气重整制氢和电解水制氢以外，世界各国还发展了众多的技术来进行"蓝氢"和"绿氢"的制取（分别对应碳中性和无碳），比较有代表性的包括核能热化学制氢、生物质热解制氢、光解水等。这些技术要想实现大规模应用，还需要克服各自的关键瓶颈。比如生物质热解制氢无排放、原料丰富，但是转化率低、成本高、氢气纯度低，目前还处于研发阶段。核能热化学制氢潜力大、全生命周期的 CO_2 排放量仅仅是天然

气制氢的 1% 左右，在核反应建设方案充分完善之后有望发展成为未来主要的制氢技术；但目前核能热化学制氢仍有技术不够成熟、能耗偏高的问题，以及核设施和氢气生产的安全问题。可再生能源（包括风电、光伏发电）制氢可以实现零碳排放的"绿氢"制取，环保优势巨大，但是受到地域限制和设备建设高成本的阻碍，难以成为大规模制氢的主流技术。

随着近几年全球氢能市场的持续扩大，我国以及欧、美、日本等国家陆续启动重大氢能源项目。制氢作为氢能经济的关键基础环节，对于实现"双碳"目标有着重大的战略意义。制氢技术的进步则为氢燃料电池产业的蓬勃发展提供了重要的保障，将会有力地促进新能源技术的变革。

第三节 氢 的 储 运

储运是衔接氢气制取和应用两大环节的重要桥梁。如何将氢气从分散式的制氢站进行高效率地配送并保证氢气品质是目前阻碍氢能产业大规模发展的关键瓶颈。氢气有着较高的质量能量密度（120MJ/kg），为石油、天然气的 2～3 倍。但是常温常压下 1kg 的氢气体积达到 11m³。因为低密度，氢气的体积能量密度很低，仅仅只有天然气的 1/3。安全、廉价、高效的储运技术是推动氢能发展应用的基础。考虑到制氢技术、应用条件、供需区域之间的距离等多个因素，氢气的储运也应该采取适合的方法。

一、常见储氢技术

如图 4-7 所示，主流的储氢技术可以分为物理储氢和化学储氢两大方向，其中化学储氢又可以细分为不同类型的氢化物储氢以及碳基材料、金属骨架化合物、多孔聚合物等多孔材料吸附储氢。下面将对于几种典型的储氢技术进行介绍。

二、高压气态储氢

高压气态储氢是一项成熟的物理储氢工艺，通过将氢气压缩，以高密度气态形式储存在耐高压的容器中，是目前我国应用最广泛的储氢技术。经过几十年的研究，耐高压容器在材料和设计上不断取得突破，主要包括全金属气瓶（Ⅰ型）、金属内胆纤维环向缠绕气瓶（Ⅱ型）、金属内胆纤维全缠绕气瓶（Ⅲ型）和非金属/复合材料内胆纤维缠绕气瓶（Ⅳ型）四大类型。其中Ⅲ型和Ⅳ型气瓶通过降低瓶体质

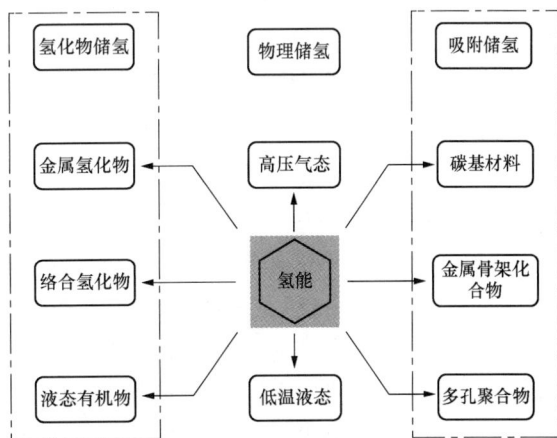

图 4-7 不同类型的储氢技术图

量，显著提高了单位质量的储氢密度，成为目前车载储氢瓶的主流选择。由于我国起步较晚，目前主要使用压力 35MPa 的Ⅲ型气瓶，Ⅳ型仍处于研发阶段。国外企业如日本丰田、美

国 Quantum、通用汽车、加拿大 Dynetek 等已经实现了工作压力为 70MPa 的Ⅳ型气瓶的广泛应用，并且开始了无内胆缠绕的 V 型气瓶的研发。高压气态储氢工艺应用如图 4-8 所示。

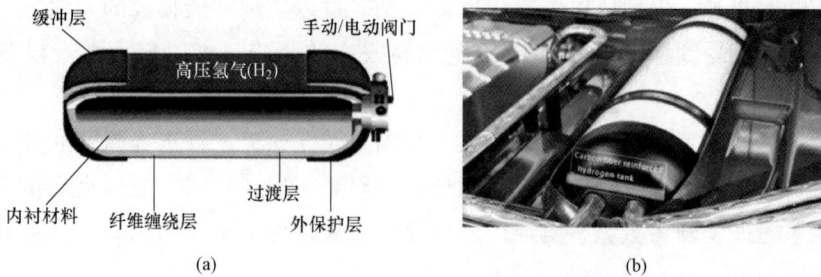

图 4-8 高压气态储氢工艺应用

(a) Ⅳ型复合材料储氢气瓶结构示意；(b) 丰田"未来"燃料电池车采用的 70MPa 储氢罐

三、 低温液态储氢

液氢的密度为 $70.78kg/m^3$，是常温、常压下氢气的 845 倍，可以提供比高压气态存储高出几倍的体积能量密度。这个技术通过将压缩后的氢气深冷到 21K 使其液化，然后储存在特制的绝热真空容器中。理论上来说低温液化是一种理想的物理储氢技术，有着优异的质量和体积能量密度，已经运用在航天发动机上，但是要想实现更加广泛的应用，还受限于几个关键难题。一个问题就是液氢转化的能耗过高，液化 1kg 的氢气需要消耗 4～10kWh 的电量，在我国以火电为主的能源结构下会带来很高的碳排放。另一个问题是耐超低温储罐的研发，不仅要求抗冻、抗压，更需要严格绝热。这种容器的设计和制造难度大，成本昂贵。目前国外在液氢储运方面投入了大量研发，特别是日本为了配合氢燃料电池汽车的普及和加氢站的建造，初步解决了液氢储运方面的关键性难题，已经有了许多产品示范并进入实际检验阶段。全球建立的加氢站约有 1/3 采用液氢储运技术。相比之下，我国受法规所限，液氢仅应用于航空航天火箭发射而无法普及至民用领域。

四、 液态有机物/金属氢化物储氢

和前面所介绍的物理储氢技术不同，化学储氢技术主要利用液态有机物和金属氢化物作为储氢介质，首先在催化剂的作用下进行储氢介质的加氢反应。比如某些过渡金属或合金可以在加压条件下与氢发生反应，以金属氢化物形式吸附氢；经过运输后在加热条件下释放氢并实现金属材料的循环利用，其过程如反应式（4-5）所示：

$$aM + 0.5bH_2 \longleftrightarrow M_aH_b + \Delta Q \qquad (4-5)$$

液态有机物储氢的工作机理与金属氢化物类似，比如甲苯（TOL）可以先通过催化加氢反应生成饱和环状化合物甲基环己烷（MCH），从而实现常温常压下的液态形式储运，之后在目的地通过催化脱氢反应获得氢气。由于储运条件温和（常温常压），该技术比液氢储运工艺更加安全高效。目前制约这项技术的关键难题主要包括加氢/脱氢反应需要额外的催化剂和反应装置，提高了成本；反应效率特别是脱氢过程转化率较低，容易发生副反应影响氢气的品质。虽然这项技术还存在较多技术困难，但由于其独一无二的安全性和运输过程的便捷性，极具发展潜力和应用前景。

五、 吸附储氢

多孔材料储氢利用物理吸附机制，通过其较高的比表面积来作为氢气分子的储存介质。这类材料包括碳基材料、金属骨架化合物材料、多孔聚合物等。其中碳基材料又可以细分为活性炭、碳纳米纤维、碳纳米管等。1997 年，Dillon 等首次提出单壁的碳纳米管可以通过在管中凝聚氢来实现高效储氢，并计算其质量储氢密度可达 5%～10%。2003 年，Yaghi 等报道了具有微孔结构的金属骨架化合物材料 MOF-5 的质量储氢密度能够达到 4.5%。虽然多孔聚合物材料储氢是近十几年的全球研究热点，但是氢气在孔道内吸附/脱附的条件十分苛刻，并且材料本身的制备成本很高，目前仍然处于研发阶段。表 4-2 对于上面介绍的几种主要储氢技术的特点进行了简要对比。

表 4-2　　　　　　　　　　　　几种典型储氢技术的特点对比

储氢技术	单位体积储氢密度高	成本适中	操作便利	安全性好	运输便利	技术成熟
高压气态	×	√	√	×	√	√
低温液态	√	×	×	×	×	×
有机液态	√	×	×	√	√	×
多孔材料	√	√	√	√	×	×

六、 氢气的运输

氢气的高效输送是推动氢能发展应用的基础环节，需要根据应用的储氢技术、输送距离等因素选择适宜的输运方式，如图 4-9 所示。气态氢气输送一般采用长管拖车和管道两种方式。我国的长管拖车相关设备产业十分成熟，通常采用 20～50MPa 的运输压力；但是在管道运输方面起步较晚，技术落后于国际先进水平。氢气输送管道需要巨大的装置建造投资，在发展初期需要积极探索利用现有的天然气管网掺氢运输的可行性。液氢输送主要依靠液氢罐车和专用驳船，是未来普及加氢站以及提高储运效率的重要方式。日本、美国等国家已经将液氢罐车作为目前加氢站运氢的核心方式之一。以固体材料作为介质储存的氢气则可以采用更加丰富的运输手段，但由于储氢技术本身还处于研究阶段，如何降低储氢过程的成本，提高可靠性和储氢密度是目前研究工作的重点。

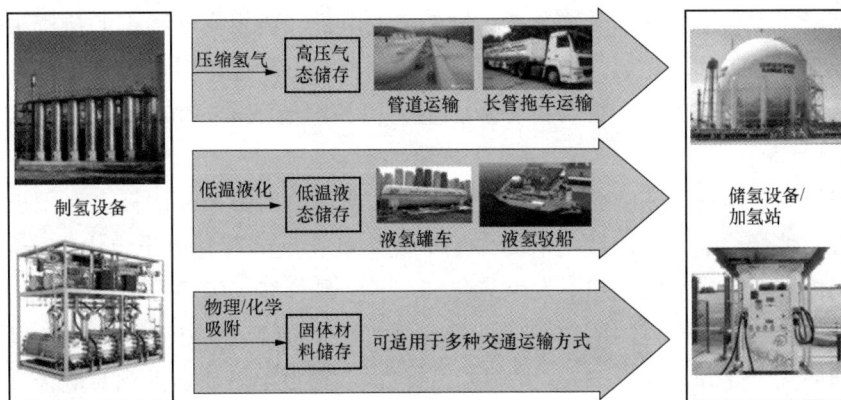

图 4-9　氢能运输结构示意

第四节 燃料电池概述

化学电池按工作性质可以分为一次电池（原电池）、燃料电池、二次电池（可充电电池）等。燃料电池（fuel cell）作为目前最具潜力的氢能利用技术之一，它可以把储存在燃料中的化学能直接转化成电能，是继火力发电、水力发电、核电之后的第四代发电技术。与传统发电技术不同，燃料电池是通过电化学反应实现能量的转化，而不用经过热机过程，不受卡诺循环效应的限制，因此具有很高的转化效率和经济性。此外，燃料电池技术还具有环境污染小、噪声低、可靠性高、建设维护方便等优点。作为一种绿色高效的新型发电模式，它在新一轮能源革命中的占据着重要的地位。

在经历了 100 多年的发展历程后，现代燃料电池主要分为碱性燃料电池（AFC）、磷酸燃料电池（PAFC）、质子交换膜燃料电池（PEMFC）、熔融碳酸盐燃料电池（MCFC）和固体氧化物燃料电池（SOFC）五种类型，在交通运输、可移动式便携电源、固定电站、辅助动力装置、航空航天/水下潜器等民用/军用领域展现了广阔的应用前景，如图 4-10 所示。

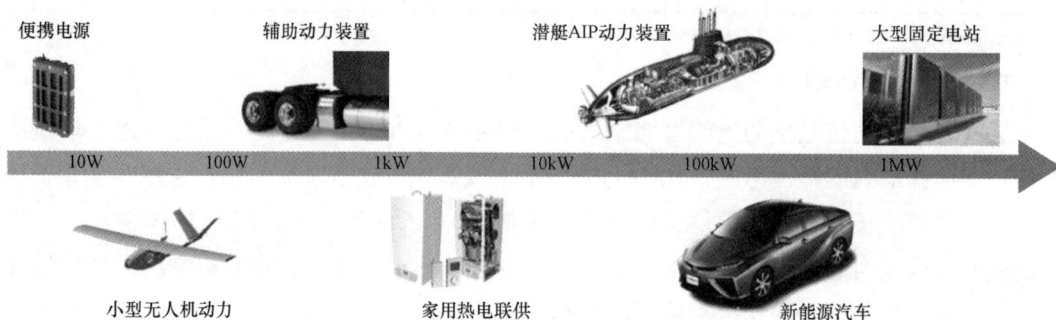

图 4-10　不同输出功率的燃料电池应用

一、燃料电池工作原理

虽然燃料电池也称为"电池"，它的工作原理和常见的原电池有着显著的差异。燃料电池无法储能，本质上是能源转换装置，类似于发电机。要想实现稳定的持续供电，就需要不间断地提供燃料和氧化剂。虽然根据电解质的种类不同把燃料电池分为多种类型，但是它们都有相似的工作模式，主要由阴极、电解质和阳极三个相邻区段组成，如图 4-11 所示。

实际工作中，燃料气和助燃剂分别被通入电解质两侧的阳极和阴极。在阳极一侧，燃料（如氢气、烷烃、醇等）在催化剂的作用下发生氧化反应并释放出自由电子和阳离子；另一侧的阴极则在催化剂的作用下发生氧化剂（通常是氧气）的还原反应，得到电子和阴离子。阴极产生的带负电荷的阴离子［如氧离子 O^{2-}，见图 4-11（a）］或者阳极产生的带正电荷的阳离子［如氢质子 H^+，见图 4-11（b）］通过电解质运动到对电极，参与电极反应并随着生成的反应物被排到电池外；生成的自由电子则在电势差的驱动下从外电路由

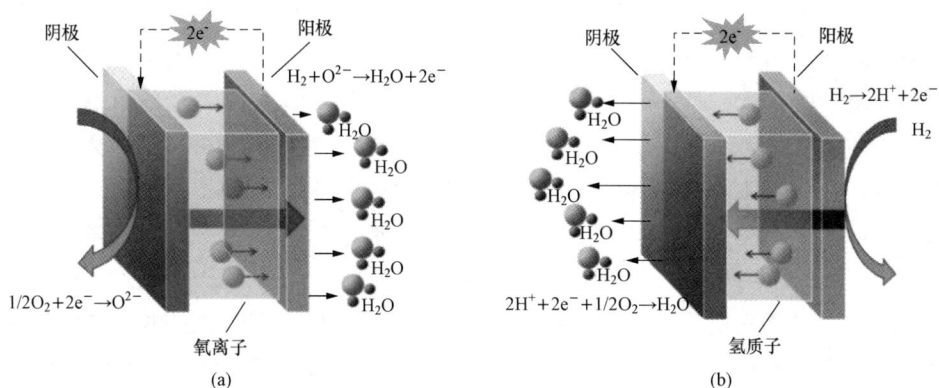

图 4-11 燃料电池工作原理示意

阳极运动到阴极，为外部用电器提供电能。

以氢-氧燃料电池为例，发生的电极半反应和总反应表达如下：

$$阳极反应式：\qquad H_2 + 1/2O_2^{2-} \longrightarrow H_2O + 2e^- \qquad (4-6)$$

$$阴极反应式：\qquad 2e^- + 1/2O_2 \longrightarrow 1/2O_2^{2-} \qquad (4-7)$$

$$总反应式：\qquad H_2 + 1/2O_2 \longrightarrow H_2O \qquad (4-8)$$

二、燃料电池的类型

根据电解质材料的选择分类，以下介绍了碱性燃料电池、磷酸燃料电池、质子交换膜燃料电池和熔融碳酸盐燃料电池。固体氧化物燃料电池是另一种在高温工作的燃料电池种类，被称为第三代燃料电池，将在下一节中进行专门介绍。

1. 碱性燃料电池（alkaline fuel cell，AFC）

20 世纪 50 年代，英国剑桥大学的培根教授展示了世界第一台功率为 5kW 的碱性燃料电池。该系统随后由美国联合技术公司继续开发并在 1969 年击败质子交换膜燃料电池成功地应用于阿波罗登月计划，开启了燃料电池航天应用的新纪元。在阿波罗飞船 1966—1978 的服役期间，共完成了 18 次飞行任务，累积运行时间超过 10 万 h，展现出了优良的可靠性和系统安全性。AFC 的工作原理如下所示：

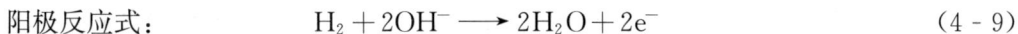

$$阳极反应式：\qquad H_2 + 2OH^- \longrightarrow 2H_2O + 2e^- \qquad (4-9)$$

$$阴极反应式：\qquad 2e^- + 1/2O_2 + H_2O \longrightarrow 2OH^- \qquad (4-10)$$

$$总反应式：\qquad H_2 + 1/2O_2 \longrightarrow H_2O \qquad (4-11)$$

虽然碱性燃料电池成本很低，但是它能提供的功率密度也远低于质子交换膜燃料电池。此外，碱性燃料电池所用的氢氧化钾/氢氧化钠电解质容易和空气中的 CO_2 反应导致电池性能的下降。作为第一代燃料电池，相关的研究工作基本于 20 世纪 80 年代末中止，实际应用中也逐渐被质子交换膜燃料电池取代。

2. 磷酸燃料电池（phosphoric acid fuel cell，PAFC）

磷酸燃料电池的工作原理和碱性燃料电池十分相近，同样需要采用贵金属铂作为电极催化剂，电解质则采用储存在碳化硅基质的液体磷酸，工作温度略高于碱性燃料电池，达到 150～200℃。20 世纪 60 年代开始由美国最先开始磷酸燃料电池的研究，受到了世界各国的普遍重视，并投入大量科研经费，比如日本从 1981 开始的"月光计划"预算拨款 4400 万美元，其中 3000 万美元用于发展 PAFC 系统。经过几十年的发展，PAFC 已经成为商业化最快的燃料电池类型，在全球有 200 多座 200kW 级别的分布式电站在运行。目前日本和美国是世界上 PAFC 技术水平最高的国家，如美国的 IFC 和日本的东芝、富士、三菱等公司，图 4 - 12 展示了日本的 100kW 级别 PAFC 分布式电站，实现了 40 000h 的稳定运行，表现出了优异的系统可靠性。目前 PAFC 的应用只局限于固定电站发电，虽然它的工作温度在 200℃ 左右，但是这个温度的余热在热电联供时利用价值较低。因此各国对 PAFC 的兴趣日益减少，有逐渐被其他高温燃料电池取代的趋势。

图 4 - 12　日本 100kW 级别 PAFC 系统和分布式电站

3. 质子交换膜燃料电池（proton exchange membrane fuel cell，PEMFC）

碱性燃料电池采用液态电解质，一般被归为第一代燃料电池。20 世纪 60 年代发明的质子交换膜燃料电池则是首次采用固体有机化合物作为电解质材料，也被称为聚合物电解质隔膜燃料电池。随后，美国杜邦公司在 1970 年发明了全氟磺酸质子交换隔膜（Nafion），是 PEMFC 发展的一个里程碑。因为 Nafion 膜出色的稳定性和离子交换特性，使 PEMFC 的寿命超过了 57 000h，为后期 PEMFC 的飞速发展奠定了坚实的基础。PEMFC 的结构如图 4 - 13 所示，单电池主要包括质子交换膜、气体扩散层、双极板、集电板、固定压板等主要部件，采用高纯度氢气作为燃料。作为核心部件的质子交换膜除了满足质子输送的功能，还起到隔离氢气和氧化剂的作用。扩散层则主要由炭毡构成，上面负载有催化电极反应的铂催化剂。

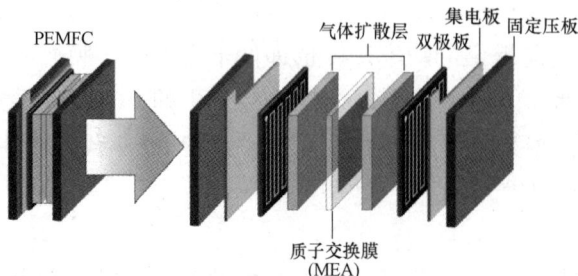

图 4 - 13　PEMFC 组成结构示意

20 世纪 80 年代之后，加拿大的巴拉德公司（Ballard）通过研发进一步提高了 PEMFC 系统的性能并首次尝试将其用于汽车动力（见图 4 - 14）。由 PEMFC 驱动的巴士在 1993 年正式问世，引发了世界范围内的新一轮研发热潮。

PEMFC 的应用领域更是从民用

(a)   (b)

图4-14 PEMFC 的应用

(a) 巴拉德（Ballard）公司设计的 PEMFC；(b) 氢燃料电池汽车

拓展到军用。作为一种革命性的技术使新一代潜艇能够不依赖空气推进获得更优异的隐蔽性，PEMFC 于 1992 年首先装备在德国 212 型潜艇上（见图 4-15）并成为世界各国海军潜艇动力研究发展的主流方向。进入 21 世纪以后，随着 PEMFC 在不同方面取得技术突破，这项技术有望成为未来氢能源汽车和潜艇的最佳动力源。PEMFC 相关研究，特别是降低成本方面，也已经成为世界范围内燃料电池研究中的主要课题。

图4-15 德国 212 型 AIP 潜艇

4. 熔融碳酸盐燃料电池（molten carbonate fuel cell，MCFC）

熔融碳酸盐燃料电池在燃料电池家族里是一个比较特殊的种类。由于其采用碱金属（Li、Na、K 等）作为电解质，为避免电解质流失，需要利用 CO_2 参与反应，在阴极消耗之后在阳极再生，循环使用。它的工作原理如下所示：

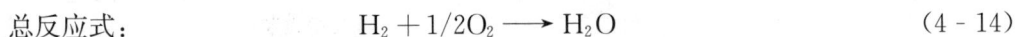

阳极反应式： $\qquad H_2 + CO_3^{2-} \longrightarrow CO_2 + H_2O + 2e^-$ $\qquad$ (4-12)

阴极反应式： $\qquad 2e^- + 1/2O_2 + 2CO_2 \longrightarrow CO_3^{2-}$ $\qquad$ (4-13)

总反应式： $\qquad H_2 + 1/2O_2 \longrightarrow H_2O$ $\qquad$ (4-14)

由于 MCFC 处于较高的工作温度（>600℃），有利于促进电极反应的反应速率，同时不需要 PEMFC、AFC 等低温燃料电池所需的贵金属催化剂，因此有利于降低 MCFC 的成本。此外，不同类型的燃料，比如天然气、煤气、各种碳氢化合物可以经由内重整被 MCFC 利用，因而提供了更加丰富的燃料选择。但是由于工作条件下熔融状态的液态碳酸盐电解质管理十分困难，长期运行中电池的腐蚀和渗漏现象严重，稳定性较差，因此 CO_2 的循环系统也进一步增加了系统的复杂性。

表 4-3 列出了几种主要燃料电池的技术特点和性能对比。

表 4-3　　　　　　　　常见燃料电池技术特性和优缺点对比

参数	AFC	PAFC	PEMFC	MCFC	SOFC
导电离子	OH^-	H^+	H^+	CO_3^{2-}	O^{2-} 或者 H^+
电解质	KOH	磷酸 H_3PO_4	质子交换膜 Nafion 等	碳酸盐 Li_2CO_3 等	陶瓷材料 YSZ、GDC 等
工作温度	~70℃	~200℃	~80℃	600~700℃	600~1000℃
氧化剂	纯氧/过氧化氢	空气	空气	空气	空气
极板材料	镍	石墨	石墨、碳毡	镍、不锈钢	陶瓷、不锈钢
催化剂（阴/阳极）	镍/银	贵金属铂	贵金属铂系	镍/氧化镍	镍/钙钛矿
燃料	纯氢	天然气、轻质油、甲醇	氢气、甲醇	天然气、甲醇、煤气	天然气、醇类、烷烃、生物质气
发电效率	50%~60%	40%~50%	30%~40%	50%~65%	55%~70%
优点	启动快，室温常压下工作	对 CO_2 不敏感，成本较低	室温工作，启动较快	燃料多样，适合热电联产	燃料多样，全固态部件
缺点	需要纯氧，成本高	对 CO 敏感，启动较慢	对 CO 敏感、水管理、需要贵金属	液体电解质渗漏腐蚀，稳定性差	工作温度高影响部件寿命、启动慢

第五节　固体氧化物燃料电池

固体氧化物燃料电池（SOFC）属于第三代燃料电池，被认为将和 PEMFC 一起作为氢能经济的核心技术在未来得到广泛的应用。

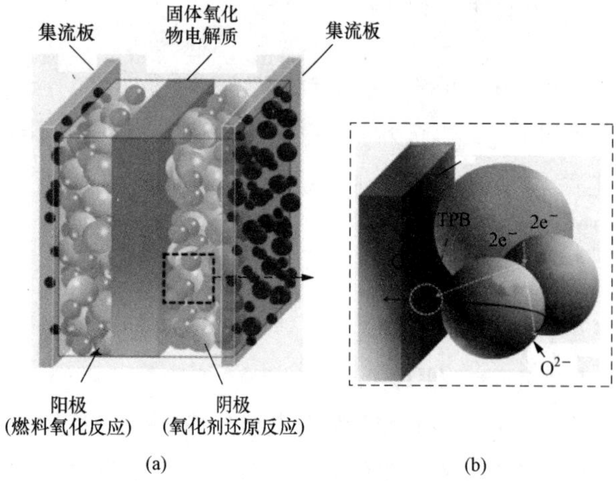

图 4-16　固体氧化物燃料电池（SOFC）

(a) 结构图；(b) 反应界面示意

一、概述

SOFC 的工作原理和其他燃料电池基本相同，由阴极、阳极和电解质组成单电池的基本结构并在催化剂的作用下分别在阴/阳极发生氧化剂还原/燃料氧化反应（见图 4-16）。如表 4-3 所示，SOFC 有着所有燃料电池中最高的工作温度，一般可达 800~1000℃。在这个温度下电极的反应动力学极化可以忽略，可以通过电池内重整直接使用包括烷烃、醇类、生物质气在内的多种燃料，非常契合当前节能减排、低碳化转型的发展趋势。此外高质量的余热可以实现热电联产（CHP），进一步提高系统的总效率，无论是在大型集中供电、小型家用 CHP 等民用领域作为固定电站，还是作为无人机、汽车动力电源等移动式应用，都有着广阔的前景。

二、 发展和产业化现状

虽然 SOFC 和其他类型的燃料电池相比研究起步较晚，但是最早的 SOFC 雏形可以追溯到 1899 年，德国著名的物理学家、化学家、诺贝尔化学奖获得者能斯特发现了氧化锆（ZrO_2）在 600～1000℃下可以传导离子，为固体氧化物电解质的使用奠定了基础。1937 年，Baur 和 Preis 联手制造了第一台小型氧化锆燃料电池，展示了这项技术的可行性。20 世纪 70 年代的石油危机加速了 SOFC 的发展，美国能源部（DOE）和西屋电气公司合作，开始大力发展管式 SOFC（见图 4-17）并相继推出了 400W 和 3kW 的示范装置。1989 年日本在东京和大阪进行了 SOFC 装置的运行验证，实现了 5000h 的稳定运行，标志着 SOFC 从实验室研发正式步入商业化发展。西门子-西屋公司则继续开发，推出了 220kW 的供电站并实现了上万小时的运行，展现出了 SOFC 优秀的稳定性和系统可靠性，但同时也暴露出成本偏高的核心问题以及管式设计功率密度不高的设计缺陷。由于设计简单、制备工艺成熟、电性能和输出功率密度高，平板式设计逐渐成为主流欧美企业商业化 SOFC 的首选。在众多 SOFC 生产厂家中，美国 Bloom Energy 公司虽然成立时间较短（成立于 2001 年），但由于其 SOFC 产品的优秀性能，已经先后为苹果、谷歌、英特尔、Ebay、可口可乐等多家国际 500 强企业的总部及数字中心提供电力（见图 4-18），其他客户还包括斯台普斯中心、沃尔玛商场、联邦快递等，与此同时正在开展的大型项目还包括加利福尼亚州的 2.5MW 的电力系统。

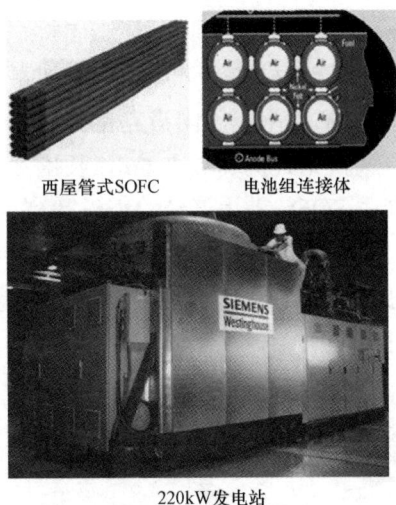

图 4-17 西屋公司的管式 SOFC 设计以及 220kW 发电站

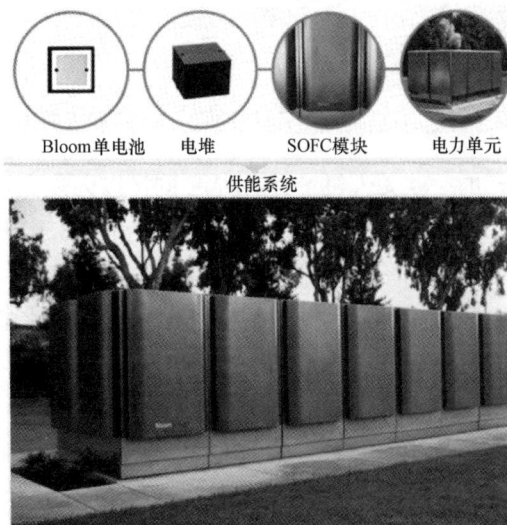

图 4-18 Bloom Energy 公司的 SOFC 供电系统

三、 移动式应用

如前所述，PEMFC 已经实现了交通运输乃至军用领域较为成熟的技术应用。但是受到氢气制取、储运等环节技术发展的制约，还很难实现更大规模的普及。相比之下，SOFC 由于更加丰富的燃料选择，可以使用包括烷烃、醇类、生物质气等多种燃料，相较于 PEMFC 有着更大的灵活性，相关技术在近几年逐渐获得一些企业的关注。日本日产公司于 2016 年推出了首款利用 SOFC 驱动的汽车，采用绿色燃料生物乙醇，不再受到数量稀少的加氢站的限制，续航里程超过 600km（见图 4-19），开创了一种节能环保的新交通运输方式，也为我国节能减排的低碳化转型提供了借鉴。我国汽车制造领域的行业巨头潍柴动力也和英国 Ceres Power 公司在 SOFC 研发领域开展密切合作，通过引进先进的金属支撑 SOFC 设计，于 2018 年推出了世界第一款 SOFC 电动大巴并完成技术验证，为我国新能源汽车的发展提供新的思路。

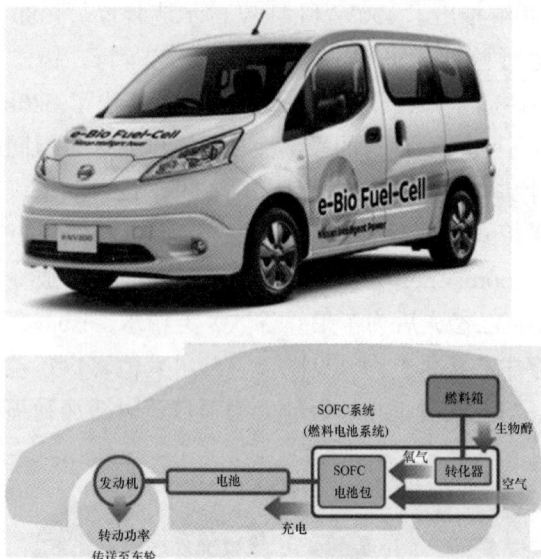

图 4-19　日产公司 SOFC 电动车及工作原理简图

由于 SOFC 可以使用存储能量密度很高的液化烷烃作为燃料，特别适用于某些强调续航行程的应用，比如长航程无人机。近年来无人机被广泛地应用于军事和民用领域，执行侦察监视、搜索跟踪、灾情勘测、气象研究等任务。小型无人飞行器的动力系统采用电池和小型活塞发动机，电池功率密度小，活塞发动机耗油率高，续航时间普遍不超过 1h。英国伯明翰大学与 Adelan 公司合作，研制了采用微管式 SOFC 的小型无人飞行器 Skywalker X8。该飞行器翼展 2m，质量为 6kg，以丙烷为燃料，7mm 直径微管构成的 SOFC 动力系统可以发出 250W 功率。美国洛克希德·马丁公司生产的一款无人机 Stalker XE 同样以丙烷为燃料。这款无人机翼展 3.6m，长度 2.1m，质重小于 15kg，采用输出功率 350W 的 D350XR 微管式 SOFC 动力系统，能够达到 8h 的飞行时间（见图 4-20）。由此可以看出 SOFC 作为无人机动力系统展示出了巨大的潜力，有望在未来多种无人操作系统，比如无人潜水器、无人侦察车等军用/民用领域获得更加广泛的应用。

Adelan 公司 Skywalker X8 小型无人飞行器

洛克希德·马丁公司 Stalker XE 无人机及
D350XR 微管式 SOFC 动力系统

图 4-20　SOFC 驱动无人机

第六节 化学电池储能技术

储能系统可以克服能量供应和需求在时间上或空间上的差别,采用一定的方法,通过一定的介质,动态吸收能量并适时释放。储能技术能够在很大程度上弥补可再生能源发电的随机性和波动性的缺点,提升太阳能、风能电场输出功率的可控性,实现可再生能源发电的平滑输出,有效调节新能源发电引起的电网电压、频率等参数的变化,使大规模光伏或风力发电可靠地并入电网。储能技术的应用可以实现电力生产和使用上的削峰填谷,平滑负荷,提高电力设备的利用率和电网的运行效率,有效延缓或减少电源和电网建设的投入,提高电能质量和用电效率,满足经济社会对优质、安全、可靠供电和高效用电的要求,促进电网在结构形态、调度管理、运行控制等各方面的全面优化。

根据能量储存形式的不同,可以将储能技术分为机械储能、电磁储能、化学储能和相变储能。其中机械储能、电磁储能和相变储能可以归纳为物理储能,将在本章第七节中进行介绍。储能通过储存和释放能量的人为过程或技术进行不同能量形式之间的转化,实现时间和空间的分离,把分散、低密度、波动的能量转化为可调、可控、可利用的能源,从而大幅度提高能源的价值。储能技术作为战略性新兴产业,得到世界各发达国家和经济体以及学术界、工业界的广泛重视。

一、铅酸电池

1. 发展历史及现状

蓄电池是 1859 年由法国科学家普兰特(Plante)发明的,至今已有一百多年的历史。铅酸电池自发明后,在化学电源中一直占有绝对优势。这是因为其具有价格低廉、原材料易于获得,使用上有充分的可靠性,适用于大电流放电及广泛的环境温度适用范围等优点。

到 20 世纪初,铅酸电池历经了许多重大的改进,提高了能量密度、循环寿命、高倍率放电等性能。然而,开口式铅酸电池有两个主要缺点:①充电末期水会分解为氢、氧气体析出,需经常加酸、加水,维护工作繁重;②气体溢出时携带酸雾,腐蚀周围设备并污染环境,限制了电池的应用。近二十年来,为了解决以上两个问题,世界各国竞相开发密封铅酸蓄电池,希望实现电池的密封,获得干净的绿色能源(见图 4-21)。

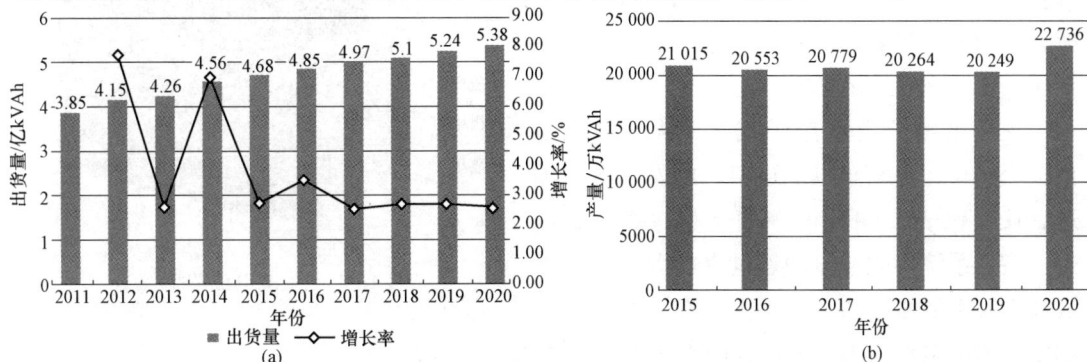

图 4-21 铅酸电池市场发展情况

(a) 全球铅酸蓄电池出货量;(b) 2015—2020 年中国铅酸蓄电池产量统计情况

2. 工作原理及结构

铅酸电池由正负极板、隔板、电解液、正负极柱等主要部件构成，工作原理如图 4-22 所示，结构如图 4-23 所示。

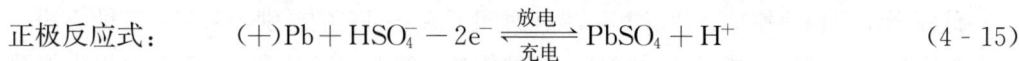

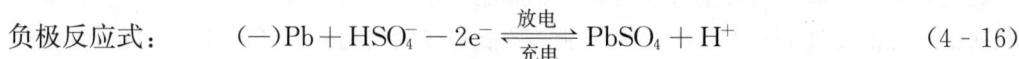

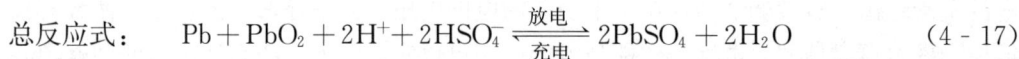

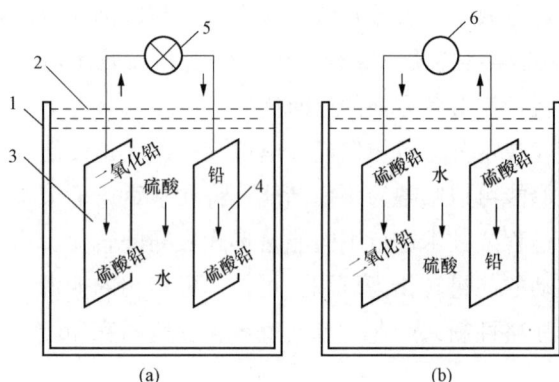

正极反应式：

$$(+)Pb + HSO_4^- - 2e^- \underset{充电}{\overset{放电}{\rightleftharpoons}} PbSO_4 + H^+ \tag{4-15}$$

负极反应式：

$$(-)Pb + HSO_4^- - 2e^- \underset{充电}{\overset{放电}{\rightleftharpoons}} PbSO_4 + H^+ \tag{4-16}$$

总反应式：

$$Pb + PbO_2 + 2H^+ + 2HSO_4^- \underset{充电}{\overset{放电}{\rightleftharpoons}} 2PbSO_4 + 2H_2O \tag{4-17}$$

图 4-22 铅酸电池工作原理图

(a) 放电回路；(b) 充电回路

1—容器；2—电解液；3—正极；

4—负极；5—灯泡；6—直流发电机

充电 电池充电时正极由硫酸铅（$PbSO_4$）转化成棕色二氧化铅（PbO_2），负极则由 $PbSO_4$ 转变为灰色铅 Pb。随着充电过程的进行，正极电位逐渐升高，负极电位逐渐降低。在充电末期，会发生水的电解反应，正极开始产生氧气，负极则由于活性物质过量且加入析氢电位高的金属（如钙、镉）而不会产生氢气。正极产生的氧气透过隔膜传递到负极，与负极铅化合成氧化铅，氧化铅与硫酸化合生成水，即水可以循环利用，因此在使用过程中不需加水维护，从而实现电池密封。

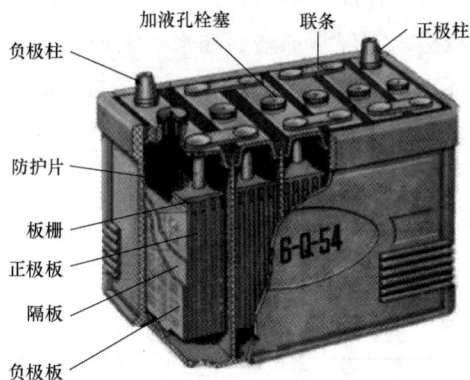

放电 电池放电时，正极由二氧化铅转变为硫酸铅，负极由海绵状铅变为硫酸铅。放电过程中电池电压逐渐下降，硫酸浓度不断降低。在放电末期，由于正负极生成的不良导电体硫酸铅逐渐积累使电极欧姆电阻迅速增大，同时硫酸浓度下降后氢离子扩散缓慢，导致电池电压下降很快，此时应终止放电，否则出现过放电。电池过放电的危害是部分硫酸铅再充电时不能正常转化和恢复，下次放电时电池容量降低。多次过放电会造成电池容量迅速衰减，使用寿命显著缩短。

3. 技术和应用举例

铅酸电池广泛应用于汽车、火车、拖拉机、摩托车、电动车以及通信、电站、电力输送、仪器仪表、UPS 电源和飞机、坦克、舰艇、雷达系统等领域。随着世界能源经济的发展和人民生活水平的日益提高，在二次电源使用中，铅酸电池占据了大部分的市场份额（见图 4-24）。

图 4-23 铅酸电池的结构

对比锂离子电池，铅酸电池主要优势在于价格和安全性能。虽然随着科技的进步，铅

图 4-24 各类型铅酸电池

酸电池（铅炭）对锂电池的价格优势不如以前明显，但基于其高度安全性等自身的优势，在某些国内外的微电网项目中还有很大的市场。从环境适应性、成本等综合角度来看，铅酸电池比锂电池要更具有竞争力。

二、 镍镉电池、 镍氢电池

（一） 镍镉电池

1. 发展历史和现状

镍镉电池是 1899 年由瑞典尤格尔发明的，技术发展大致经历了以下几个阶段：①20 世纪 50 年代以前，镍镉电池的电极结构是极板盒式（或袋式），主要用作牵引、启动、照明及信号灯的电源；②20 世纪 50 年代至 60 年代初期，主要发展了大电流放电的烧结式电池，用作飞机、坦克、火车等各种引擎的启动；③20 世纪 60 年代以后，着重发展了密封式电池，可满足大功率放电的要求，用于导弹、火箭及人造卫星的能源系统，在空间应用中常与太阳能电池匹配；④20 世纪 90 年代泡沫镍电极技术的应用，使电池的容量大大提高，生产工艺简化，成本降低，镍镉电池进入一个新的发展时代。

2. 工作原理及结构

镍镉电池成流反应示意如图 4-25 所示，镍镉电池结构如图 4-26 所示。

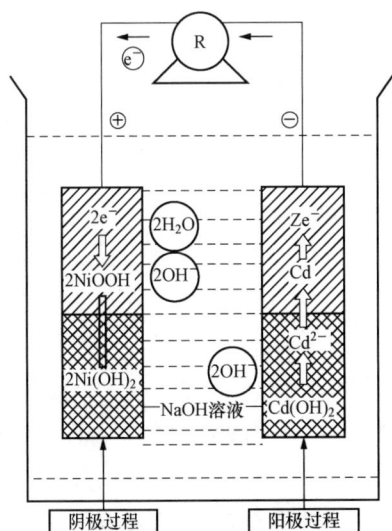

图 4-25 镍镉电池成流反应示意

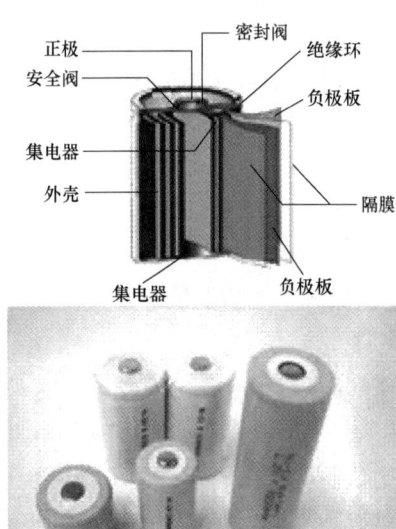

图 4-26 镍镉电池结构

正极反应式： $2NiOOH+2H_2O+2e^- \rightleftharpoons 2Ni(OH)_2+2OH^-$ (4-18)

负极反应式： $Cd+2NiOOH+2H_2O \rightleftharpoons 2Ni(OH)_2+Cd(OH_2)$ (4-19)

总反应式： $Cd+2OH^- \rightleftharpoons Cd(OH)_2+2e^-$ (4-20)

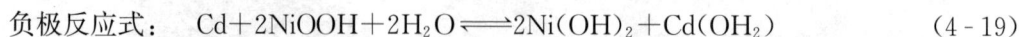

3. 特征和应用实例

不同类型镍镉电池的特征和应用实例见表4-4。

表4-4 不同类型镍镉电池的特征和应用实例

类型	特征	应用实例
标准型	高寿命、免维护、性能稳定	对讲机、量具、电动玩具、摄影灯等
消费型	高寿命、大电流放电、可替代1.5V干电池	家用电器、耳机立体系统、量具、计算器等
高温型	优异的高温充放电性能、高寿命及高可靠性、良好的耐过充性能	应急灯、导向灯等
高倍率放电型	优异的大电流放电特性、经济性好	家用电器、耳机立体系统、CD机、收音机、量具等

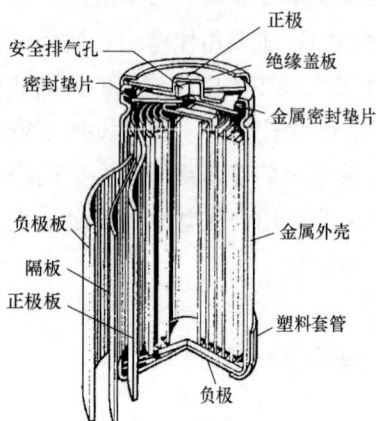

图4-27 密封镍氢电池的结构

（二）镍氢电池

1. 发展历史和现状

镍氢电池的技术发展大致经历了三个阶段：①20世纪60年代末至70年代末，为可行性研究阶段；②20世纪70年代末至80年代末，为实用性研究阶段；1984年开始，荷兰、日本、美国都致力于研究开发储氢合金电极；1988年美国Ovonic公司以及1989年日本松下、东芝、三洋等公司先后成功开发镍氢电池；③20世纪90年代初至今为产业化阶段。

2. 工作原理及结构

密封镍氢电池的结构见图4-27。

正极反应式： $Ni(OH)_2+OH^- \rightleftharpoons NiOOH+H_2O+e^-$ (4-21)

负极反应式： $M+H_2O+e^- \rightleftharpoons MH+OH^-$ (4-22)

总反应式： $M+Ni(OH)_2 \rightleftharpoons MH+NiOOH$ (4-23)

3. 应用举例

目前，镍氢电池的发展主要集中在"一大一小"和"高功率"上，另外在军事和航天中也有应用。

（1）镍氢大容量电池的应用。镍氢动力电池在混合动力汽车中应用最佳的例子就是丰田的普锐斯（见图4-28），该车使用针对镍氢电池特定的浅充浅放的充放电程序，使得电池在车辆上的使用寿命可达到10年甚至以上。

（2）镍氢小型电池的应用。近年来，个人电脑、移动电话等便携式电子产品飞速发展，促使与之配套的小型二次电池向小型化、高容量、快充电方向快速发展。镍氢电池的发展，给小型二次电池的发展注入新的活力，并迅速进入竞争市场（见图4-29和图4-30）。

图 4 - 28 丰田镍氢电池动力汽车

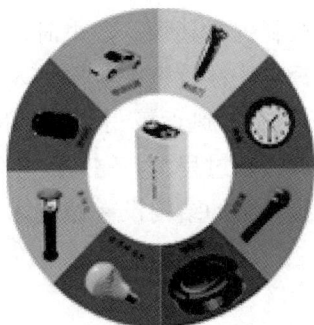

图 4 - 29 二次电池在电子产品中的应用　　图 4 - 30 镍氢电池用于个人电脑

（3）镍氢高功率电池的应用。如果采用铅酸蓄电池作为动力，则电池本身质量就有十几千克，若采用镍氢电池，电池质量将大大降低，这样电动自行车将会变得轻巧、便捷、安全、廉价。目前，日本松下公司的 HHR SC 300P 3500mAh 型镍氢电池已进入电动工具市场。国内的 2.2Ah 镍氢电池已实用化，德国 Varta 公司也开发了用于电动工具的超高功率镍氢电池。

三、锂离子电池

1. 发展历史及现状

锂一次电池的研究开始于 20 世纪 50 年代，1958 年 Harris 提出了采用有机电解质的锂一次电池。20 世纪 60 年代后期，金属锂被当作二次锂离子电池的负极材料进行了广泛研究。1972 年，Exxon 公司设计了以 TiS_2 为正极，锂为负极的锂二次电池。1980 年，美国科学家 Goodenough 申请了正极材料 $LiCoO_2$，并先后合成了 $LiCoO_2$、$LiNiO_2$ 和 $LiMn_2O_4$ 等正极材料。1991 年，日本索尼公司推出了以碳作为负极，含锂化合物作为正极的锂离子电池。1996 年，Goodenough 和 Padhi 发现了橄榄石结构的磷酸盐正极材料，该种类型的正极材料具有良好的热稳定性，安全性能高。2002 年，Chiang 等人的研究实现重大突破，通过掺杂 $LiFePO_4$ 显著提高了材料的电导率，有力地推动了 $LiFePO_4$ 的商业化应用。

20 世纪 90 年代以来，世界移动通信的迅速发展对电池的旺盛需求为锂离子电池的快速发展带来了机遇。1992 年，索尼公司圆柱形锂离子电池实现商业化，掀起了开发锂离子电池的热潮。此后，伴随手机、便携式计算机市场对于锂离子电池需求的迅猛增长，锂离子电池所占的市场份额也在迅速增加。2016 年以来，在电动汽车产量高速增长的带动下，全球锂离子电池产业继续保持快速增长态势，行业创新加速，新产品、新技术不断涌现，各种新电池技术相继问世。

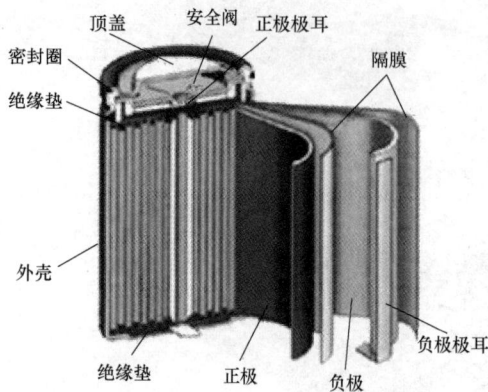

图 4-31 锂离子电池结构

2. 工作原理及结构

锂离子电池组成结构如图 4-31 所示。充电时，锂离子从正极中脱出进入电解液中，正极材料被氧化，这部分脱出的锂离子与溶解于电解液的导电锂盐中的锂离子同时在电解液中扩散并穿过隔膜，嵌入负极材料中，负极材料被还原；放电时，负极材料被氧化，锂离子在负极中脱出进入电解液，再穿过隔膜嵌入到正极材料，正极材料被还原。在脱嵌锂过程中，物质的化学键没有断裂，电极材料的结构没有被破坏，锂离子电池原理如图 4-32 所示。

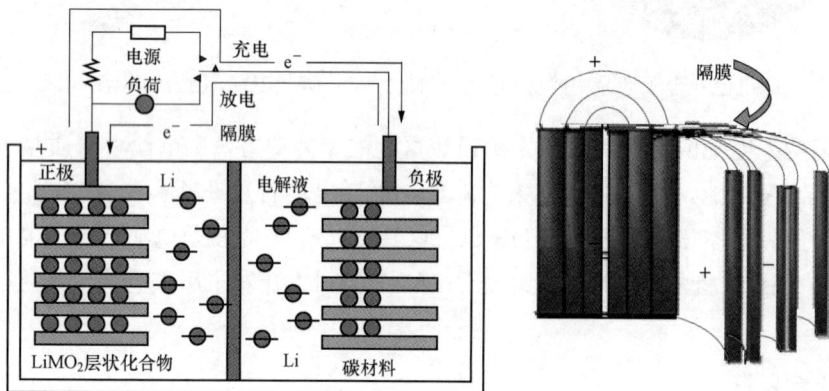

图 4-32 锂离子电池原理

以 $LiCoO_2$/石墨锂离子电池为例：

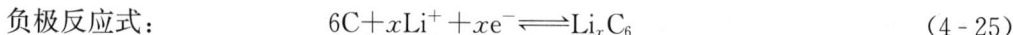

正极反应式：$\qquad LiCoO_2 \Longrightarrow Li_{1-x}CoO_2 + xe^- + xLi^+$ （4-24）

负极反应式：$\qquad 6C + xLi^+ + xe^- \Longrightarrow Li_xC_6$ （4-25）

总反应式：$\qquad LiCoO_2 + 6C \Longrightarrow Li_xC_6 + Li_{1-x}CoO_2$ （4-26）

四、 液流电池

1. 发展历史及现状

1974 年，美国宇航局研究中心 Thaller 提出了液流电池概念。1985 年，澳大利亚新南威尔士大学 Skyllas 教授提出了全钒液流电池的概念。国外从事全钒液流电池储能技术研发和产业化的企业主要包括日本的住友电工、德国的 Fraungofer UMSICHT 等。美国西北太平洋国家实验室提出采用混合酸作为支持电解质的技术。国内，中国科学院大连化学物理研究所、中南大学、中国工程物理研究所九院等单位是国内最早进行液流电池储能技术研究与开发的机构。大连化学物理研究所 2017 年开发出的国际首套 5kW 锌基单液流电池系统，其能量效率在 $40mA/cm^2$ 运行条件下达到 78% 以上（见图 4-33）。

图 4-33 大连化学物理研究所 5kW 锌基单液流电池系统

2. 工作原理及结构

液流电池系统主要由电堆单元、电解质溶液、电解质溶液储供单元、控制管理单元等组成。液流电池通过正负极电解质溶液活性物质发生可逆的氧化还原反应实现电能与化学能的转化。充电时，正极活性物质被氧化，负极活性物质被还原。液流电池系统的核心由电堆和实现充、放电过程的单电池按特定要求串联而成的，结构与燃料电池电堆相似。

（1）全钒（VRB）液流电池。全钒液流电池是指电池正、负极电解液为不同价态的钒离子在电极表面发生氧化还原反应来实现电池的充放电过程，工作原理如图 4-34 所示。由于全钒液流电池正极和负极为钒离子不同价态，有效地解决了液流电池在充放电过程中由于正负极不同，离子穿过隔膜交叉污染而导致电池寿命下降的问题。

负极反应式： $V^{3+} + e^- \longrightarrow V^{2+}$ (4-27)

正极反应式： $VO^{2+} + H_2O - e^- \longrightarrow VO_2^+ + 2H^+$ (4-28)

总反应式： $VO^{2+} + V^{3+} + H_2O \rightleftharpoons VO_2^+ + V^{2+} + 2H^+$ (4-29)

实际开路电压：1.4～1.6V

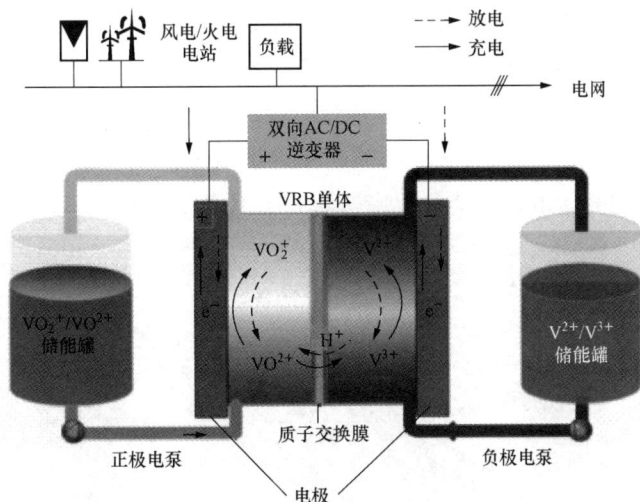

图 4-34 全钒液流电池原理图

（2）锌溴液流电池。锌溴液流电池是一种将能量储存在溶液中的电化学系统，是一种单沉积型液流电池。负极电对的充放电产物不溶于电解液而沉积在电极上，正负半电池由隔膜分开，两侧电解液均为 $ZnBr_2$ 溶液。电解液在储液罐和电池构成的闭合回路中循环流动的原动力为动力泵。化学反应的动力是氧化还原反应电极间的电势差，原理如图 4-35 所示。

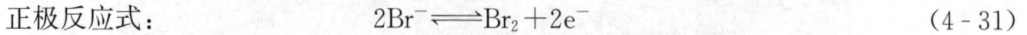

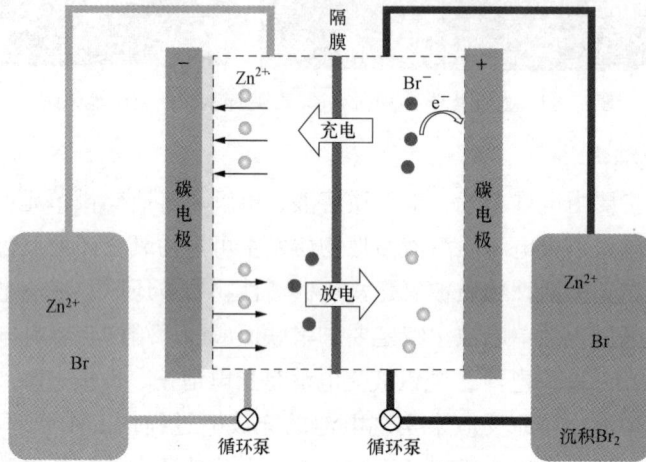

负极反应式：$$Zn^{2+}+2e^- \rightleftharpoons Zn \qquad (4-30)$$

正极反应式：$$2Br^- \rightleftharpoons Br_2+2e^- \qquad (4-31)$$

总反应式：$$Zn^{2+}+2Br^- \rightleftharpoons Zn+Br_2 \qquad (4-32)$$

图 4-35　锌溴液流电池原理图

五、钠硫电池

1. 发展历史及现状

1968 年，美国福特汽车公司发明了钠硫电池，是最典型的以金属钠为电极的二次电池之一。2000—2014 年，钠硫电池在全球储能项目中所占的比例为 $40\%\sim45\%$，占据领先地位。早期研究的应用项目主要针对电动汽车，包括美国的 Ford、日本的 YUASA、德国的 ABB 公司等先后组装了钠硫电池电动汽车，并进行了长期的测试。自 1983 年开始，日本 NGK 公司和东京电力公司合作开发钠流电池储能电站，1992 年实现了第一个示范电站的运行，目前已有 250 余座 500kW 以上功率的钠硫电池储能电站在日本等国家投入商业化运营（见图 4-36），电站的能量效率达到 80% 以上。

图 4-36　NGK 公司在航天场部署钠硫电池储能系统

2. 工作原理及结构

钠硫电池是一种以单一 Na^+ 导电的 β 氧化铝陶瓷兼作电解质和隔膜的二次电池，分别以金属钠和单质硫作为阳极和阴极活性物质。钠硫电池在高温环境下才能正常工作，钠硫电池单元及系统结构示意如图 4-37 所示。钠硫电池放电时，负极单质钠失去电子形成钠离子，通过电解质隔膜到达正极，与正极硫发生化学反应生成多硫化钠；与此同时，负极电子从负极经过外电路到达正极形成电流。当电池充电时，负极多硫化钠分解，钠离子通过电解质隔膜迁移回负极形成单质钠，硫失去电子转变为单质硫。

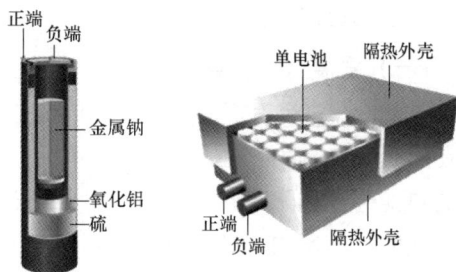

图 4-37 钠硫电池单元及系统结构示意

钠硫电池充放电电极反应方程式如下：

阳极反应式：$\qquad 2Na \longrightarrow 2Na^+ + 2e^-$ $\qquad$ (4-33)

阴极反应式：$\qquad xS^{2-} + 2e^- \longrightarrow S_x^{2-}$ $\qquad$ (4-34)

总反应式：$\qquad 2Na + xS^{2-} \Longleftrightarrow Na_2S_x$ $\qquad$ (4-35)

实际开路电压：$\qquad$ 1.78~2.08V

六、 化学储能前景展望

近年来，化学储能技术有了快速的发展。其中长寿锂电池将是未来储能技术的重要研究方向。如何在性能和成本上达到预期将直接决定锂离子电池在储能方面的市场和规模。为了更好地适应客观需求，开发高安全性的锂离子电池逐渐成为各国在储能技术领域的重点支持方向，也是全世界锂电池研究的热点和前沿领域。未来锂离子电池的发展趋势仍以发展高能量型电池为主，同时发展混合型和功率型电池。具体而言大力发展复合金属锂、复合固体电解质膜、碳硫复合电极、空气电池等相关新材料，研究相关的基础科学问题，解决工程问题，研究新电池的材料体系和创新设计，基于新体系的动力电池逐渐提高其技术成熟度，逐步满足电动汽车和储能应用的要求。

目前，全钒液流电池技术已接近成熟，处于产业化应用阶段和应用推广阶段，需要政府加大对储能新技术开发、应用示范等方面的支持力度，推进全钒液流电池储能技术的产业化进程。锌基液流电池如锌溴液流电池、锌溴单液流电池、锌镍单液流电池等，由于储能活性物质资源丰富，来源广泛，价格便宜，具有广阔的发展前景。

钠硫电池同样面临提高性能、降低成本的主要技术挑战。大容量钠硫电池在规模化储能方面的成功应用以及钠与硫在资源上的优势，激发了人们对钠硫电池更多新设计方案和新技术进行开发的热情，钠硫电池储能技术的发展势头将在较长时间内继续保持并不断取得进展。

第七节 物理储能技术

在新能源科学与技术应用中，储能系统具有动态吸收能量并适时释放的特点，能有效弥补太阳能、风能的间歇性和波动性的缺点，改善太阳能电站和风电场输出功率的可控性，提升输出电能的稳定水平，从而提高发电的质量。在可再生能源接入比例较大的电网中，对储能技术的需求尤为迫切。

一、 储热技术

（一）发展历史和背景

冰储冷，古已有之。在中国，早在先秦时代已经掌握了采冰、储冰技术。大多数热能都存在间断性和不稳定性的特点。采用适当的储热方式、特定的装置和储能材料把过剩或多余的热能储存起来，并在需要的时候再利用，可解决由于时间和地点限制以及供热和用热的不匹配、不均匀所导致的能源利用率低等问题，这种技术称之为储热技术。在人类的活动中，绝大多数能量是需要经过热能的形式和环节被转化和利用的，尤其是在我国，这个比例达到 90% 以上。正因如此，储热技术最为简单和普遍，它的应用也远远早于工业革命。

储热技术分为显热储热、潜热储热和化学反应储热。显热储热技术是最成熟的储热技术，也是储热技术中应用最早、推广最为普遍的，在工业应用上已经有很长的历史。熔融盐显热储热技术是较典型、应用较广泛的一种储热技术。目前熔融盐显热储热技术已有应用于太阳能热发电领域的实例。潜热储热又称为相变储热，是目前研究与应用最多且最有发展前途的储热技术。早在 20 世纪 60 年代，国外已经开始了对于相变储热材料的研究工作，并取得很大成就。我国于 20 世纪 80 年代初开始相变储热材料的研究，且主要研究对象是相变储热材料中的无机水合盐类。20 世纪 80 年代中期，美国自由号空间站计划的实施极大地推动了高温相变储热技术的发展。对于化学反应储热技术，目前研究较多的是热分解反应中有机氢氧化物的热分解、无机氢氧化物的热分解、碳酸化合物的热分解以及金属氢化物的热分解，在太阳能发电领域受到广泛的重视。

（二）工作原理

1. 显热储热

显热储热是利用物质因温度变化而吸收或放出热能的性质来实现储热的目的。固体储热介质有岩石、砂、金属、混凝土等，液体储热介质有水、导热油和熔融盐等。水、土壤、砂石及岩石常用于低温（＜100℃）显热储热材料，导热油、熔融盐（见图 4-38）、混凝土、蜂窝陶瓷等是常用的中高温（120～800℃）显热储热材料。

2. 潜热储热

潜热储热是将物质在等温相变过程中释放的相变潜热通过装相变储热材料的容器将能量储存起来，待需要时再把热（冷）能通过一定的方式释放出来供需求者使用（见图 4-39），又称为相变储热。相变材料根据物理性质分有无机盐、有机类和高分

图 4-38 熔融盐储热技术

子类，根据相变温度可分为低温相变材料和中高温相变材料（见图4-40）。

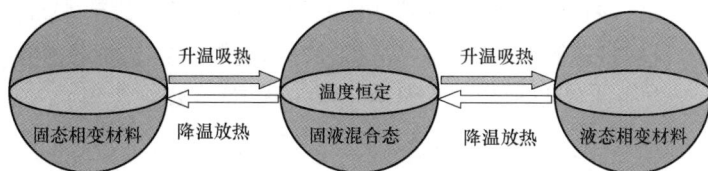

图4-39 潜热储热

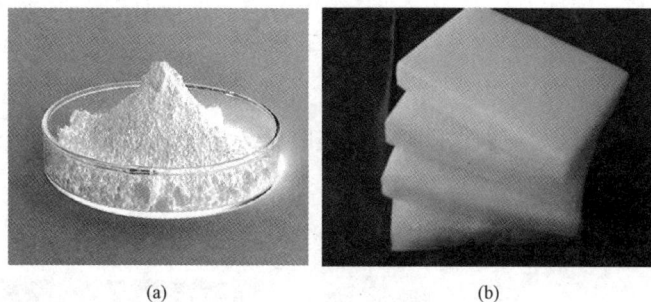

(a)   (b)

图4-40 相变材料
(a) 无机盐相变材料；(b) 有机类相变材料（石蜡）

3. 化学反应储热

化学反应储热是利用储热材料相接触时发生可逆的化学反应来储、放热能；如化学反应的正反应吸热，热能便被储存起来；逆反应放热，则热能被释放。

表4-5列出了不同储热技术的特点。

表4-5   储热技术特征比较

技术特征	显热储热	潜热储热	化学储热
成本/(元/kWh)	1~600	4~600	80~1000
能量密度	低	中等	高
储能规模/MWh	0.001~4000	0.001~10	0.001~4
技术优点	集成简单；成本低，介质对环境友好	热控方便；储能密度高	储能密度最大，装置紧凑，散热损失小
技术缺点	储能密度低，系统体积大，热损问题突出	储热介质与容器相容性差，热稳定性差，成本高	过程复杂，控制难，传热传质特性较差
技术成熟度	高	中	低

二、抽水蓄能

1. 发展历史与现状

1882年，瑞士建成世界第一座抽水蓄能电站。随后的数十年，抽水蓄能电站主要用于调节常规水电站水量的季节不均匀性。从20世纪50年代开始，抽水蓄能电站逐渐以调峰和调频等为主要任务。根据国际可再生能源署2016年年底发布的《电力储存与可再生能源：2030 年的成本与市场》，到 2021 年年底，全球储能装机容量为 203.5GW，其中90％为抽水蓄能；我国储能装机容量达到 43.4GW，其中 86％为抽水蓄能。2017 年，我国抽水蓄能电站装机容量达到 2773 万 kW，超过日本成为世界上抽水蓄能装机容量最大的国家。2018 年，国家能源局发布的海水抽水蓄能电站资源普查成果显示，我国海水抽水蓄能资源站点达 238 个，总装机容量可达 4208.3 万 kW。

2. 工作原理

抽水储能电站由高度不同的上水库和下水库、电动抽水设备、水轮发电设备、输变电设备及辅助设备组成。储能时，利用夜间系统电力负荷低谷时的多余容量和电量，通过电动抽水设备将下水库的水抽到上水库储存，将电能转换为机械能储存。当电力系统负荷转为高峰时，将上水库的水排到下水库，通过驱动水轮发电设备发电，从机械能转变为电能。我国从"十三五"开始，加快了抽水蓄能电站的建设步伐，在 10 个省（区）规划站点 22 个，总装机容量 2970 万 kW；截至 2019 年年底，我国已陆续开展 25 个省的抽水储能电站规划/调整工作，总装机容量约 1.2 亿 kW（见图 4-41 和图 4-42）。

图 4-41 江苏溧阳抽水蓄能电站

图 4-42 内蒙古芝瑞抽水蓄能电站

三、 压缩空气储能技术

1. 发展历史与现状

1949 年德国 Laval 首次提出利用地下洞穴进行压缩空气储能。世界上首座压缩空气蓄能电站于 1978 年在德国 Huntorf 建成，系统将压缩空气存储在地下 600m 的矿洞。近年来，美国、以色列、意大利、日本、瑞士等国家也先后应用了压缩空气储能技术。清华大学联合中国科学院理化技术研究所、中国电力科学研究院等单位于 2014 年年底建成了世界第一个 500kW 非补燃压缩空气储能动态模拟系统并成功实现了储能发电，但目前国内还没有投入商业运行的压缩空气储能电站。

2. 工作原理

压缩空气储能系统分为储能、释能两个工作过程，用电低谷时多余的电力来驱动压缩机，产生高压空气并存储。用电高峰时压缩空气从储气室释放，进入燃气轮机燃烧室燃烧并产生高温高压燃气，高温高压燃气进入膨胀机膨胀做功，带动发电机产生电力（见图 4-43）。系统主要部件包括：压缩机，一般为多级压缩机带级间冷却装置；膨胀机，一般为多级涡轮膨胀机带级间再热设备；燃烧室及换热器，用于燃料燃烧和回收余热等；储气装置为洞穴或压力容器；电动机/发电机分别通过离合器和压缩机以及膨胀机连接；控制系统和辅助设备包括控制系统、燃料罐、传动系统等。

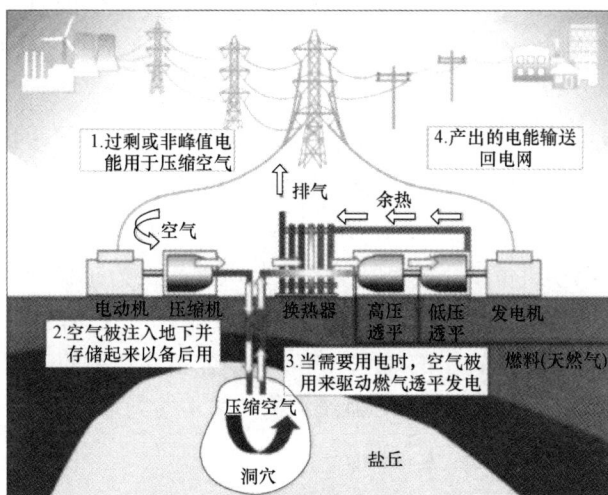

图 4-43 压缩空气储能原理示意

压缩空气储能系统储能容量大，适合建造大型储能电站（＞100MW）；持续工作时间长；建造成本和运行成本较低，经济性好；系统的寿命长，可以储能/释能上万次，寿命可达数十年，其效率最高可达70%左右。压缩空气储能系统通常将空气储存在废弃的地下矿井或洞穴中，储存方式较经济。现代压缩空气储存利用地面储气罐取代溶洞，使用面积更小。压缩空气储能使用的是空气，没有燃烧、爆炸的危险，不产生有毒有害气体，安全性和可靠性高。由于压缩空气储能系统的这些特点，使得其在电力的生产、运输和消费等领域具有广泛的应用价值（见图 4-44）。

图 4-44 TICC-500 压缩空气储能系统

四、飞轮储能技术

1. 发展历史与现状

飞轮储能始于20世纪50年代，飞轮储能最初在苏黎世的电动巴士中投入运行使用。20 世纪 90 年代，随着高强度碳素纤维和玻璃纤维的出现、电力电子技术的进步以及电磁悬浮超导技术的发展给飞轮储能带来了新的契机。国内从 20 世纪 90 年代开展了飞轮储能技术的关键技术基础研究。中国科学院电工研究所实现了基于钢转子和机械轴承的飞轮储能装置，并应用于微型电网稳定控制和电能质量改善。2012—2014 年，沈阳工业大学等承担了科技部能源领域"863"计划课题"飞轮储能关键技术"的研发。在"十三五"期间，由清华大学牵头，联合多家单位，开展了题为"兆瓦级先进飞轮储能关键技术研究"的重点研发项目研究。

目前，飞轮储能系统在储能容量、自放电率等方面还有待进一步提高。因此，飞轮储能比较适合电网调频、小型孤岛电网调峰、电网安全稳定控制等领域。

2. 工作原理

飞轮储能是利用电动机带动飞轮高速旋转，将电能转换为机械能存储；需要时，由高速旋转的飞轮带动发电机发电，实现机械能转换为电能。飞轮储能系统的主要部件包括：储存能量用的转子系统，支撑转子的轴承系统，转换能量和功率的电动机/发电机系统、真空容器保护系统和电力电子变换器系统，系统结构如图 4-45 所示，电站如图 4-46 所示。

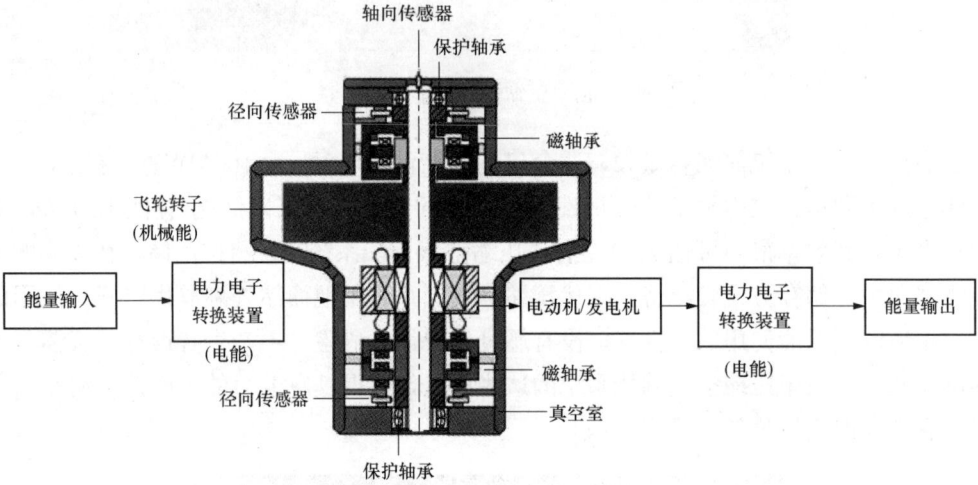

图 4-45　飞轮储能系统结构图

图 4-46　美国宾夕法尼亚州 Hazel 飞轮储能调频电站

五、 超导储能技术

1. 发展历史与现状

1911 年，荷兰莱顿大学 Onnes 发现，部分导电材料在温度下降至极低时，会出现电阻率为零的现象，这种现象称为超导。假设用某一超导体制成的圆环，将其置于临界温度以下，并外加电磁场，当外磁场撤去时，根据法拉利电磁感应定律，超导圆环的磁链改变会产生感应电动势，圆环会出现感应电流。但是，由于在临界温度下，超导圆环的电阻为零，因此感应电流产生后不会以功的形式消耗掉，从而实现能量的储存。当将超导圆环与负载相连，就能将储存能量释放，这一技术称为超导储能技术。

1972 年，美国威斯康星大学的 Boom 和 Peterson 首度对超导储能开展了研究，结果表明超导储能技术具有快速响应的特性，能有效抑制电力系统的振荡。2001 年，超导公司和 ICC 公司建造了 1～5MJ 微型和小型超导储能系统并进行了市场销售。2003 年，佛罗里达大学先进电力系统中心建设了 100MJ 超导储能演示系统并进行了实验。

中国科学院电工研究所于 1999 年建造了 25kJ（300A/220V）微型超导储能系统样机，2004 年又进行了 100kJ/25kW 的超导储能系统实验。2011 年，该所进一步完成了超导限流 - 储能系统样机 1MJ/0.5MVA（1.5kA/10.5kV）且并网运行。2015 年，华中科技大学与中国科学院等离子研究所对 600V/150kJ/100kW 的超导储能系统进行了实验（见图 4 - 47）。

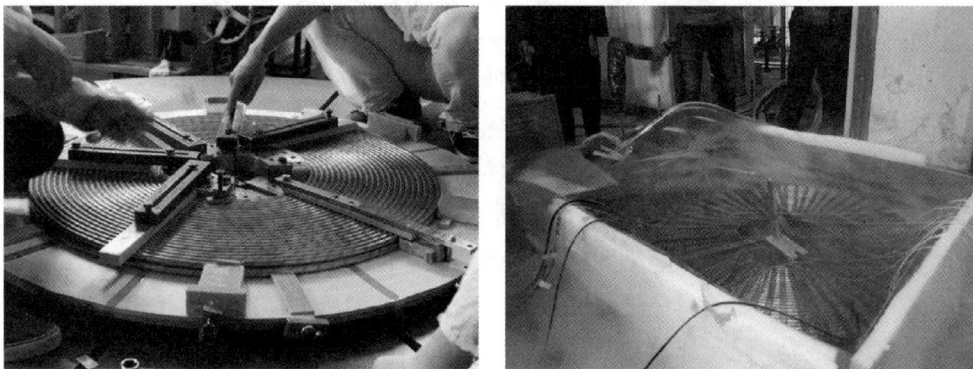

图 4 - 47　中国科学院超导储能线圈

2. 工作原理及展望

正常运行时，电网通过整流器向超导电感充电，然后保持恒流运行（由于采用超导线圈储能，所储存的能量集合可以无损耗地永久储存下去，直到需要释放时为止）。当电网发生瞬态电压跌落或骤升、瞬态有功功率不平衡时，可以从超导电感提取能量，经逆变器转换为交流电，并向电网输出可灵活调节的有功功率或无功功率，从而保障电网的瞬态电压稳定和有功功率平衡。

超导储能的优点包括：由于直接将电能储存在磁场中，并无能量形式的转换，能量的充放电非常快，功率密度高；极快的响应速度，可改善配电网的电能质量；可长期无损耗地储存能量，又可瞬时放出；用低压电源励磁即可；质量轻，体积小，除了真空和制冷系统外没有转动部分，使用寿命长。超导储能存在的问题主要有超导电感所使用的材料价格昂贵，能量密度低，维持低温制冷运行需要大量能量。

物理储能是新兴战略产业，提高了可再生能源的利用率，有利于开展新能源替代、节能减排的工作，具有很好的社会效益，可以促进多学科方向上的新方法、新技术的涌现，为学科的持续发展提供有利的支撑。

第五章

燃 气 轮 机

第一节 燃气轮机发展概述

19 世纪中叶，英国科学家焦尔创建了使用工质的、往复式热气体发动机，采用闭式等压加热循环。1872 年，侨居美国的英国工程师布雷顿创建了将压缩与膨胀做功过程分开的往复式煤气机，采用开式等压加热循环，它们与燃气轮机的简单循环是一样的。因此，燃气轮机循环有时也称为布雷顿（Brayton）循环或焦耳（Joule）循环，也有人将开式循环称为布雷顿循环，把闭式循环称为焦耳循环。其实，从燃气轮机的发展历史来看，布雷顿和焦耳都没有具体地研究过燃气轮机，他们所创建的发动机也未对燃气轮机的发展产生直接影响。从工作循环来看，1872 年，F. Stoltz 提出的热空气透平机就是按等压加热循环工作的，该设计与布雷顿于同年创建的煤气机毫无关系。由此可见，用布雷顿循环和焦耳循环来称呼燃气轮机循环并不是十分恰当，但是布雷顿循环的名字还是被广泛应用。

燃气轮机是以气体为工质，把燃料燃烧时释放出来的热能转变为有用功的热力机械，主要由压气机、燃烧室和透平等部件组成。与其他热力循环一样，工作过程为如图 5-1 所示的绝热压缩、等压燃烧吸热、绝热膨胀以及排气等压放热四个热力学过程。

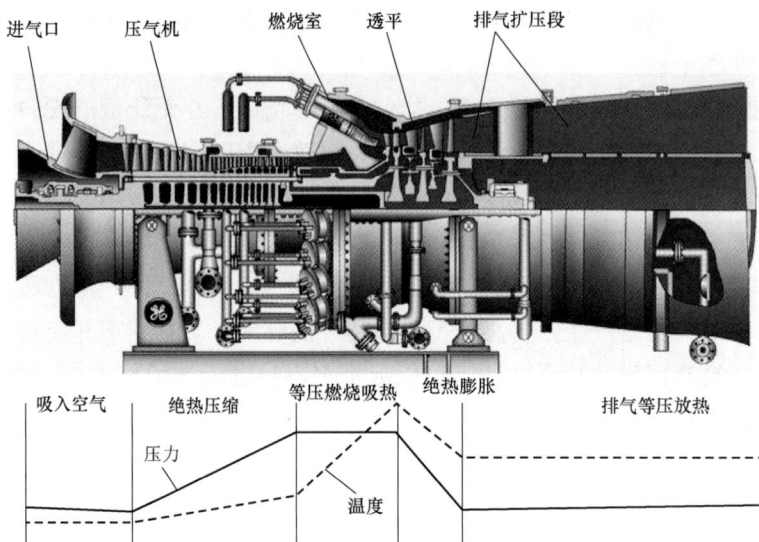

图 5-1 燃气轮机的工作过程

最简单的燃气轮机及其工作过程通常简化为图 5-2 所示，空气被压气机连续地吸入，高速旋转的叶片在外界机械功的作用下，将机械能转化为空气的动能，空气继续流经渐扩型通道，流速降低，空气动能转化为压力势能，在此过程中工质空气的压力升高，温度也随之升高；接着空气流入燃烧室，在其中与燃料混合燃烧成为高温高压燃气；之后，高温高压燃气再流经渐缩型通道，燃气得到膨胀加速，高温高压蕴储的能量（压力势能）转化为动能，高速燃气在透平中将动能转化为对外机械功，推动透平叶片带动压气机叶片一起高速旋转，压力降低，温度也随之降低；最后尾气排至大气。

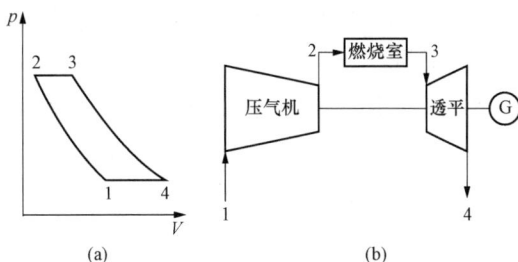

图 5-2 燃气轮机循环

（a）p-V 图；（b）循环示意

1-2—绝热压缩；2-3—等压燃烧；

3-4—绝热膨胀；4-1—排气等压放热

由于加热后的高温高压燃气做功能力显著提高，燃气在透平中的膨胀功大于压气机压缩空气所消耗的功，因而使透平在带动压气机后有多余的功率带动负载，如带动发电机。按照这种原理工作的称为等压燃烧加热的开式循环燃气轮机，它是目前应用最广泛的燃气轮机。

作为燃气轮机中重要部件的透平，其雏形在古代就已出现。我国南宋高宗年间（1127—1162 年）已有了走马灯（见图 5-3）的记载，它依靠蜡烛燃烧时所产生的上升热气吹动顶部的叶轮带动纸剪人马旋转。燃气轮机（gas turbine）这一名词，于 1791 年首次被英国科学家 J. Barber 使用，并申请了燃气轮机专利。他描述了燃气轮机的工作过程，还提出了具体的设计。如图 5-4 所示，空气和燃料（在气体发生器中经加热蒸发成为燃料气）在交替的往复式压气机中被压缩，之后进入燃烧室中燃烧，生成的燃气从一个喷嘴喷出，吹动透平叶轮旋转，透平叶轮通过传动机构带动空气和燃料压气机，由此可见，该设计具有压气机、燃烧室和透平等现代燃气轮机的特征。该设计在当时没有被人们所重视，亦未进行制造和试验，但是，J. Barber 的设计是一个标志，说明燃气轮机开始进入了具体的设计和研制时期。

图 5-3 走马灯

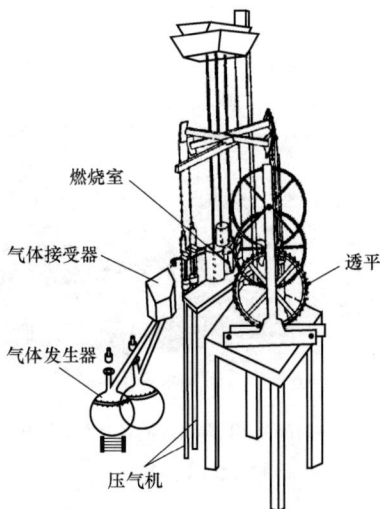

图 5-4 J. Barber 设计的燃气轮机

95

19 世纪曾有多名科学家提出了不同的燃气轮机设计方案,其中最著名的是德国科学家 F. Stolze 于 1872 年提出的热空气透平机(hot air turbine),图 5-5 为 Stolze 热空气透平机纵剖面图,这是历史上第一台与现代燃气轮机十分相似的机组,它采用多级轴流式压气机和反动式透平,空气经压气机压缩,流入底部的加热器,被从燃烧室(燃用发生炉煤气)来的燃气加热后,导入透平中膨胀做功。该机组设计的输出功率为 147kW。直至 1901—1904 年,该机组才被成功制造并进行了试验,但由于始终未能在脱离外界动力的帮助下独立运行,因而试验失败。

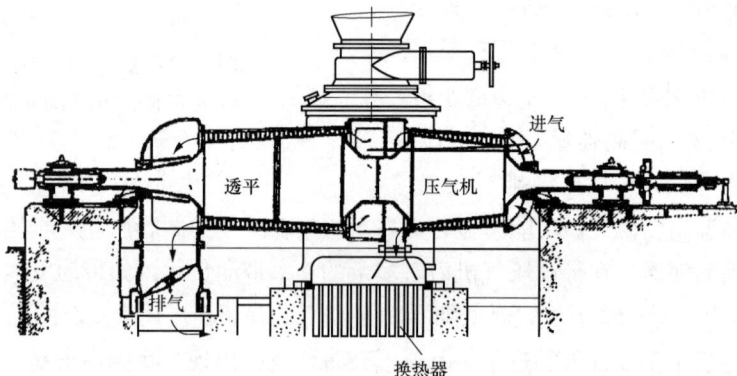

图 5-5　Stolze 热空气透平机纵剖面图

20 世纪的前 40 年,是燃气轮机不断通过试验最终被成功应用的时期。1905 年,法国透平发动机协会在 C. Lemale 和 R. Armengard 的努力下,制造了一台与现代燃气轮机形式相同的装置,它由多级离心式压气机、等压连续燃烧的燃烧室和透平等部件组成,外形如图 5-6 所示。图中最右端是透平,另外三个圆筒状的是压气机(共 25 级),燃烧室位于透平上方。这是历史上第一台能输出有效功的燃气轮机,但机组实测的效率很低,仅 3%～4%。该机组在后来数年进行了多次试验,但由于效率始终未能得到提高而中止了研究。

图 5-6　C. Lemale 和 R. Armengard 制造的燃气轮机

造成上述两种燃气轮机失败的原因主要有两点:首先是部件效率低,尤其是压气机效率低造成压气机的耗功过大,当时的轴流式压气机效率普遍低于 60%,而离心式压气机效率仅为 60%;其次是当时没有耐高温的合金钢,导致进入透平做功气体的温度低,透平的出功不够高。因此,就出现了透平出功不足,而压气机耗功或只略有多余的情况,前者使机组无法脱离外界动力的帮助而独立运行,后者则导致机组效率很低。

在这些按等压加热循环工作的燃气轮机试验项目失败的情况下,一些科学家致力于开发按等容加热循环工作的燃气轮机。其中最著名的是德国科学家 H. Holzwarth，他于1905 年提出了爆燃式或定容燃烧加热式燃气轮机设计方案。该形式的燃气轮机起初不带压气机，空气注入密闭的容器后直接喷入燃料进行爆燃，压力提升 4～5 倍生成高温高压的燃气，再进入透平做功。H. Holzwarth 于 1906年建造了第一台定容燃气轮机，如图 5-7 所示，底部是呈一圈排列的 6 个燃烧室，燃烧过程与活塞式发动机中气缸一样是断断续续的，故每个燃烧室需按一定的相位差进行工作，以使其排出的气流顺序流入透平中，做功趋于均匀。透平位于燃烧室的上部。装置中设立了独立的储气罐，由外界风扇提供气源，通过进口阀控制，与燃烧室相通；空气进入燃烧室，喷入燃料爆燃，然后打开通入透平的阀门，燃气流出燃烧室，在喷嘴中加速，通过透平转子将动能转化为对外输出功，然后排入大气。定容燃气轮机历经多次改进，先后由立式改为卧式，增加了压气机，并对进入燃烧室的空气增加了预压缩，至 1920 年制成了一台效率为 13％的 370kW 燃

图 5-7 立式 Holzwarth 燃气轮机
（27kW，3000r/min）

气轮机，该燃气轮机曾用于工厂中连续运行发电，成为历史上进入实用阶段的第一台燃气轮机。

与等压燃烧过程相比较，等容燃烧是断续的爆燃，燃烧室需增加进气阀和排气阀等装置，使得燃烧室结构变得更加复杂，工作可靠性较差；其次是透平进气压力脉动严重，使得透平效率低而影响机组效率的提高。因此，后来 H. Holzwarth 放弃了这种燃气轮机的研究工作。

1929 年，瑞士 BBC 公司开发了 Velox 锅炉，空气经压气机预压缩，进入锅炉燃烧，燃烧后排出的烟气具有一定的压力，再导入透平中膨胀做功带动压气机。Velox 锅炉最初采用爆燃式。由于爆燃式锅炉存在缺陷，又研制了等压连续燃烧的 Velox 锅炉，于 1930年获得成功。Velox 锅炉由于采用压缩后的空气来燃烧，表面传热系数高，故设备体积小，效率高，启动快，很快就被推广应用。由此，该公司转向发展等压燃烧加热燃气轮机的研究开发工作。

此外，瑞士科学家 A. J. Buchi 于 1905 年申请了柴油机废气涡轮增压器专利。经过多年努力，在 1923 年试验成功。首次制成的涡轮增压柴油机被用于为船舶提供推进动力。自 1926 年起，该废气涡轮增压器均由 BBC 生产。

Velox 锅炉和废气涡轮增压的柴油机都用压气机来提高进气压力，然后通过排气导入透平中做功来带动压气机。Velox 锅炉采用轴流式压气机，为使透平能带动它，促进了轴流式压气机的发展。柴油机气缸的排气温度高，要求涡轮增压器中的透平能承受较高的温度，这也促进了耐热钢的发展。因此，在 20 世纪 30 年代中期，BBC 研制出了效率为85％的轴流式压气机，同时也出现了能承受 600℃以上温度的镍铬耐热钢。Velox 锅炉和

废气涡轮增压器中透平的成功运行，为高温透平设计结构积累了经验，至此，研制等压加热循环燃气轮机的条件成熟。

1937 年，BBC 成功研制了用于催化裂化炼油装置中能量回收的燃气轮机。它采用多级轴流式压气机和透平，压气机用来增压催化裂化装置所需的空气，之后生成高温烟气进入透平中做功来带动压气机。在上述动力回收装置成功应用的基础上，BBC 成功制成了一台 4000kW 燃气轮机，并用于发电，工作过程如图 5-1 所示，经试验机组效率为 18%，这在当时是一个伟大的成就。1939 年，该燃气轮机发电机组装在一地下电站中，作为备用电源使用，见图 5-8。

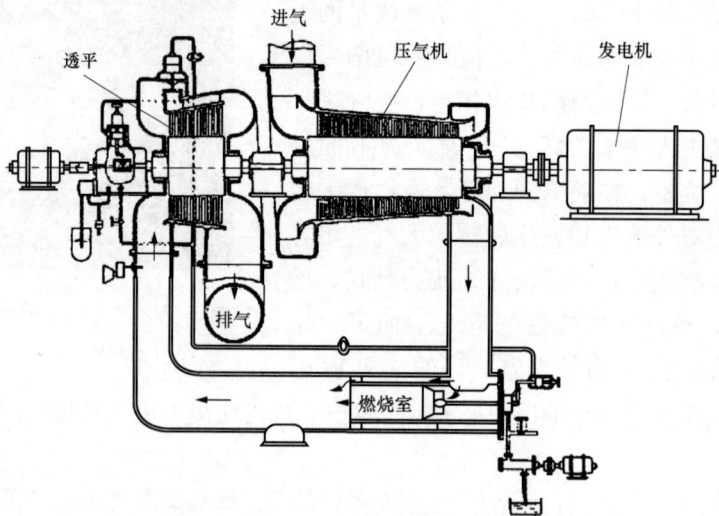

图 5-8　第一台 4000kW 燃气轮机装置

在上述工业用燃气轮机发展的过程中，燃气轮机用作飞机推进动力的研究工作也同时起步。被公认的现代喷气发动机之父英国科学家 F. Whittle 于 1930 年 1 月申请了用燃气轮机产生推进动力的涡喷发动机 W.1 专利，如图 5-9 所示。与图 5-8 中的燃气轮机相比，它同样有压气机、燃烧室和透平，不同的是它不输出轴功率，依靠尾喷管向后流出的高速气流产生向前的推力，从而推动飞机向前飞行。1935 年 F. Whittle 设计了如图 5-10 所示的

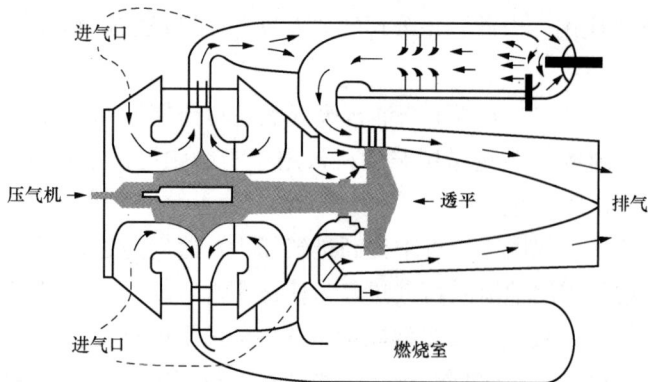

图 5-9　W.1 试验样机示意

W.1 涡喷发动机样机：双侧进气背靠背离心式压气机，压比 4.4∶1，流量 11.8kg/s，由单级透平驱动，转速 17 750r/min。1937 年 4 月进入试验阶段，然而试验过程十分艰难，压气机效率始终未达到设计水平，燃烧室问题尤为突出。此后经过多次改进和调试，最终确定用 10 个逆流式分管燃烧室取代原

有的单筒燃烧室。1941年5月，F. Whittle设计的推力为5400N的W.1涡轮喷气式发动机及其装备飞机（见图5-11），试飞成功。

图5-10　W.1涡轮喷气式发动机
（17 750r/min，推力5400N）

图5-11　装备W.1涡轮喷气式飞机
Bell P-59 Airacomet

德国科学家在20世纪30年代也开始研发涡轮喷气发动机。早先在Gottingen大学博士学习阶段，V. Ohain觉得活塞式发动机的噪声过大，考虑飞机发动机的空气动力学特性与飞机飞行动力学特性如何协同，于1933年提出了离心式压气机与轴流透平结构紧凑的设计方案，并于1934年完成了初步设计和专利申请。初步试验由于燃烧室问题并不成功。1936年，V. Ohain回到德国加入Heinkel公司，于1937年设计了HeS 1型喷气发动机（见图5-12），该发动机采用离心式压气机与向心透平背靠背的紧凑设计，燃烧室选择了以氢气为燃料，由于氢气火焰传播速度高、稳燃范围宽，试验异常顺利，经HeS 2、HeS 3A、HeS 3B多次改进，成功研制了HeS 3B型喷气发动机（见图5-13），较之前的版本加大了进气量，增设了进口导流器设计，推力达到4900N。在通过地面试车后，装在He 178飞机（见图5-14）上，该飞机展翼7.2m，机长7.48m，展翼主要是木制，于1939年8月27日（第二次世界大战前几日）试飞成功，成为世界第一台成功地用于航空的涡轮喷气发动机。

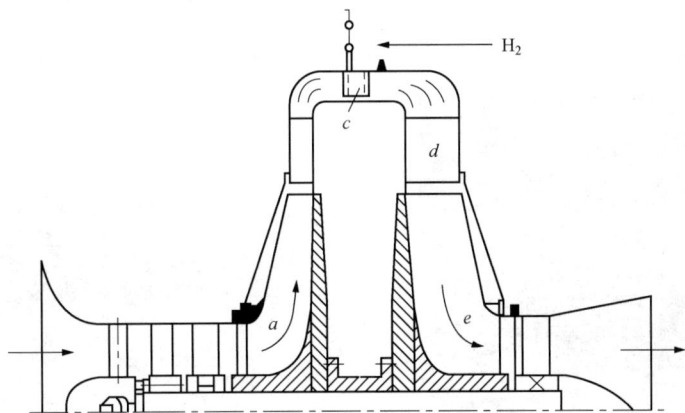

图5-12　HeS 1型喷气发动机原理图（10 000r/min，推力1100N）

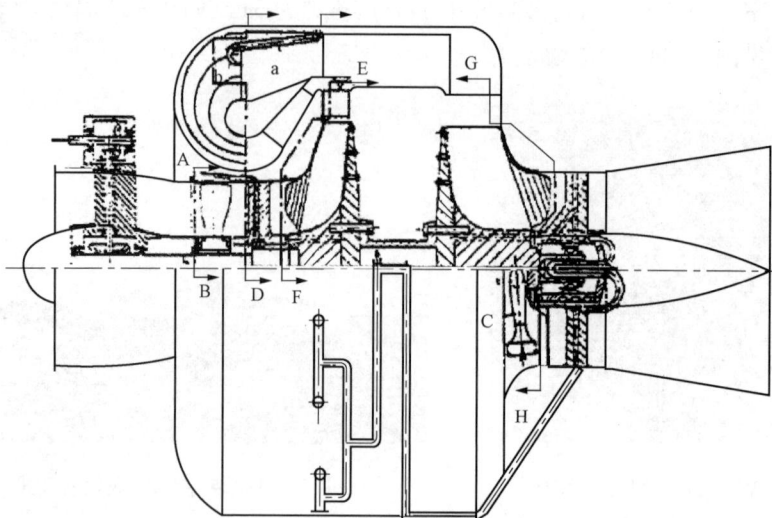

图 5-13　HeS 3B 喷气发动机原理图（13 000r/min，推力 4900N）

图 5-14　世界首架喷气飞机 He 178
（装备 HeS 3B 喷气发动机）

鉴于 1939 年两种不同用途的燃气轮机被成功研制，人们把 1939 年作为燃气轮机发展获得成功的年份。此后，燃气轮机获得了迅速的发展，成为热机中的主力军。

同年德国科学家 H. Wagner 开始设计世界首台轴流涡轮喷气式发动机，H. Wagner 被公认为涡桨发动机之父，1935 年就取得了涡桨发动机专利，此后奥地利科学家 A. Franz 继续研发轴流式涡轮喷气式发动机，于 1942 年成功研制出 Junkers Jumo 004 型轴流式涡轮喷气式发动机（见图 5-15），该发动机装置有 8 级压气机，6 个分管燃烧室，1 级透平，推力 8800N，并装备在 Messerschmitt Me 262 喷气飞机上（见图 5-16）。与 Ohain 发动机或 Whittle 径向式发动机相比，轴流式发动机将飞机动力的发展向前推进了一大步，现代大型喷气发动机均采用轴流式。

图 5-15　Junkers Jumo 004 型轴流式
涡轮喷气式发动机

图 5-16　Messerschmitt Me 262 喷气式飞机

100

从燃气轮机发展过程看，按等容燃烧加热循环工作的燃气轮机曾得到发展，但在发展中暴露了它断续脉动工作的显著缺点。随着空气动力学和冶金工业的发展，按等压燃烧加热循环工作的燃气轮机得到了发展和广泛应用，使得等容燃烧的燃气轮机最终被人们所放弃。因此，现代的燃气轮机，从微型燃气轮机到重型燃气轮机、喷气式发动机乃至涡轴、涡桨、涡扇发动机都是按等压燃烧加热循环工作的。

图 5-1 中所示的燃气轮机，工质来自大气，最后又排至大气；而另有一种工质与大气隔绝，在机组内被循环使用的设计方案。该方案中用加热器（或气体锅炉）代替燃烧室加热工质，并用冷却器冷却从透平中排出的高温工质，使它冷却到压气机进口的温度。显然，这种循环仍然是等压加热循环，只是工质的工作情况与图 5-1 所示的不同。通常，把这种循环称为闭式循环（见图 5-17），而图 5-1 所示的称为开式循环。在闭式循环中，透平中的工质与压气机中的相同，虽然工作过程中无燃气，但仍称为闭式循环燃气轮机。

第一台闭式循环燃气轮机由瑞士 Escher Wyss 公司于 1940 年研制成功，功率 2000kW，仅比前述 BBC 制成的 4000kW 开式循环燃气轮机略迟一些，距离 J. Ackeret 和 C. Keller 于 1935 年申请获得专利间隔 5 年。但由于它的加热器等尺寸巨大，使得设备笨重，制造成本高，至今发展很慢，应用较少。

因此，目前广泛应用的是开式循环燃气轮机，这也属于内燃式的动力机械，但无往复运动部件，与汽轮机一样是高速回转机械，运行很平稳。与活塞式内燃机和汽轮机动力装置比较，燃气轮机的主

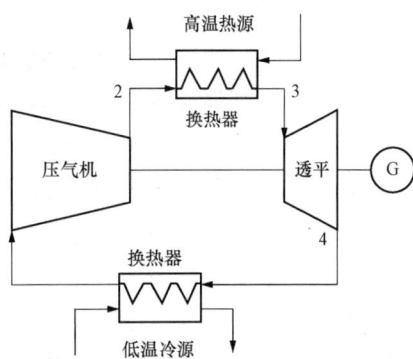

图 5-17 闭式循环燃气轮机

要优点是质量轻和体积小，可使厂房布置紧凑，节约占地面积。当用于车、船等运输机械时可节省空间，或选用功率更大的机组来提高车、船的行驶速度。燃气轮机还具有设备简单、可不用水和启动加速快的优点。燃气轮机的一个缺点是部分负荷下效率下降较快，空载时的燃料消耗量较高，使得经济性变差。

为了不断改善燃气轮机的性能，克服它的弱点，人们还需要从三个方面对其进行研究：①进一步提高燃气轮机循环效率；②与其他循环耦合，构成联合循环，提高能源利用效率；③燃料多样性。

燃气轮机是一种有显著优点和有较大发展应用潜力的热力机械，是当今最通用的涡轮机械产品。它可以以多种不同结构形式用于发电、石油和天然气、航空、运输等行业。我国燃气轮机水平虽然跟世界先进水平有一定差距，但是现阶段正迎来最佳发展时机，相信不久的将来我国在燃气轮机和航空发动机方面将获得巨大发展，成为燃气轮机和航空发动机制造大国和强国。

第二节　燃 气 轮 机 发 电

对于发电或热电联产用燃气轮机，透平发出的功率中，大约 2/3 用于带动压气机，弥

补压缩空气耗功，剩余功率则通过机组输出轴带动发电机发电。

燃气轮机用于发电有如下特点：①质量轻、体积小，燃气轮机电站的金属消耗量约为同功率常规火力发电站的 1/6～1/4，厂房占地面积约为 1/5～1/3；②厂用水和厂用电极少，甚至可做到无电源启动，可用于缺水缺电地区；③燃料适应性强，能燃用重油、原油、天然气、合成气以及清洁能源氢气等多种燃料，闭式循环燃气轮机还可以用核燃料、太阳能、高温余热等作为热源；④启动快，自动化程度高，燃气轮机从冷态启动、加速、直到满负荷，一般只需 3～15min。

燃气轮机按照轴系分类可分为单轴燃气轮机、分轴燃气轮机、双轴燃气轮机以及三轴燃气轮机。最简单的结构就是如图 5-1 所示的单轴燃气轮机，现代从功率最小的微型燃气轮机（如 Elliott 公司的 TA-45）到容量最大的重型燃气轮机（如 GE 公司 9HA.02 型、Siemens9000HL 燃气轮机）均是单轴燃气轮机。分轴、双轴以及三轴燃气轮机是在航空涡轮发动机基础上发展起来的。作为航空燃气轮机，它们都有一个共同的部分，即燃气发生器。顾名思义，燃气发生器为各类燃气轮机生产可转化为机械功的高温高压燃气。由于航空燃气轮机对高温高压燃气的使用方法不同，因此产生了不同类型的航空发动机。燃气发生器有单轴（见图 5-18）和双轴（见图 5-19）之分。航空燃气轮机改为地面发电燃气轮机，将燃气发生器产生的高温高压燃气转化为对外输出功，则需要增加自由动力透平（或称动力涡轮），由动力透平驱动发电机，当然也可用作驱动其他机械装置，如油气管网压缩机、舰艇螺旋桨等应用领域。由单轴燃气发生器与动力透平组合的燃气轮机称为分轴燃气轮机，由双轴燃气发生器与动力透平组合的燃气轮机称为三轴燃气轮机，在双轴燃气发生器基础上发展了双轴燃气轮机，由高压轴或低压轴直接输出功。

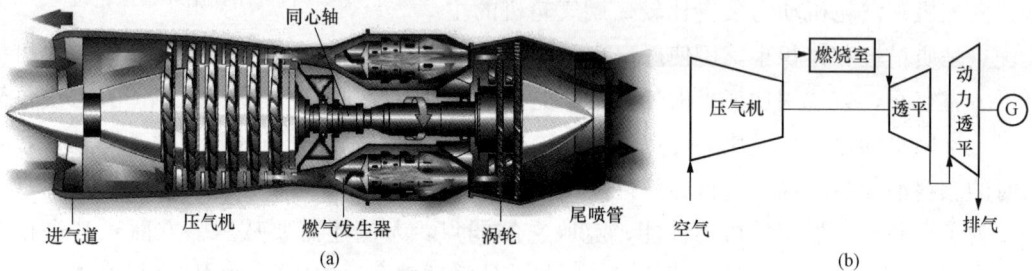

图 5-18 单轴涡轮燃气发生器＋动力透平构成的分轴燃气轮机
(a) 单轴涡轮喷气发动机；(b) 分轴燃气轮机示意

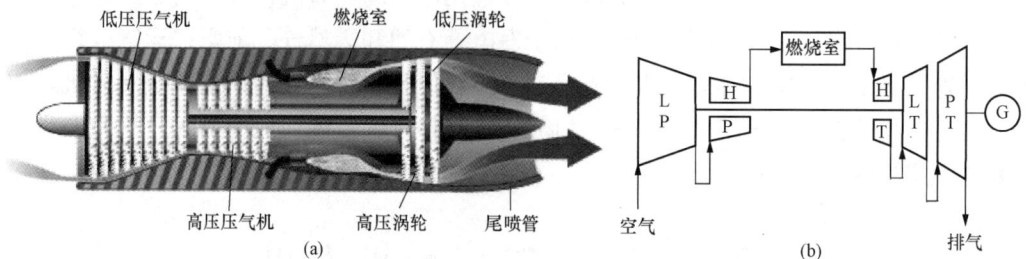

图 5-19 双轴涡轮燃气发生器＋动力透平构成的三轴燃气轮机
(a) 双轴涡轮喷气发动机；(b) 三轴燃气轮机示意
LP—低压压气机；HP—高压压气机；HT—高压透平；LT—低压透平；PT—动力透平

燃气轮机广泛应用于发电或热电联供，就燃气轮机装机容量大小而言，可分为微型燃气轮机、轻型燃气轮机、重型燃气轮机，功率范围涵盖几十千瓦至 60 万 kW。其中，微型燃气轮机的功率范围在几十千瓦至 500kW 之间，相对而言其功率较小。轻型燃气轮机机组的功率范围在几百千瓦至数万千瓦之间。最近 20 多年，重型燃气轮机得到了较快的发展，最大容量已从数万千瓦发展为近 60 万 kW，发电效率也有大幅提高，如重型燃气轮机发电效率从 30% 提高到接近 44%，其构成的联合循环效率接近 64%。

一、微型燃气轮机

与内燃机发电机组相比，微型燃气轮机发电机具有体积小、质量轻、振动小、噪声低、启动较快、运动部件少、使用寿命长、维护简便、环境友好、燃料适应性广（如天然气、丙烷、柴油、合成气、氢气等）、可遥控和自诊断等优点。微型燃气轮发电机组已用作备用电源、分布式供能、热电联供以及混合动力电动车辆等，在航天、能源、交通和化工等领域广泛应用，典型微型燃气轮机的工作原理如图 5-20 所示。

微型燃气轮机可以分为两大类：一类是带回热器的，它利用排气废热加热压气机出口压缩空气，降低燃料消耗，提高热效率，发电效率能够达到 28%～30%；另一类是早期的微型燃气轮机，一般不带回热，发电效率较低，一般为 15%～18%，而热电联供效率可达到 85%（产生 50～80℃ 的热水）（见图 5-21）。

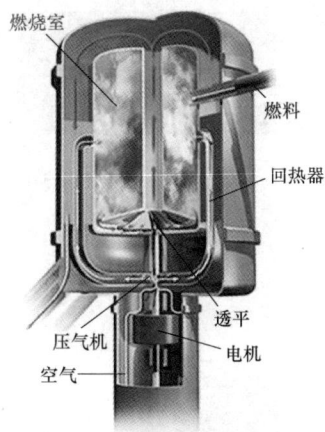

图 5-20 典型微型燃气轮机工作原理

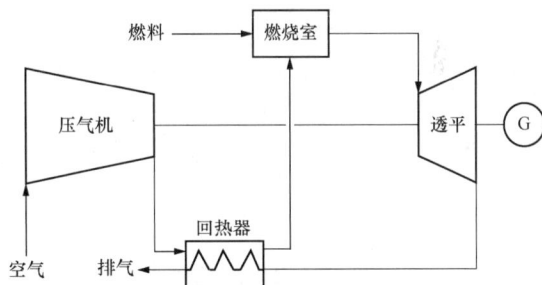

图 5-21 简单回热型微型燃气轮机示意

大多数微型燃气轮机是单级径流式，转速高达 90 000～120 000r/min；不使用减速齿轮，微型燃气轮机直接驱动高速交流发电机，产生的高频交流电由变频器调制成 50Hz/60Hz 的交流电输出。这样，将燃气轮机与发电机设计成一个整体、不仅大大简化了结构，而且使整台发电机组的尺寸显著减小、质量减轻、可靠性提高，使微型燃气轮机获得强大的生命力。

二、轻型燃气轮机

轻型燃气轮机多应用于分布式冷-热-电联产、孤立电源（如海上油气发电）、压缩机或其他机械驱动等领域。燃气轮机还被誉为海上油气田生产的"心脏"，目前绝大部分海上油田发电均采用燃气轮机作为主电站，具有功率大、体积小、效率高、排放气体污染小等特点。美国索拉（Solar）透平公司系列的燃气轮机是典型的轻型燃气轮机机组，包括 Saturn、Centaur、Taurus、Mercury、Mars、Titan 等系列，功率为 1210～23 100kW。图 5-22～图 5-24 展示了常见的小型燃气轮机及其典型应用。GE 公司的 LM2500 是国内应用较多的一款中小型燃气轮机，是从 TF-39 涡轮风扇发动机派生而来，ISO❶ 功率为 25MW，机组效率为 37%。从 1975 年开始投入舰船使用以来，已经发展了许多类型的轻型燃气轮机，并研制了 LM2500＋（第三代为 LM2500，见图 5-25）、LM2500＋G4 等机组。

图 5-22　Opra 轻型燃气轮机

（压比 6.7∶1，流量 9kg/s，排气温度 573℃，输出功率 1883kW，发电效率 25%）

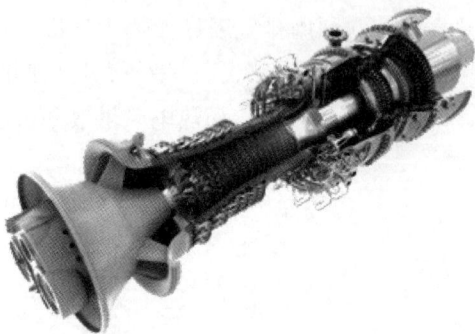

图 5-23　Solar Titan250 分轴燃气轮机

（16 级轴流压气机，压比为 24∶1，流量 73.2kg/s，环形燃烧室，14 个燃烧器，2 级燃气发生器透平，3 级动力透平，发电效率 38.8%，功率 23.1MW）

图 5-24　Solar Titan250 用于热电联产

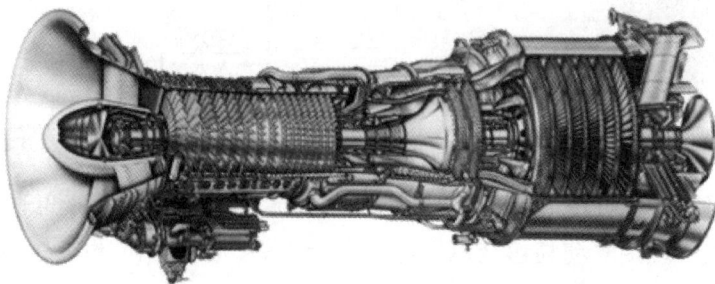

图 5-25　GE 公司 LM2500＋分轴燃气轮机

（17 级轴流压气机，2 级高压透平，6 级动力透平，压比 23.6∶1，排气温度 539℃，功率 30.1MW，效率 36.5%，联合循环发电功率 44MW、发电效率 53.4%）

---

❶ ISO：大气温度 15℃，大气压力 0.101 35MPa，大气相对湿度 60%。

三、 重型燃气轮机

在电力工业中，现代重型燃气轮机主要用作应急备用电源或电网调峰机组。现代重型燃气轮机单机组功率已经接近 60 万 kW，效率 44%，最新一代先进燃气轮机发电效率将达到 46%。重型燃气轮机主要用于发电或者热电联产，一般不单独运行，与余热锅炉、蒸汽轮机组成联合循环系统，此时可以获得较高的联合循环效率，燃用天然气的联合循环发电效率高达 64%。国内应用较多的用于发电的重型燃气轮机基本被国际巨头所垄断，包括美国 GE 公司、德国 Siemens 公司以及日本三菱公司。近几年我国上海电气与意大利 Ansaldo 公司合作推出了 AE94.3A 燃气轮机，简单循环功率 340MW，发电效率 40.3%。国内运行较多的 GE 公司 9F.03 燃气轮机（见图 5-26），以天然气为燃料，

图 5-26 GE 公司 9F.03 燃气轮机

18 级轴流压气机，压比 15.2∶1，空气量 645kg/s，3 级透平，排气温度 604℃，18 个分管型燃烧室，简单循环功率 265MW，发电效率 37.8%，构成的联合循环系统功率 412MW，发电效率 59.1%。GE 公司最新的 9HA.02 型燃气轮机（见图 5-27），简单循环功率 571MW，效率达到 44%，其构成的燃气轮机联合循环发电效率达到 64%。图 5-28~图 5-30 分别是 Siemens、三菱以及 Ansaldo 公司最新 SGT5-9000HL、M701JAC 和 GT36-S5 重型燃气轮机。不同厂商的燃气轮机性能参数见表 5-1~表 5-4。

图 5-27 GE 公司 9HA.02 型燃气轮机

图 5-28 Siemens 公司 SGT5-9000HL 燃气轮机

图 5-29 三菱 M701JAC 燃气轮机

图 5-30 Ansaldo 公司 GT36-S5 燃气轮机

能源动力工程导论

表 5 - 1　　　　　　　　　　　　　GE 公司 9HA. 02 燃气轮机性能参数

性能参数	数值	性能参数	数值
简单循环功率	571MW	透平级数/排气温度	4/645℃
简单循环发电效率（LHV）	44%	联合循环功率	826MW
压气机级数/压比	13/23.8∶1	联合循环发电效率（LHV）	＞64%

表 5 - 2　　　　　　　　　　Siemens 公司 SGT5 - 9000HL 燃气轮机性能参数

性能参数	数值	性能参数	数值
简单循环功率	593MW	排气量	1050kg/s
简单循环发电效率	42.80%	联合循环功率	870MW
压气机级数/压比	12/24∶1	联合循环发电效率	＞64%
透平级数/排气温度	4/670℃		

表 5 - 3　　　　　　　　　　　三菱 M701JAC 燃气轮机性能参数

技术参数	数值	技术参数	数值
简单循环功率	448MW	排气量	765kg/s
简单循环发电效率	44%	联合循环功率	650MW
压气机级数/压比	14/23∶1	联合循环发电效率	＞64%
透平级数/排气温度	4/638℃		

表 5 - 4　　　　　　　　　　Ansaldo 公司 GT36 - S5 燃气轮机性能参数

技术参数	数值	技术参数	数值
简单循环功率	538MW	排气量	1020kg/s
简单循环发电效率	42.8%	联合循环功率	760MW
压气机级数/压比	15/23∶1	联合循环发电效率	62.6%
透平级数/排气温度	4/621℃		

第三节　航空燃气轮机

航空用的燃气轮机也称燃气涡轮发动机，主要类型包括：涡轮喷气发动机、涡轮风扇发动机、涡轮螺桨发动机和涡轮轴发动机等。

一、涡轮喷气发动机

涡轮喷气发动机（简称涡喷发动机）有单轴和双轴两种形式，由进气道、压气机、燃

106

烧室、涡轮和尾喷管5个主要部件组成，它是最早用作飞机动力装置的燃气轮机。

　　涡喷发动机工作时，发动机吸入的空气首先进入进气道。进气道将引入的空气以适当的速度和均匀的流场送入压气机，压气机对气流增压，提高气体的压力，然后高压气体进入燃烧室与喷入的燃油进行混合燃烧，利用燃油燃烧释放出的热量对气流进行加热，大幅度提高气流的温度；从燃烧室流出的高温高压气体进入涡轮，推动涡轮（即透平）旋转产生轴功率。涡轮与压气机之间有轴连接，涡轮发出的功率带动压气机。涡轮出口的气体仍具有较高的压力和温度，在尾喷管中继续膨胀加速，最后在尾喷管出口高速排出。发动机的排气速度远大于飞行速度，说明发动机施加给气体以作用力使气体加速，按照牛顿第三定律，气体反过来给发动机在飞行方向上施加反作用力，即推力。

　　复燃加力涡轮喷气发动机（简称加力涡喷发动机，见图5-31）的组成除了进气道、压气机、燃烧室、涡轮和尾喷管五个部件外，在涡轮和尾喷管之间增加了一个燃烧室，称为加力燃烧室，亦称为复燃室。为了与位于压气机和涡轮之间的燃烧室有所区别，称后者为主燃烧室。

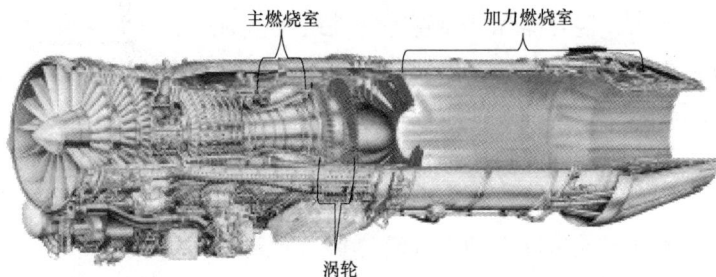

图5-31　复燃加力涡轮喷气发动机示意

　　复燃加力涡轮喷气发动机从进气道到涡轮的工作过程与涡喷发动机相同，自涡轮流出的高温气流进入加力燃烧室，与喷入的燃油再次点火燃烧，对气流进一步加热，提高气流的温度，进而提高气流在尾喷管出口的排气速度，达到大幅度增加发动机推力的目的。

二、涡轮风扇发动机

　　涡轮风扇发动机（简称涡扇发动机）可分为分开排气、混合排气和复燃加力混合排气三种类型。分开排气涡轮风扇发动机（简称分排涡扇发动机）如图5-32所示，主要由进气道、风扇、低压压气机（又被称为增压级）、高压压气机、燃烧室、涡轮、内涵尾喷管及外涵尾喷管等组成，其中高压压气机、燃烧室和涡轮三部分称为"核心机"。通过分排涡扇发动机的气流经进气道进入，经过风扇对进入的气流进行压缩增压，然后分成两路。第一路流过内涵道的低压和高压压气机，气流被进一步压缩增压，高压气体进入燃烧室燃烧加热，大幅度提高气流温度。高温高压气体进入高低压涡轮膨胀做功，涡轮产生轴功率带动风扇和高低压压气机，流出低压涡轮的气体仍然具有较高的温度和压力，这部分气体进入内涵尾喷管膨胀加速，以较高速度排出，产生内涵推力。第二路气流通过外涵道流入外涵喷管并在其中膨胀加速排出，产生外涵推力。分排涡扇发动机的推力是由内、外涵气

流共同产生的。外涵道空气流量与内涵道空气流量之比称为涵道比。低涵道比涡扇发动机
更适宜做超声速战斗机的动力装置，而高涵道比的涡扇发动机推力主要由外涵道气流产
生，通常用于亚声速大中型民航机。

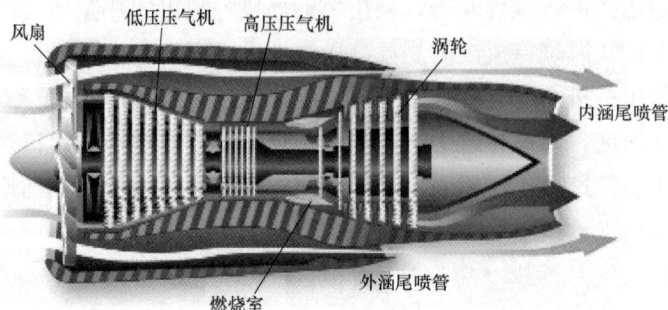

图 5-32   分排涡扇发动机示意

混合排气涡轮风扇发动机（简称混排涡扇发动机）如图 5-33 所示，由进气道、风扇、
压气机、燃烧室、涡轮、混合器和尾喷管等部件组成。通过混排涡扇发动机的气流由进气
道进入，先经过风扇进行压缩增压，然后分成两路：第一路流过内涵道的压气机、燃烧室
和高、中、低压涡轮，这些部件工作过程与分排涡扇发动机相同，另一路进入外涵道。两
路气流在位于低压涡轮后的混合器中进行掺混后从同一个尾喷管中膨胀加速，高速排出产
生反作用推力。

复燃加力混合排气涡轮风扇发动机（简称加力涡扇发动机）如图 5-34 所示，其工作
过程与混排涡扇类似，只是内外两路气流在混合器掺混后，进入加力燃烧室喷油点火燃
烧，再次对气流加热，使排气流的温度大幅提高，进而使气流以更高的速度从尾喷管排
出，产生更大的推力。

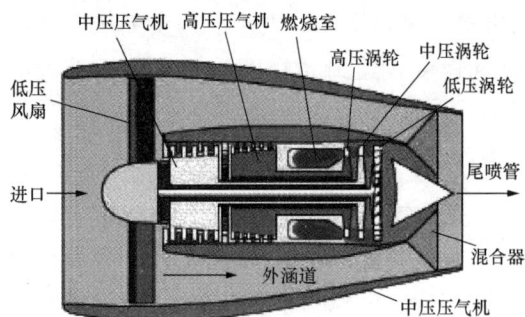

图 5-33   混排涡扇发动机示意

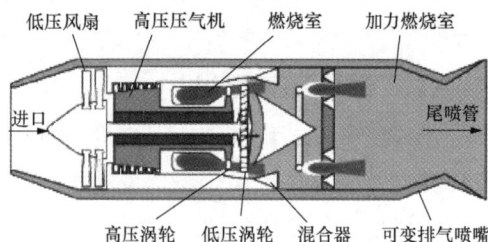

图 5-34   加力涡扇发动机示意

三、 涡轮螺旋桨发动机

涡轮螺旋桨发动机（简称涡桨发动机）由螺旋桨、减速器、进气道、压气机、燃烧
室、涡轮和尾喷管组成。涡桨发动机与涡喷发动机的不同之处在于涡轮轴除带动压气机
外，还需通过减速器带动螺旋桨，如图 5-35 所示。发动机工作时，主要由螺旋桨产生拉
力；此外，还由喷气的反作用而产生很小的推力。螺旋桨可由单转子发动机的转轴驱动或

由双转子或三转子发动机的自由涡轮（转轴与发动机内驱动压气机的轴不相连的动力涡轮）驱动。

涡桨发动机起飞拉力大，推进效率高，耗油低，但飞行速度受限，在中、低速飞行时具有较好的经济性，适宜作中、低速支线民航机、运输机和轰炸机的动力装置。

涡桨发动机螺旋桨后的空气流就相当于涡扇发动机的外涵道，由于螺旋桨的直径比发动机大很多，气流量也远大于内涵道，因此这种发动机实际上相当于一台超大涵道比的涡扇发动机。

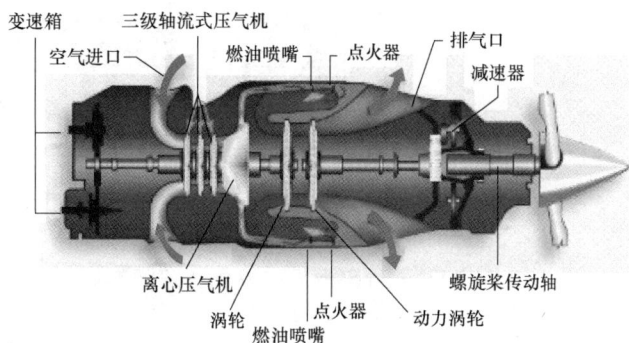

图 5-35 涡桨发动机示意

尽管工作原理近似，但涡桨发动机和涡扇发动机在产生动力方面却有着很大的不同，涡桨发动机的主要功率输出方式为螺旋桨的轴功率，而尾喷管喷出的燃气推力极小，只占总推力的 5% 左右，为了驱动大功率的螺旋桨，涡轮级数也比涡扇发动机要多，一般为 2~6 级。

涡桨发动机有很多优点。首先，它的功率大，功重比（功率/重量）也大，最大功率可超过 10 000 马力❶，功重比为 4 以上；而活塞式发动机最大功率不过三四千马力，功重比为 2 左右；其次，由于减少了运动部件，尤其是没有做往复运动的活塞，涡桨发动机运转稳定性好，噪声小，工作寿命长，维修费用也较低。而且，由于核心部分采用燃气发生器，涡桨发动机的适用高度和速度范围都要比活塞式发动机高很多。在耗油率方面，二者相差不多，但涡桨发动机所使用的煤油要比活塞式发动机的汽油便宜。

由于涵道比大，涡桨发动机在低速下效率要高于涡扇发动机，但受到螺旋桨效率的影响，它的适用速度不能太高，一般要小于 900km/h。目前在中低速飞机或对低速性能有严格要求的巡逻、反潜或灭火等类型飞机中得到广泛应用。

四、涡轮轴发动机

涡轮轴发动机（简称涡轴发动机）与涡桨发动机几乎没有太大区别，涡轮分为燃气发生器涡轮和动力（自由）涡轮，燃气发生器涡轮负责带动压气机，动力涡轮通过减速器带动外界负载（如直升机旋翼和尾桨、发电机转子等），如图 5-36 所示。动力涡轮和燃气发生器涡轮只有气动联系，即流过燃气发生器涡轮的燃气再驱动动力涡轮，动力涡轮输出功率。此外，虽然发动机的排气喷管一般是扩张型的，但排气装置产生的喷气的反作用力几乎可以忽略不计，燃气发生器后总是还有一级或几级动力涡轮，以完成较大的焓降，燃气可用能几乎全部用于驱动动力涡轮而不在喷管内膨胀产生推力。

❶ 1 马力＝0.735kW。

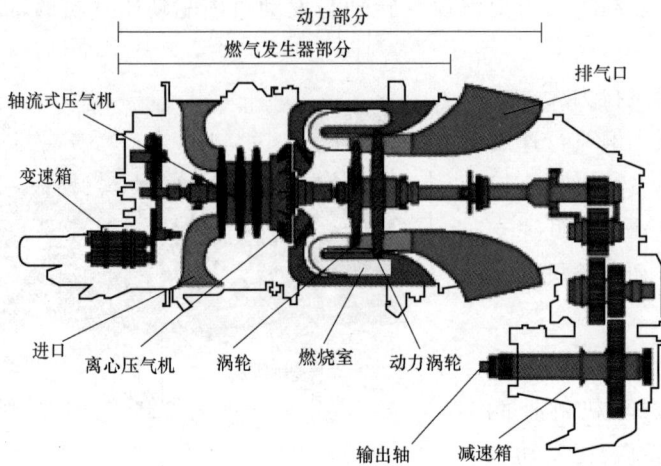

图 5 - 36　涡轴发动机示意

第四节　燃气轮机其他应用

一、油气管线增压

通常，天然气远距离输送可能延伸数千千米，如"西气东输"，我国距离最长、口径最大的输气管道总长 15 000km。每隔 100～200km 设有一个由多台压缩机组构成的压气站，对天然气增压，以克服流动阻力造成的压力损失。其作用如同"心脏"，通过不断加压，保证天然气达到长距离输送的目的。燃气轮机驱动压缩机组是压气站核心设备。天然气输送管道直径通常为 915～1420mm，位于地下。

原油的远距离输送管道相对简单，通过燃气轮机驱动增压泵，将石油从井口泵送到炼油厂，炼制后的燃料再泵送到大型工业用户手中。燃气轮机还能用于将水泵入枯竭的油田或天然气田，以增加油气产量。

用于油气管线增压的燃气轮机主要功率为 6～10MW、15MW 和 25～30MW。通常压缩站或泵站位置偏远，考虑到设备运输对质量和体积的要求以及对功率的需求，燃气轮机作为动力（发电或驱动）几乎是唯一的选择。

对于海上油气井，燃气轮机也被用作发电和动力源。虽然天然气或石油从地下开采出来时可能会有很高的压力，但它仍需要进一步增压才能通过管道输送到海岸。

我国西气东输一线，西起塔里木轮南油田，东至上海白鹤镇，全长约 3900km，沿途经过 9 个省、自治区、直辖市。管道直径为 1016mm，设计压力为 10MPa，是我国第一条大管径的天然气长输管线。全线 22 座压气站，输气能力每年 170 亿 m³。使用了 Rolls - Royce 公司航改燃气轮机 Coberra6562 以及 GE 公司 PGT25＋燃气轮机。Coberra6562 燃气轮机（见图 5 - 37）功率 25.93MW，效率 37%，压比 21：1，排气量 94.5kg/s，排气温度 492℃；PGT25＋燃气轮机功率 30.2MW，效率 39%，压比 23.1：1，排气量 85.9kg/s，排气温度 518℃

图 5 - 37　Coberra6562 燃气轮机燃气发生器部分与动力透平

（7级低压压气机，6级高压压气机，1级高压透平，1级低压透平，

Siemens 公司生产的 2 级动力透平）

二、 车辆动力

　　燃气轮机能用于机车动力，通过传动装置驱动车轮。燃气轮机机车诞生于 1939 年，瑞士 BBC 公司生产了 2500 马力燃气轮机用作火车驱动动力机械。机车燃气轮机类型可分为燃气轮机型和涡轮增压器型两类。前者为单一燃气轮机，后者则是涡轮增压器＋活塞式内燃机组成。有趣的是内燃机是先用在汽车上，后用到飞机上的，而燃气轮机最早却用在航空上，之后才回到地面做坦克、机车或汽车的动力机械。

　　美国主战坦克 M1 系列所用的心脏就是燃气轮机。M1 坦克配备的是来自美国霍尼韦尔（Honeywell）公司的 AGT1500 燃气轮机（见图 5 - 38）。该机采用回热循环、双转子燃气发生器、三轴结构，5 级轴流低压压气机，4 级轴流和 1 级离心高压压气机，套轴，高压转子的管轴套装在低压级的实心轴上，两侧的旋转方向相反。空气由高压轴离心压气机出口进入扩压器，压气机的总压比为 14.5∶1。回热器为固定式横流热交换器，由液压成形的多层 A286 不锈钢板焊接而成，外形呈圆柱形。轴向流动的空气与横向流动的废气在回热器中交叉传热进行热交换，将压缩空气从 474℃加热到 567℃进入单管切向涡管形燃烧室。回热器的中心部分是空的，其中放置了涡轮排气扩压器和减速齿轮箱。如果在战斗中回热器损坏，有 1 个可旋转的碟形阀可以使增压后的空气不经过回热器而直接进入燃烧室。一级轴流高压透平和一级轴流低压透平，高压透平通过套管轴驱动高压压气机，转速为 43 500r/min；低压透平通过实心轴驱动低压压气机，转速为 33 500r/min。高压级轮叶片带有空气冷却，进口温度为 1193℃。二级轴流动力透平，输出转速为 22 500r/min。一级行星齿轮排减速齿轮箱，将转速降为 3000r/min，排气温度 590℃，经过回热器回收部分余热，温度降低到 520℃，最后从回热器顶部排向车外。发动机标定功率为 1103kW（1500 马力），燃油消耗率 306kg/kWh。外形尺寸 1600mm×1016mm×711mm，质量 1120kg。M1 坦克虽然质量超过了 60t，但是仍然能够在公路上达到 72km 的时速。该燃气轮机的制造成本较高，约为坦克柴油机造价的两倍，但维修费用低于柴油机，主要有以下优点：结构简单、维修简便、冷启动性能好、负荷反应快、扭矩特性好、多种燃料性能好、排烟少、振动小、噪声低；主要缺点是燃油消耗率高。

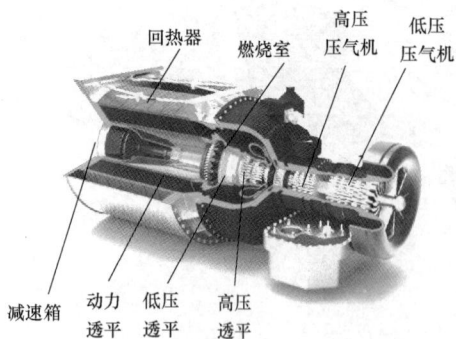

图 5-38 AGT1500 燃气轮机及其装备的坦克

燃气轮机结构简单、质量轻、体积小，因而功重比大，适合用作机车动力。它在低温运行时热效率会提高，功率明显增加。譬如在气温 15℃ 时功率为 3000 马力，而气温下降到 5℃ 时，功率可达到 4000 马力。同时它用水很少，加一次水可以维持较长时间的运行，因此特别适用于沙漠、寒冷、高原、干旱等地区，同时也适合多陡坡、运输量繁忙的铁路线上运行。

1950 年在英国生产的罗孚 JETI 汽车由燃气轮机驱动，其发动机配有自由动力涡轮，功率 150kW，油耗为 5.4km/L。除广泛应用于车辆动力的涡轮增压器之外，燃气轮机仅仅试用于赛车以及创造世界纪录。1966 年由 Ken Wallis 设计 Andygranatelli 将一款 Pratt & Whitney（普惠）涡轮发动机装备到一辆四驱赛车上（见图 5-39），最大输出功率高达 550 马力，参加了印第安纳 500 赛车比赛，开创了一种全新的赛车。1983 年，理查德·诺贝尔的"推力 2"赛车使用劳斯莱斯涡轮喷气发动机，时速达到了 1019km。1997 年，由安德鲁·格林驾驶的他的"推力 SSC"赛车时速超过了声速，并使用两台 Rolls Royce

图 5-39 安装普惠涡轮发动机的赛车

Spey 涡扇发动机创造了时速为 1220km 的新的世界陆地速度纪录。但燃气轮机用作汽车动力没有得到发展，主要有以下几个原因：尽管采用回热，部分负荷效率依然很低，油耗高，适合船舶、飞机稳定负载的工况，不适合载荷一直波动的汽车（开开停停），且对涡轮发动机损伤很大；从怠速到满载，加速时间相对较长；制造难度高，因为超高温、超高速，不论从机械制造或者材料学角度上都是难题；排气温度高，容易造成灼伤；成本高，噪声也让人难以忍受。

三、船舶动力

燃气轮机比较适合用作舰艇与航空母舰的动力，用于驱动螺旋桨。1947 年英国首次使用燃气轮机作为海军舰艇推进动力，在一艘改装的炮艇上使用了基于 F2 喷气发动机的 Metrovickgatric 发动机，其将尾管改造成自由动力涡轮，燃烧柴油。

船舶推进系统的要求与陆基装置有很大不同。由于船舶惯性大，发动机加速时间显得不那么重要。此外，由于没有相关法规约束，对排放要求也不高。

船用燃气轮与船用的柴油机或汽轮机机组相比，具有可节省机舱面积、启动快从而可提高舰船机动性、维护简单、所需运行人员较少等优点。船用燃气轮机基本上采用航空燃气轮机改型，其基本形式分为单轴或双轴燃气发生器＋动力透平构成的分轴或三轴燃气轮机，有效功率 3000～20 000kW，油耗率 235～260g/kWh，较先进机组的大修间隔期一般可达 8000h以上。燃气轮机作为船舶动力，通常与柴油机组合使用，以维持其快速响应和经济性能。Rolls Royce 公司 MT30 燃气轮机列装美国海军战舰，航速达 40 节[1]，由柴油机和燃气轮机联合驱动，低速巡航由柴油机驱动，高速航行时切换到燃气轮机工作模式。MT30 燃气轮机还为皇家海军 Elizabeth 女王号航母、皇家澳大利亚海军战舰等提供动力（见图 5 - 40）。该MT30 燃气轮机是由涡扇发动机 Trent 发展而来，燃气发生器是双轴设计，与动力透平构成三轴结构（见图 5 - 41），低压压气机 8 级，高压压气机 6 级，高压压气机由 1 级高压透平驱动，低压压气机由 1 级中压透平驱动，动力透平 4 级；功率 40MW，效率 40%；燃气轮机自重 6.5t，包括外壳、辅助设备以及机匣等总重 30t，长 8.70m、宽 3.54m、高 3.07m（见图 5 - 42）。

图 5 - 40　装备 MT30 燃气轮机的皇家海军 Elizabeth 女王号航母和皇家澳大利亚海军战舰

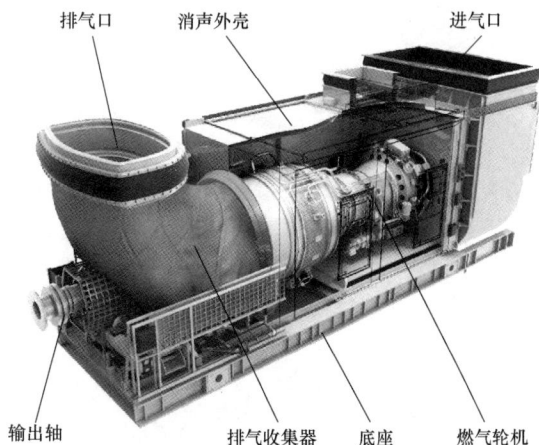

图 5 - 41　MT30 燃气轮机机组

---

[1] 1节等于每小时1海里，也就是每小时行驶 1.852km。

图 5 - 42　Rolls Royce 公司 MT30 舰船用三轴燃气轮机

第六章

第六章

能源动力工程导论

智 能 发 电 系 统

第一节　智 能 发 电 系 统 概 述

　　智能发电以发电过程的数字化、自动化、信息化、标准化为基础，以管控一体化、大数据、云计算、物联网为平台，集成智能传感与执行、智能控制与优化、智能管理与决策等技术，形成一种具备自学习、自适应、自趋优、自恢复、自组织的智能发电运行控制管理模式，实现更加安全、高效、清洁、低碳、灵活的生产目标。智能发电的本质是信息化和智能技术在发电领域的高度发展和深入融合，主要体现在基于自动化、数字化和信息化的互联网和大数据资源的综合应用中。

　　能源电力的清洁化、智能化发展已上升到国家战略层面。2014 年，国务院办公厅在《能源发展战略行动计划 2014—2020 年》中提出"绿色低碳"的发展战略。2015 年，国务院正式发布《中国制造 2025》行动计划，大力促进工业互联网、云计算、大数据在企业研发设计、生产制造、经营管理和销售服务等全流程和全产业链的综合集成应用。2016 年，国家发展改革委、能源局、工信部印发了《关于推进"互联网＋"智慧能源发展的指导意见》，明确提出促进能源和信息深度融合，鼓励能源企业运用大数据、智能化技术对设备状态、电能负载等数据进行分析挖掘与预测，开展精准调度、故障判断和预测性维护，提高能源利用效率和安全稳定运行水平。

　　本章将从燃煤火电机组智能发电系统涉及的智能检测技术、智能控制技术和智能运维进行简要介绍。

第二节　燃煤发电机组锅炉燃烧智能检测技术

一、原煤输送带上煤质自动检测技术

　　煤炭作为燃煤电厂的主要燃料形式，其质量对电厂的生产经营有着重要影响。燃煤电厂根据不同的锅炉需要选择不同品质的煤炭。因此，为实现最佳的燃烧效果，促进环境保护，保障生产过程的安全性，必须检测燃煤质量，以确定最佳的燃烧方式。现有煤质分析方法大都是基于取样检验、概率估算方法，取制样误差大、检测数据滞后，无法满足燃煤发电机组实时获取煤质信息和指导锅炉燃烧优化调整的要求。在煤种变化较大的情况下，未及时进行必要的运行调整以及采取相应的措施，极有可能造成严重的后果。因此，为提

高锅炉机组运行的安全可靠性和经济效益，迫切需要一种快速、准确、全元素、全煤流的煤质检测分析设备。原煤输送带上煤质在线检测技术，可实现入炉煤煤质的在线监测，为燃烧调整提供实时的数据支撑，指导优化控制，改变目前燃烧调整存在的事后校正的弊端。该技术可用于优化制粉、燃烧、脱硫脱硝系统运行方式，在满足环保排放指标的情况下，降低能源消耗，对于锅炉低负荷的稳燃、吹灰器的投运、煤粉细度的调整、磨煤机效率的提高、实现优化运行等都具有积极的指导意义。

瞬发伽马中子活化分析技术（PGNAA）技术原理如图 6-1 所示，由中子源发出的中子与物料中各种元素的原子核发生作用，产生热中子俘获反应，瞬时就发射出特征伽马射线，即不同种类的原子核发出不同能量、像"指纹"一样具有特征的谱线，伽马射线的能量对应元素种类，该能量伽马射线的数量对应元素含量。在获得煤质元素的基础上，进一步可获得煤质的工业成分。因此，PGNAA 技术具有快速、准确、不破坏样品的原位体测量的特点。

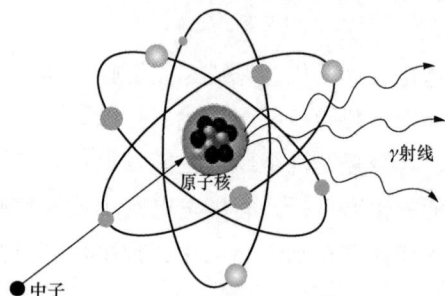

图 6-1 瞬发伽马中子活化分析
（PGNAA）原理图

基于 PGNAA 的煤质成分在线检测装置如图 6-2 所示，其工作流程如下：

（1）跨皮带测量单元依据 PGNAA 检测煤炭，探测器采集与元素种类及含量对应的伽马射线，形成电信号后传送给分析仪控制站。

（2）分析仪控制站接收探测器的初级信号，经过前放、门控、成形，主放，再到模/数转换器转换，从而形成高信噪比的数字化能谱。

（3）成分分析软件完成对数字化能谱的解谱分析，形成各元素百分含量，并通过计算或统计模型，获取物料相应工业分析等质量指标。

（4）以在线分析信息为基础，通过行业应用软件，实现煤炭品质自动监督、自动控制配煤（配料）、自动实现煤炭优化燃烧等应用功能。

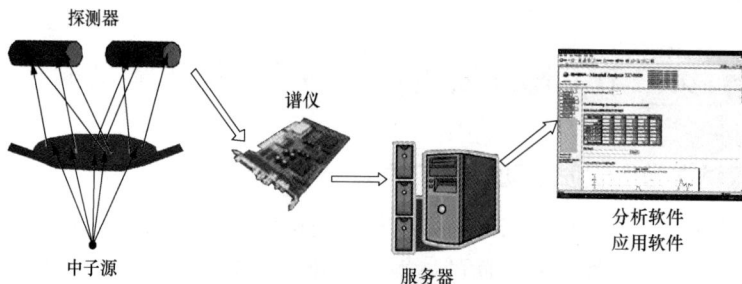

图 6-2 基于 PGNAA 的煤质成分在线检测装置示意

目前，PGNAA 技术已取得实际应用，用于入厂煤检测、入炉煤检测、配煤检测和煤炭企业及大型配煤中心，主要优点如下：

（1）分析大体积物料，中子和中子感生瞬发 γ 射线由于不带电，在物质中具有较强的穿透力。

（2）分析时间短，能满足工业在线分析的要求，在较短的时间内给出相应的结果。

（3）分析可靠、精度高。

（4）对物料能实时、连续地进行全元素在线分析。

二、 基于火焰图像与人工智能的燃烧状态智能诊断技术

电站锅炉燃烧状态主要受两方面因素的影响：一方面是煤种煤质的变化，使得合理的控制方案难以制订；另一方面是负荷的改变，使得发电机组长期运行于调峰状态。近年来，随着风能、太阳能和生物质能等清洁能源装机容量的迅猛增长，大规模利用可再生能源已成为我国电力发展的未来趋势。然而，新能源发电受限于资源的随机性、间歇性，其大规模并网会给电网的安全稳定运行带来严重负面影响，这就要求火力发电机组必须进行灵活性改造，以加大深度调峰能力，为新能源的利用提供足够的空间。

在深度调峰过程中，锅炉系统的安全性、经济性和环保性都将受到严重的影响。特别对于大型锅炉，每次事故引发的停炉检修都会带来巨大的损失。在势必进行深度调峰的要求下，切实有效地提高燃烧优化管理，保证系统在变负荷下稳定运行，已经成为锅炉安全运行研究的重要内容。为实现这一目标，需要对燃烧状态进行连续监测，做出快速准确的判断，制订合理的控制和调整策略，并在燃烧发生异常之前采取措施，从而达到有效控制和优化燃烧的目的。因此，燃烧状态监测对于提高锅炉运行的整体性能具有重要作用。

炉膛火焰是燃烧状态最直接的反映，火焰图像诊断技术已取得了实际应用，但大多方法并不具备深度调峰下的自适应性，无法应对频繁瞬变的燃烧工况，可靠性差。燃烧火焰具有复杂非线性结构，炉膛运行环境恶劣，所以实现燃烧状态的准确监测具有挑战性。人工智能（artificial intelligence，AI）是近些年发展起来的一种数据处理技术，它通过计算机建立起能模拟人脑功能和结构的推理分类系统，能够模拟人类神经网络行为特征，进行分布式并行信息处理计算的数学模型，执行通常需要人类智能完成的任务，诸如视觉感知、语音识别、图像分析等，为解决传统方法无法解决的难题带来希望。炉膛火焰监测以火焰图像为主要研究对象，从图像处理、稳定性评价、工况识别的研究状况来看，人工智能的应用具有积极的意义，为燃烧状态智能检测开辟了新思路。

如图 6-3 所示，燃烧状态智能诊断技术方案分为以下三个阶段：

阶段一：图像采集。图像采集装置结构及安装如图 6-4 所示，主要由光学视镜和工业 CCD 摄像机组成，用于实时获取燃烧过程火焰。光学视镜前端设计一定角度（如 45°），并配备 90° 视角的耐高温镜头，以便获取足够大的视场范围，克服安装位置的局限性；工业 CCD 摄像机能够将炉膛火焰转换为视频信号，通过同轴电缆传输至监控计算机；摄像探头防护罩通过风冷方式防止镜头和摄像机超温损坏，同时有助于避免镜头受飞灰的污染。

图 6-5 所示图像采集装置的现场安装，位于炉膛侧面的观火孔，完全覆盖燃烧器主反应区域。该装置固定在滑动导轨上，便于试验中探入炉膛内部捕捉火焰图像；镜头温度通过温度监测仪实时监测，配备温度报警仪以确保镜头温度不超过 50℃。

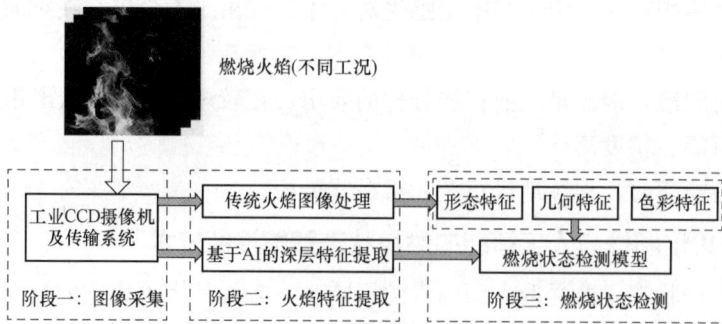

图 6-3 基于火焰图像与人工智能的燃烧状态智能诊断技术方案

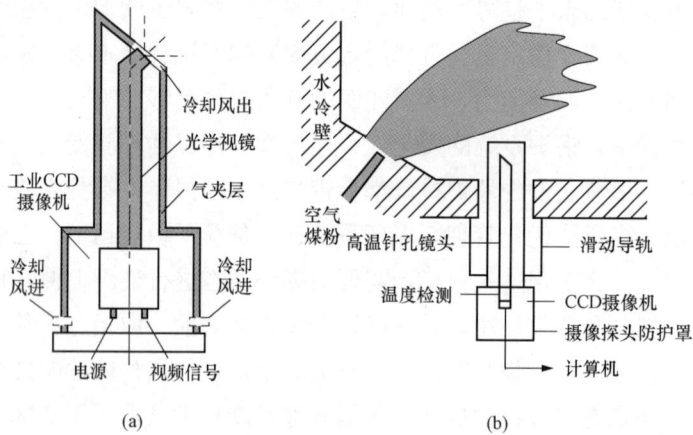

图 6-4 图像采集装置结构及安装示意

（a）结构示意；（b）安装示意

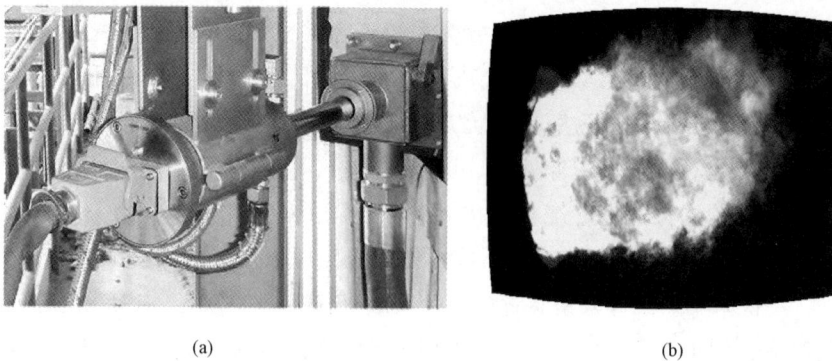

图 6-5 图像采集装置现场安装及图像采集

（a）现场安装示意；（b）火焰图像

阶段二：火焰特征提取。燃烧状态智能诊断技术方案所建立的人工智能网络是一种改进的堆栈自编码，包括两级子网络。在第一级网络中，火焰图像作为输入数据，经过一系列编码与解码，得到图像的重建结果以及浅层特征。在第二级网络中，浅层特征作为输入，最终得到深层特征。重建的火焰图像已去除原始图像的噪声，为用于物性特征参数的提取提供了保障。

阶段三：燃烧状态检测。火焰图像的物性特征参数是由形态特征、几何特征、色彩特征三个方面组成。形态特征，包括平均灰度、平均灰度方差、有效区域面积、高温面积均值、高温区域面积、高温区域面积均值、高温区域面积与有效区域面积的比、质心偏移距离、圆形度九种物性特征；几何特征，包括火焰长度、宽度两种物性特征；色彩特征，包括 RGB 火焰图像的色相（hue，H）、饱和度（saturation，S）以及强度（intensity，I）三种物性特征。燃烧状态智能诊断技术方案将火焰图像深层特征与上述 14 种物性特征相融合，实现燃烧状态的准确诊断。燃烧工况是一种重要的燃烧状态信息，有助于及早发现燃烧火焰是否发生故障或漂移，识别结果如图 6-6 所示。

基于火焰图像与人工智能的燃烧状态智能诊断技术，对锅炉安全稳定运行、提高能源利用效率、降低污染物排放具有重要意义，主要具有以下特点：

（1）燃烧火焰可视化。能够为锅炉运行人员提供清晰的炉膛火焰监视，观测到炉膛中心火球及烟气旋流。

（2）探测视角大。主监测镜头具有较大的视角，能覆盖炉内较大

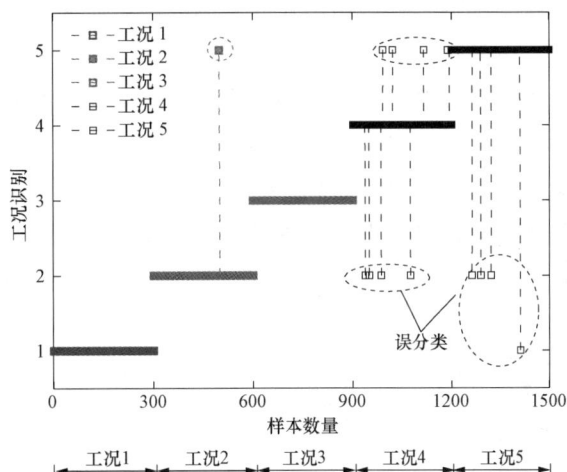

图 6-6 燃烧工况识别

的区域，降低各种动态因素导致的火焰窜动对火焰检测可靠性的影响。

（3）安装简捷。克服了传统火焰检测器的高安装精度要求，更加便捷灵活。

（4）检测信息全面。实时提供燃烧稳定性、燃烧工况、NO_x 排放等关键燃烧状态诊断信息。

（5）诊断精度高。克服恶劣的燃烧环境的影响，具有对负荷波动、煤质变化等其他不稳定因素的自适应能力。

（6）信息交互便捷。检测信息能够传输至 DCS，参与燃烧优化控制，提高发电机组的控制品质，为锅炉运行、风煤配比、燃烧调整提供指导意见。

三、炉膛火焰温度场声学在线监测技术

炉膛温度场分布是锅炉燃烧过程中需要监测的重要参数，直接关系到锅炉的燃烧安全与效率，并且影响污染物的生成和排放量。若控制系统无法准确获得实时的燃烧状态，不能有效控制燃料、送风量等参数，将可能导致锅炉炉内温度场不均匀、火焰中心偏斜、火焰刷墙等，不仅会导致锅炉热效率极大降低、产生大量污染物和噪声，甚至可能产生爆炉等严重后果。因此，准确测量温度场对预测和诊断锅炉燃烧状态具有重要意义。然而，锅炉的燃烧是很复杂的热交换过程，燃烧工况很不稳定，并且炉膛燃烧空间大、温度高、腐

蚀性强，对准确测量三维空间温度分布带来极大困难。

炉膛火焰温度场声学在线监测技术主要通过燃烧图像、激光、声波检测，实现全炉膛三维空间分布温度场、速度场的在线测量，精确建立燃烧的三维数学模型，是实现燃烧精准调节的技术基础。通常在锅炉的一个或多个层面上采用网格形式布置多条路径，获得炉膛燃烧截面的气体浓度与温度剖面分析图，该系统也可称之为锅炉CT机。通过在线检测锅炉燃烧时炉膛内部温度场、CO和O_2浓度等重要参数，采用先进的控制逻辑、控制算法或人工智能技术，在线优化锅炉的配风、配煤等燃烧运行方式，实现锅炉燃烧系统优化运行。

声学法测温是利用声波在介质中的传播速度和介质温度之间的关系，通过测量声波在一定路径上的传播时间计算出其传播速度，进而与该路径上的介质温度分布相关联，由此对介质温度及其分布进行检测。声学测温系统如图6-7所示，在锅炉两侧布置声学测点，一侧的声波发射器发出的声波信号，穿过烟气介质，然后被另一侧的声波检测器所接收。两个测点间的距离是已知固定的，通过测量声波在这条路径上的飞渡时间可以计算得到声波的传播速度，进而得到该路径上烟气介质的平均温度。

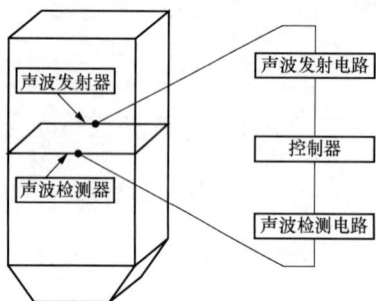

图6-7 声学测温系统原理示意

根据热力学中声波运动方程和理想气体状态方程，可以推导出锅炉中烟气介质温度和声波传播速度之间的关系为

$$c = D/\tau = \sqrt{\kappa R T_{\mathrm{f}}/M} \qquad (6-1)$$

式中：c为声波在烟气介质中的传播速度，m/s；D为两个测点间的距离，m；τ为声波在路径上的传播时间，即时间延迟估计，ms；κ为气体等熵指数；R为气体常数，J/(mol·K)；M为气体平均摩尔质量，kg/mol；T_{f}为气体温度，K。

在测量出声波通过火焰的声速后，结合已知气体的气体常数和摩尔质量，便可以计算出火焰的温度值T_{f}。值得注意的是，该温度是声波路径上的平均温度，而不是某个具体空间点的温度。如果要提高声学测温系统的温度分辨率，需要在锅炉的横截面上布置一定数量的声波收发传感器，以获得多条声波传播路径。图6-8是一个典型的温度场测量系统的声波收发传感器的布阵示意，它由对称分布的8个声波收发传感器（Sl、S2、…、S8）组成。声波在不同侧的2个收发器之间进行传播，可形成24条声波传播路径。在进行温度场的测量时，在一个检测周期内，顺序启闭各个声波收发器，测量声波在每一条路径上的传播时间，并按照一定的重建算法建立这个平面上的二维温度场分布。典型的炉膛出口烟气二维温度场测量结果如图6-9所示。

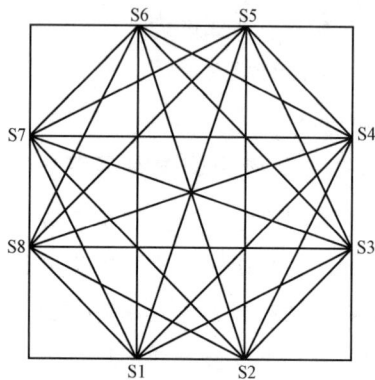

图6-8 声学法测温多测点布阵示意

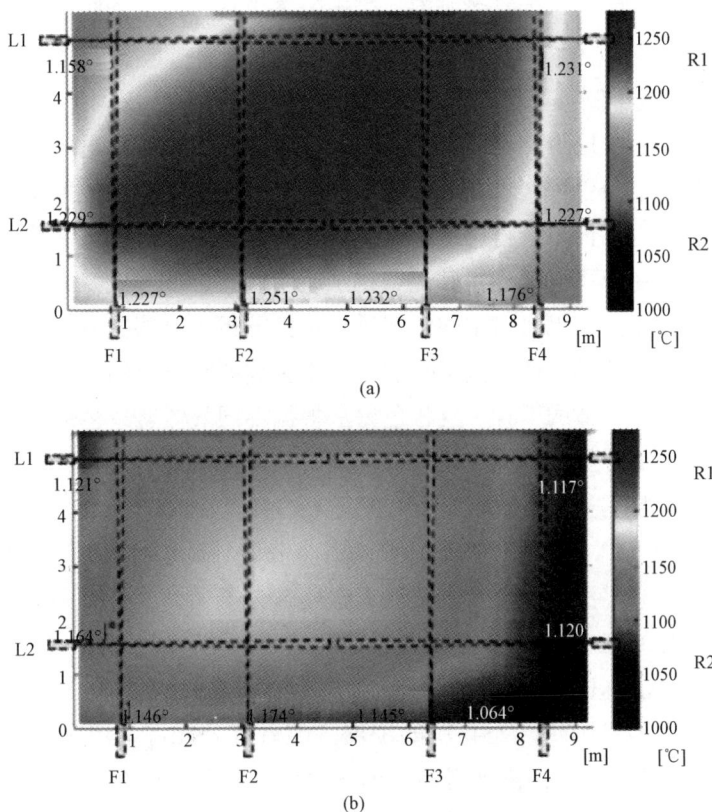

图 6-9 炉膛出口烟气二维温度场测量结果

（a）满负荷；（b）满负荷/增加风量

声学测温技术在火力发电厂中具有广泛的应用前景，主要包括以下特点：

（1）声学测温技术属于非接触式，对测量对象无干扰，优于其他传统测温方法。

（2）能够提供锅炉整个炉膛温度场的准确信息，有助于观测火焰中心偏斜情况，防止火焰直接冲刷水冷壁。

（3）能够远程提供实时监测信息，指导燃烧调整，还能够帮助识别燃烧器的非正常工作，如堵粉、下粉不匀等。

（4）测量范围广、高分辨率以及维修费用低，不受外部条件的影响，对高温、腐蚀、多尘等恶劣环境具有良好的适应性。

但是声学测温技术也存在一些问题：

（1）在大型燃煤火力发电厂的锅炉燃烧中，高分贝的燃烧噪声和吹灰噪声一定程度上影响了声学测温系统应用的可靠性。

（2）由于炉内温度场分布的不均，测量路径上的温度梯度产生折射，给测量结果带来误差。

（3）三维温度场的构建技术尚不成熟。

四、尾部烟气 CO 测量技术

燃烧过程中生成的 CO 含量是判断燃烧是否充分的重要参数之一。掌握烟气中的 CO

含量，不仅能控制锅炉燃烧，提高燃烧率，带来经济效益，而且能防止过量空气系数大于燃烧合理配比所要求的数值，从而降低 SO_2 和 NO_x 污染物排放量。因此，对尾部烟气中 CO 浓度的高精度在线检测具有重要意义。

目前市场上 CO 气体检测仪表种类繁多，其技术原理主要包括电学法、电化学法、化学法、气相色谱法和非分散红外吸收光谱法。电学法利用与气体浓度有关的电学性质设计，具有稳定性强、电路简单易行等优点，但存在寿命较短、辨气体能力差等问题。电化学法根据氧化反应或还原反应设计，其优点在于通用性好、技术成熟、操作简单、便于携带，可实现低浓度测量，但无法对未知气体进行定性分析，传感器寿命较短且不可超量程测量。化学法采用燃烧原理，通过测量燃烧过程中释放的热量检测气体浓度，该方法测量结果可能受到其他可燃气体的干扰。气相色谱法根据不同气体通过色谱柱的速度差异原理设计，灵敏度高，可靠性好，其缺点是系统复杂，须采用准确的分析方法，选择合适的操作条件和操作技术，且需要多次重复试验，不适合在线监测。

目前火电机组烟气中 CO 监测仪表主要采用非分散红外（NDIR）原理结合取样式测量。非分散红外吸收光谱法的原理是利用当 CO 气态分子受到红外辐射（$1\sim25\mu m$）照射时，将吸收特征波长的红外光，引起分子振动能级和转动能级的跃迁。在一定气态物质浓度范围内，吸收光谱的峰值（吸光度）与气态物质浓度之间的关系符合朗伯-比尔定律。因此，测量其吸光度即可确定气态物质的浓度。随着红外光源、传感器及电子技术的发展，NDIR 红外气体传感器在国内外得到了迅速发展，主要表现在无机械调制装置，采用新型红外传感器及电调制光源，在仪器电路上采用了低功耗嵌入式系统，使得仪器在体积、功耗、性能、价格上具有以往仪器无法比拟的优势。

图 6-10 为非分散红外吸收光谱法测量 CO 原理示意。非分散红外气体监测系统是由电调制红外光源、窄带滤光片、测量池、参考池、红外探测器组成。设入射光是平行光，其强度为 I_0，出射光的强度为 I，气体介质的厚度为 L，当由介质中的分子数 dN 的吸收所造成的光强减弱为 dI 时，根据朗伯-比尔吸收定律可知：

$$dI/I = -KdN \tag{6-2}$$

式中：K 为比例常数。

经积分后得

$$\ln I = -KN + a \tag{6-3}$$

式中：N 为吸收气体介质的分子总数，$N\propto cL$；a 为积分常数。

式（6-3）进一步转换为

$$I = \exp(a)\exp(-KN) = \exp(a)\exp(-\mu cL) = I_0\exp(-\mu cL) \tag{6-4}$$

式中：c 为气体介质浓度；L 为气体介质厚度；μ 为气体介质吸收系数。由此可知，光强在气体介质中随 c 及 L 按指数规律衰减。吸收系数取决于气体特性，各种气体的吸收系数互不相同。对同一气体，μ 随入射波长改变而变。若吸收介质中含 i 种吸收气体，则式（6-4）可表示为

$$I = I_0\exp\left(-L\sum\mu_i c_i\right) \tag{6-5}$$

没有吸收物质的环境

红外光源　　　　　　　　　　　　　　　　　　探测器

有吸收物质的环境

衰减测量信号

红外光源　　　　　　　　　　　　　　　　　　探测器

(a)

滤光片　　测量池

红外光源

M　调零挡板

探测器

信号条理与处理系统

参考池

(b)

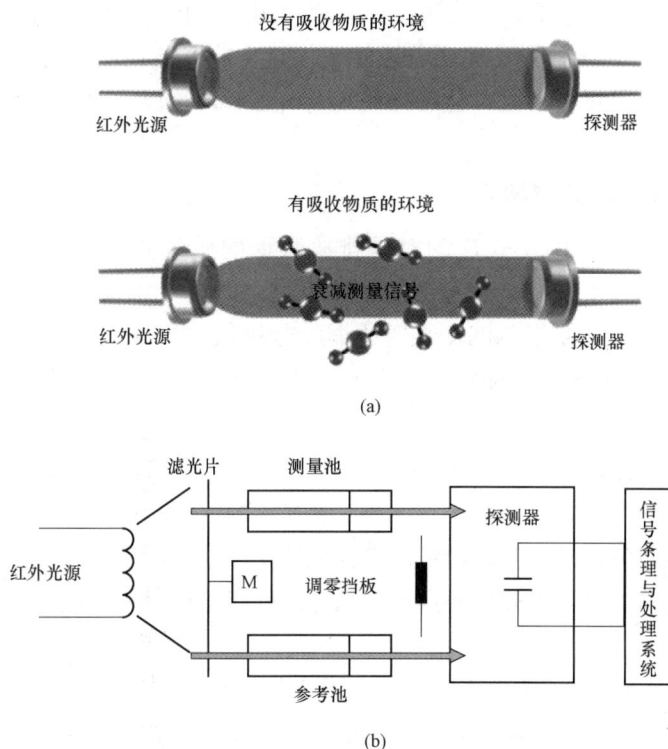

图 6-10　非分散红外吸收光谱法测量 CO 原理示意

（a）原理示意；（b）装置示意

因此，浓度 $c=-\dfrac{1}{\mu L}\ln\dfrac{I}{I_0}$。对于多种混合气体，为了分析特定组分，应该在传感器或红外光源前安装一个适合分析气体吸收波长的窄带滤光片，使传感器的信号变化只反映被测气体浓度变化。基于非分散红外吸收光谱法的 CO 测量装置如图 6-11 所示。

CO 的红外吸收峰在 $4.5\mu m$ 附近，CO_2 的红外吸收峰在 $4.3\mu m$ 附近，水蒸气的红外吸收峰在 $3\mu m$ 和 $6\mu m$ 附近。在测定前用制冷或通过干燥剂的方法可除去水蒸气，并用窄带光学滤光片或气体滤波室将红外辐射限制在 CO 吸收的窄带光范围内，可消除 CO_2 的干扰。此外，单通道测量之前需要先进行背景测量，即通道中充

图 6-11　非分散红外吸收光谱法 CO 测量装置

入对待测气体没有干扰的组分，这时候探测器所测光强为 I_0；进入测量阶段，通道中充入了待测气体，探测器所得光强为 I；测量过程中如果光源光强发生了变化 ΔI_0，此时所得浓度结果应为

$$c=-\frac{1}{\mu L}\ln\frac{I+\Delta I}{I_0+\Delta I_0} \qquad (6-6)$$

非分散红外吸收光谱法的 CO 监测仪器具有使用寿命长、灵敏度高、稳定性好、选择性好、可靠性高、受环境干扰因素较小等显著优点；缺点是在测量时需要全程伴热和冷凝，测量系统复杂，维护量较大，且还存在较大的延时，难以及时响应烟气中 CO 浓度的快速动态变化。

五、 尾部烟气 CO_2 测量技术

全国碳排放交易市场的正式启动对碳排放数据的质量和实时性都提出了更高的要求。CO_2 的在线监测技术主要包括非分散红外吸收光谱法（NDIR）和可调谐二极管激光吸收光谱法（TDLAS）。基于 NDIR 原理的烟气分析仪一般采用传统抽取测量方式。这种测量方式取样过程复杂、延时性大，且易受背景气体（水汽）的交叉干扰，维护成本高。

TDLAS 测量方法也是吸收光谱技术的一种，与 NDIR 技术不同的是，作为光源的可调谐激光二极管的线宽非常窄，远小于传统红外光源的线宽和被测气体的线宽，使被测气体完全不受其他背景气体的干扰，避免了多种气体交叉干扰所带来的检测误差。光源温度与激光频率存在定量关系，因此可通过控制光源温度间接控制激光线宽，以应对不同气体的测量需要。

TDLAS 技术遵循朗伯 - 比尔吸收定律，激光光源发出一定波长的激光通过装有一定浓度的待测气体的吸收池后，由于待测气体的吸收作用，激光束的光强发生衰减。通过测量光强信号衰减程度进行测量的方法称为直接测量法。采用直接测量法时，测量精度会因激光器噪声、探测器噪声等背景噪声受到影响，因此通常需要辅以调制技术以提高测量灵敏度和准确度。

TDLAS 烟气监测系统主要由发射接收单元、激光器驱动电路、数据采集处理电路、数据处理与控制单元等部件构成。发射接收单元包括可调谐二极管激光器、光谱调制解调系统和探测器。系统结构如图 6 - 12 所示，单侧安装 TDLAS 烟气分析仪如图 6 - 13 所示。

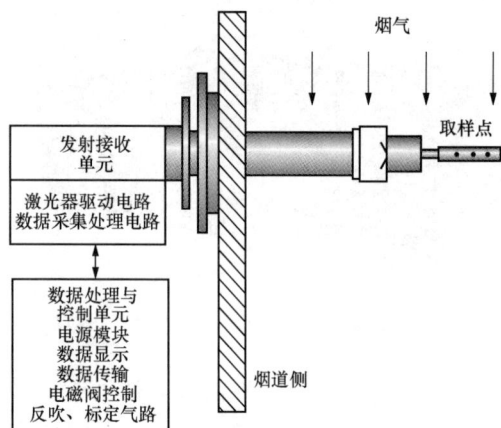

图 6 - 12　TDLAS 烟气监测系统结构示意

图 6 - 13　单侧安装 TDLAS 烟气分析仪

与传统 NDIR 技术相比，TDLAS 技术具有以下特点：

（1）高灵敏度和高选择性。可调谐半导体激光器的线宽低至 $4\sim10\text{cm}^{-1}$，而一般分子

的吸收谱线的线宽在 $2\sim10cm^{-1}$ 量级，将激光器的输出波长调谐到选定的分子吸收峰中心频率，可避开其他气体组分的干扰。

（2）响应速度快。该仪表采用原位测量方式，烟气流经路径仅为几厘米，测量腔内气体更新速度快，测量温度与烟道中烟气温度一致，不会因为温度变化导致烟气组分改变，可实现快速动态测量。

（3）实现区域监测。传统的检测方法由于单点采样，数据可能不够具有代表性，难以满足区域内的监测要求。TDLAS 技术结合开放式光路和长光程设计，可以反映几百米，甚至几千米区域内的气体浓度信息。

（4）系统稳定性高，维护量小。激光发射接收单元安装在测量腔体外侧的法兰上，对高温、腐蚀性烟气环境有较强耐受性，且不需要对烟气进行复杂预处理，使得系统结构较为简单。

六、 超低排放（SO_2、 NO_x、 颗粒物）监测技术

随着超低排放标准的全面实施，我国燃煤电厂烟气污染物排放浓度限值大幅降低，这对燃煤电厂污染物排放的监测能力提出了更高的要求。烟气排放连续自动监测系统（CEMS）是由气态污染物监测单元、颗粒物监测单元、烟气参数监测单元、数据采集与处理传输单元组成。

针对超低排放烟气浓度低、湿度高和温度低的特点，原有 NDIR 仪器（测量 SO_2、NO_x）和原位式后散射仪器（测量颗粒物）难以满足超低排放监测要求，大量的工程应用实践表明，由于受水汽和其他气体组分交叉干扰、环境温度变化和现场振动等因素影响，上述仪表普遍存在测量准确度低、零点和量程漂移大、检测下限高、仪表线性差等共性问题，SO_2、NO_x 测量的绝对误差可达 $10mg/m^3$，难以满足超低排放监测要求。

基于直接抽取冷干法与紫外差分吸收光谱技术实现了超低排放烟气污染物的准确监测，如图 6-14 所示，待测烟气通过除尘与脱水后，送入分析仪分析。分析仪采用紫外差分吸收光谱法，原理是将气体分子吸收截面分成了两部分：由待测气体分子引起的随波长快速变化的差分吸收截面和由待测气体、干扰气体和粉尘颗粒等引起的随波长缓慢变化的宽带吸收截面，通过数据处理提取被测气体组分的差分吸收信号，利用特定算法求得被测气体浓度。采用直接抽取冷干法＋紫外差分吸收光谱法的 CEMS 系统不受水汽干扰，并采用光谱补偿修正算法可以消除其他烟气组分、环境温度变化、现场振动等干扰因素影响，具有检测下限低、测量准确度高、零点和量程漂移小等优点，满足超低排放监测要求。

对于烟尘测量，传统基于光散射或透射法的在线测量设备精度或稳定性受颗粒物成分、大小、粒径分布、烟气湿度等众多因素影响，无法满足超低排放监测的需求。同时，在恶劣的测量环境下，光散射或透射法还需突破激光器不稳定、光学元件污染、光路不对准以及漂移等导致系统可靠性差的难题。激光光散射积分法可有效克服传统前向小角散射中心光过强、杂散光干扰、散射角过小等缺点，实现烟尘浓度高精度监测。烟尘监测系统及低浓度粉尘标定装置如图 6-15 所示。

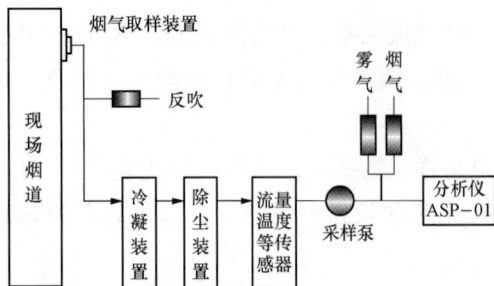

图 6-14 紫外差分吸收光谱法 SO_2、NO_x 分析仪

图 6-15 烟尘监测系统及
低浓度粉尘标定装置

第三节 燃煤发电机组智能控制技术

一、 超超超临界参数燃煤机组先进协调控制技术

近几年，可再生能源快速增长，为社会的发展提供清洁电力。然而，可再生能源的随机性和间歇性严重威胁电网运行安全，从而限制了可再生能源的发展。目前，燃煤机组仍是我国电力生产的主要组成部分，因此机组需要频繁调峰来吸收更多的可再生电力并网，维持电网运行安全。相比于亚临界和超超临界参数机组，超超超临界参数燃煤机组具有更大的发电功率（1000MW）、更高的蒸汽参数（主蒸汽温度≥600℃，主蒸汽压力＞25MPa）、更快的负荷调节速率（约 20MW/min）和更高的热效率（约 46%）。因此，大功率燃煤机组需要经常参与调峰，维持电网稳定运行。协调控制系统（CCS）能够协调控制锅炉和汽轮机系统，使机组出力快速跟踪负荷指令，同时保证机组安全稳定运行。

（一）超超超临界参数燃煤机组协调控制基本过程

超超超临界参数燃煤机组协调控制系统的工作原理如图 6-16 所示。该系统由协调控制级、基础控制级和机组对象三部分组成。对于协调控制级，负荷管理控制中心接受电网频率、电网调度负荷指令、值班员指令和机组运行状态信号，综合计算出实际负荷指令。机炉主控制器接受实际机组负荷和负荷指令，结合主蒸汽压力和其给定值，分别计算出锅炉和汽轮机主控指令。对于基础控制级，锅炉主控指令送入锅炉控制系统，分别计算出煤、空气和给水指令，并作用于锅炉系统；汽轮机主控指令送入汽轮机控制系统，计算出汽轮机调门开度指令并作用于汽轮发电机系统。

在实际机组工作中，汽轮发电机对负荷指令响应快，惯性时间约为几秒到几十秒，而锅炉对负荷指令响应慢，惯性时间约为几百秒至几千秒。由于锅炉和汽轮发电机之间存在较大的动态特性差异，超超超临界参数机组协调系统需采取措施，使得锅炉和汽轮机系统协调动作，以快速响应电网负荷指令，同时维持机组稳定运行。

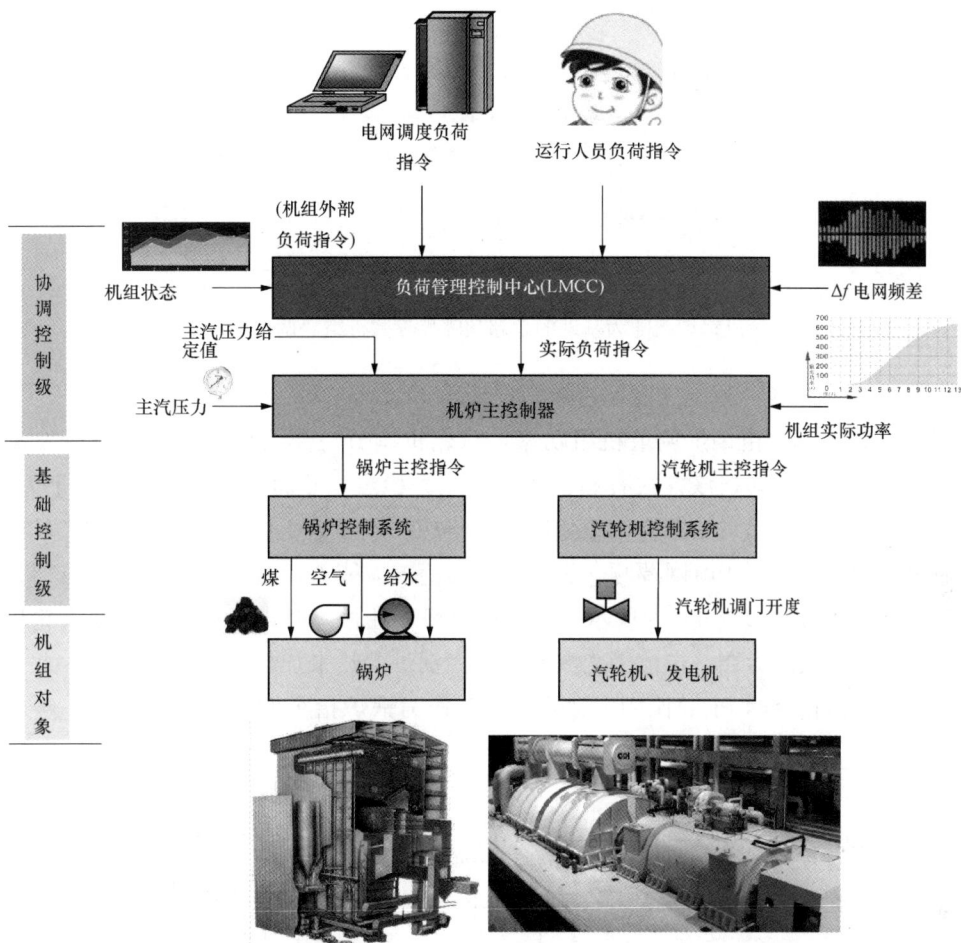

图 6-16 超超超临界参数燃煤机组协调控制系统工作原理

（二）协调控制方法及发展趋势

为了满足电网负荷需求和维持机组稳定运行，协调控制系统需要利用锅炉的蓄热量，使机组快速地跟踪负荷指令，并保证主蒸汽压力偏差不超允许值。因此，超超超临界参数机组协调系统有以下两种控制方式：以锅炉跟随为基础的协调控制方式（CBF）和以汽轮机跟随为基础的协调控制方式（CTF）。

1. 以锅炉跟随为基础的协调控制方式

CBF 工作原理：由汽轮机调节机组功率，锅炉调节主蒸汽压力。当机组功率变化时，由于利用了锅炉蓄热，该方式具有较好的负荷适应性，对机组调峰调频有利，但主蒸汽压力波动大。为此，需要给汽轮机调门开度信号添加一个带死区的线性环节，如图 6-17 所示。当主蒸汽压力偏差超过一定限值，该线性环节开始作用来改变汽轮机调门开度，使得主蒸汽压力波动不超过允许范围。此外，该控制方式将负荷指令的 PD（比例＋微分）环节作为锅炉指令的前馈信号，可加快锅炉对负荷指令的响应速度，提升主蒸汽压力控制质量。

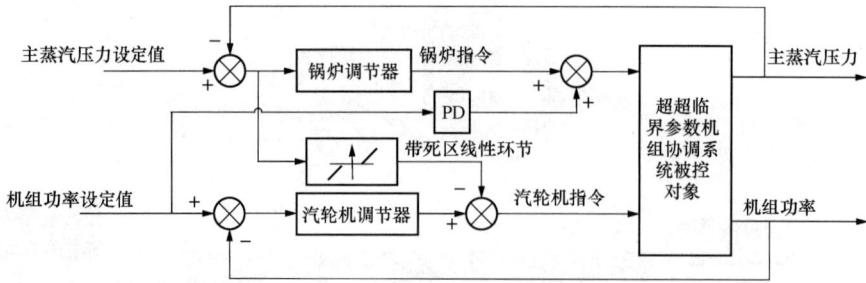

图 6-17 以锅炉跟随为基础的超超超临界参数机组协调控制系统方框图

2. 以汽轮机跟随为基础的协调控制方式

CTF 工作原理：由锅炉调节机组功率，汽轮机调节主蒸汽压力。由于汽轮发电机系统具有较小的惯性时间，该方式有利于主蒸汽压力稳定。然而，锅炉系统是一个大时延、大惯性对象，只有当锅炉的燃烧率改变后，机组功率才开始变化。因此，该方式具有较差的负荷跟踪性能，不利于电网调频。为了提升负荷响应能力，需要在汽轮机调节器处添加一个线性饱和环节，如图 6-18 所示。当机组负荷存在偏差时，该环节会改变汽轮机调门开度，允许主蒸汽压力在一定范围内波动，利用锅炉蓄热来加快负荷响应速度。此外，该控制方式将负荷指令的 PD（比例＋微分）环节作为锅炉指令的前馈信号，进一步提升负荷响应能力。

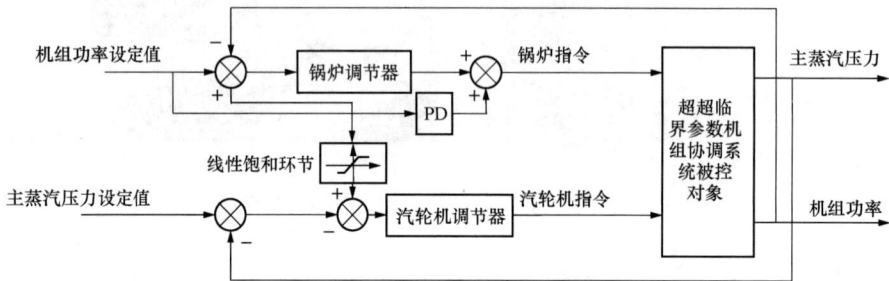

图 6-18 以汽轮机跟随为基础的超超超临界参数机组协调控制系统方框图

随着可再生能源快速发展，电网对燃煤机组的运行灵活性提出更高要求。因此，超超超临界参数机组协调系统将在深度调峰、稳定运行和燃料灵活性等方面开展进一步研究：

（1）协调系统利用储能技术、凝结水节流和切低压缸等技术，提升负荷响应速度，维持电网频率稳定。

（2）协调系统将利用先进控制方法，如智能控制和预测控制，解决大范围变负荷时，被控对象动态特性突变问题，实现机组深度调峰。

（3）生物质燃料结合煤粉进行掺烧，这会改变机组运行动态特性且系统会受到更多扰动。因此，协调系统在机组大范围变负荷运行时，需进一步研究如何解决抵制各种扰动、降低燃料量消耗、控制金属管壁温度在安全范围内等问题。

（4）建立协调系统模型，进一步理解机组运行过程；采用非线性模型预测控制、自抗扰控制和扰动观测器等先进技术，设计协调控制系统，提升机组负荷响应能力和维持机组安全稳定运行。

二、火电机组过热汽温控制

过热蒸汽温度（SST）是电站锅炉运行中的关键参数，对机组的经济安全运行具有重要意义。作为机组运行中温度最高点之一，它的控制品质直接影响着机组的安全性与经济性。一方面，过高或过低的过热蒸汽温度都将给机组带来不利影响。湿度偏低的过热蒸汽将降低全厂效率，并导致汽轮机末级蒸汽带水（损坏末级叶片）等安全性问题；而高于设定温度值的过热蒸汽，无论长时或短时超温均会对蒸汽管道产生不可逆的损伤，甚至引发机组停机。因此，过热温度需要在有限的操作范围内调节，一般建议过热蒸汽温度的波动范围为±5℃。另一方面，即使上述条件被满足，频繁的温度变化仍然会产生热应力，导致金属失效。

太阳能发电、风力发电等可再生能源的蓬勃发展和大规模并网，给电厂过热蒸汽温度的控制提出了更高的要求。可再生能源的随机性和间歇性给电网的稳定性和可靠性带来了巨大挑战。较为成熟的措施之一是提高火电机组对自动发电控制（AGC）指令的跟踪能力，以实时平抑负荷偏差。一般来说，较宽范围的功率调节对应于SST偏离其设定值的较大偏差。换言之，电厂可达到的负荷灵活性在很大程度上取决于过热蒸汽温度回路的控制性能。强大的SST控制回路可以让发电厂参与更大范围的负荷调节，让更多的可再生能源得以并网。

（一）过热汽温控制基本过程

汽温的调节方法可以归结为两大类：蒸汽侧的调节和烟气侧的调节。蒸汽侧的调节，是指通过改变蒸汽的热焓来调节汽温，其方法包括喷水减温器、表面式减温器和汽-汽热交换器。烟气侧的调节，是通过改变锅炉内受热面的吸热量分配比例或改变经过受热面的烟气量的方法来调节蒸汽温度，其方法包括调整燃烧器倾角、烟气再循环和调节烟气挡板。

图6-19为典型的火电机组过热汽温串级系统结构。烟气侧，化石燃料与空气混合燃烧后获得的高温烟气，在炉膛水冷壁、低温过热器、屏式过热器换热后，进入高温过热器段。在高温过热器中，高温烟气通过管壁与管内的蒸汽换热，将蒸汽加热，自身温度逐渐降低。蒸汽侧，过热蒸汽自进口通过与管外的高温烟气换热，温度不断升高，最后从高温过热器出口流出，进入汽轮机做功。可以看出，此处即为火电机组中蒸汽温度最高的点之一。而如前述，过高或过低的SST均会带来一定问题，故在实际运行中需要对SST进行控制。

考虑到调节手段的快速性和有效性，当前火电厂中普遍采用喷水减温的调节方式。具体而言，就是将来自给水泵抽头（或除氧器）的低温冷水喷入减温器，通过冷热水混合来降低蒸汽的温度，从而实现对主蒸汽温度的控制。

（二）现有过热汽温控制方法及发展趋势

由于过热汽温为典型的大惯性、大滞后的对象（喷水量变化到出口温度变化需要约5min），采用常规单回路控制难以取得满意的控制效果。故在实际过程中，普遍采用如图

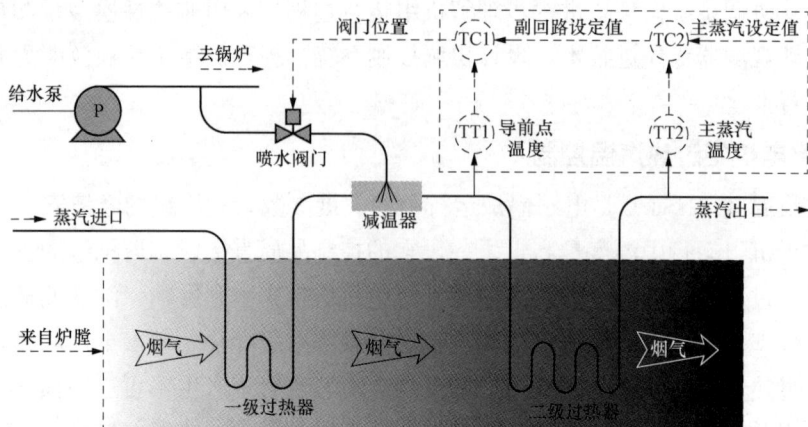

图 6-19　火电机组过热汽温串级系统结构示意

6-20 所示的串级控制结构。在这一系统中，操作变量为喷水阀门开度；导前点温度为内回路输出，它代表的是喷水减温器下游的蒸汽温度，可以快速反映喷水量变化对蒸汽温度的影响，有利于对内回路的干扰抑制；主控制器的输出为内回路的设定值，即副回路温度设定值；外回路输出为主蒸汽温度；整个控制系统的输入为主蒸汽温度设定值，一般为常数。

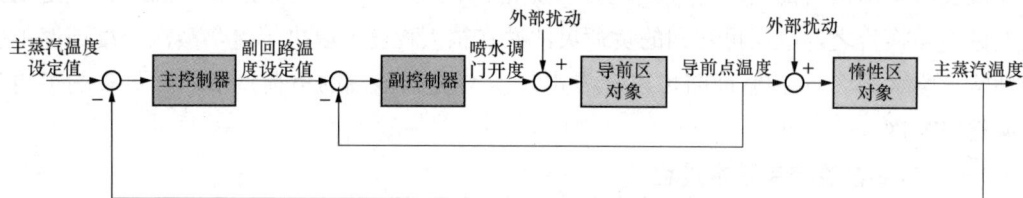

图 6-20　过热汽温串级控制系统结构图

串级控制系统对于内回路扰动有很好的抑制效果，但不幸的是过热汽温对象的主要扰动存在于外回路。受串级控制思想的启发，可进一步拓展得到如图 6-21 所示的基于状态变量的控制策略。

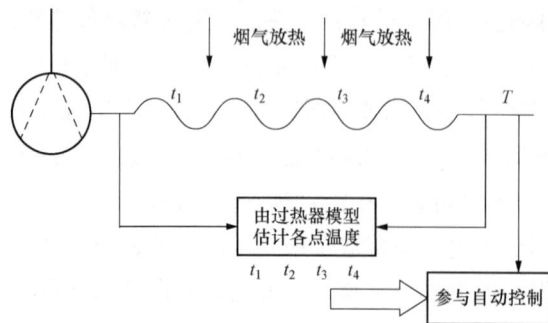

图 6-21　基于状态变量的过热汽温控制系统图

当锅炉负荷发生变化时，在过热器中蒸汽流程上的各点温度总是先于过热汽温的变化，如果控制系统根据这些流程上的各点温度进行调节，一旦这些温度发生变化，控制系统马上动作、及时调节，就能取得好的控制效果。但是，在高温过热器上加装温度测点是不现实的，这就自然想到了用过热器的动态数学模型来估计这些温度值（即称状态变量），然后，再根据这些估计出来的温度值来进行调节。这就构成了状态变量控制系统，其控制系统见图 6-21。由此可见，由于采用了状态变量控制技术，可以加快及提前喷水阀的动作，从而有效抑制过热汽温的最大动态偏差。

随着机组容量的增加及其在调峰调频中承担着越来越重要的任务，对过热汽温的控制要求也在逐步提升。这也推动着对过热汽温控制的研究，主要包括以下三个方面：

（1）过热汽温对象本身的特性研究和新技术的应用，如多种新技术在建模方面的应用。

（2）控制方法的发展，包括以预测控制、模糊控制、神经网络控制等为主的先进控制方法的研究与应用。

（3）结合人工智能、大数据方法的控制器参数自整定和在线优化研究。

三、SCR 脱硝系统控制

火电厂燃煤生成的氮氧化合物（NO_x）不仅容易造成酸雨等危害，对人的健康也有很大的影响。另外，在"双碳"目标的背景之下，大部分火电机组为了适应调峰的要求而处于长期变负荷甚至低负荷运行状态。在变负荷或低负荷状态下运行时 NO_x 排放浓度增加，脱硝难度加大。基于此，必须高度重视 NO_x 减排。

NO_x 减排技术主要分为两类，第一类统称为燃烧调整优化技术，这是一种在燃烧过程中通过优化各可操作变量从而达到降低 NO_x 生成的技术，其本质上仍是一种静态优化，只能在典型工况下进行；第二类为选择性催化还原（SCR）技术，该技术旨在燃烧后通过调节喷氨量来实时动态地控制 SCR 出口 NO_x 的浓度，且不受脱硝温度、炉膛受热面布置和喷氨控制的限制，因而在工程上应用十分广泛。本节将从火电厂 SCR 脱硝的关键技术出发，重点介绍和分析其工作流程和关键瓶颈，以便更好地把握其发展趋势。

（一）SCR 脱硝技术基本原理

SCR 脱硝技术是一种开展在燃烧后的脱硝技术，其工作流程如图 6-22 所示，SCR 反应器内部分为依次排列的若干场，每个场中都放置一定量的催化剂。图 6-23 展示了其中第一个场的脱硝原理，具体为：燃烧后的烟气（称原烟气）流经末段烟道时，与喷入的 NH_3/空气混合体进行混合后再进入 SCR 反应器，并在催化剂的作用下发生氧化还原反应生成无害的 N_2 和 H_2O，从而降低原烟气中的 NO_x 浓度。

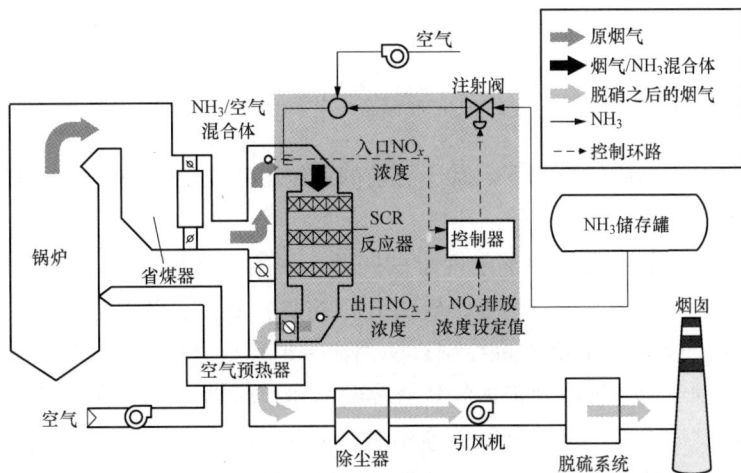

图 6-22 火电厂 SCR 脱硝系统工作流程图

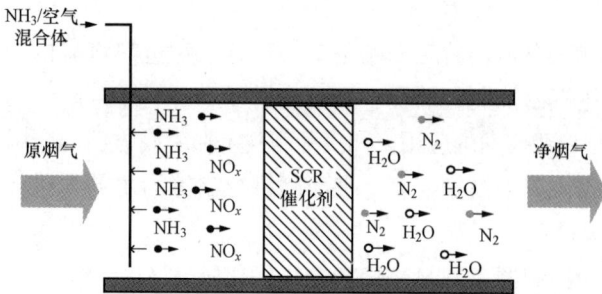

图 6-23　SCR 脱硝原理图

（二）SCR 系统现有控制方法及发展趋势

在图 6-22 所示的 SCR 控制器中，一般将 SCR 反应器出口 NO_x 排放浓度作为被控量，喷氨量作为控制量。控制目标是通过调节喷氨量，使出口 NO_x 排放浓度达到标准要求。当前火力发电厂普遍采用开环控制或闭环控制。

开环控制方式是指无反馈信息的控制方式，这种控制方式严重依赖于操作人员的运行水平。由于没有及时的闭环误差量作反馈，因此开环控制方式没有自动修正或补偿能力，会造成喷氨量不足或过量，进而导致控制精度低，系统稳定性不高。

对于闭环控制方式，目前多数电厂采用传统的 PID 控制器，其控制原理如图 6-24 所示。在 PID 控制方法中，实时对 SCR 出口 NO_x 浓度进行测量，并将测量值与设定值进行比较形成误差信号，然后根据误差信号的大小设计控制量。当然，PID 控制也存在一定的缺陷。首先，现场中的 PID 参数整定困难，控制品质难以掌控；其次，由于只在 SCR 出口处有一个测点，而 SCR 反应器场内无测点，所以目前只能做到针对全场的大范围控制，控制品质有待提高；最后，SCR 脱硝存在众多干扰，这些干扰/的存在会大大影响控制品质，但传统的 PID 控制的干扰抑制能力有限，进而限制了其控制性能的提高。

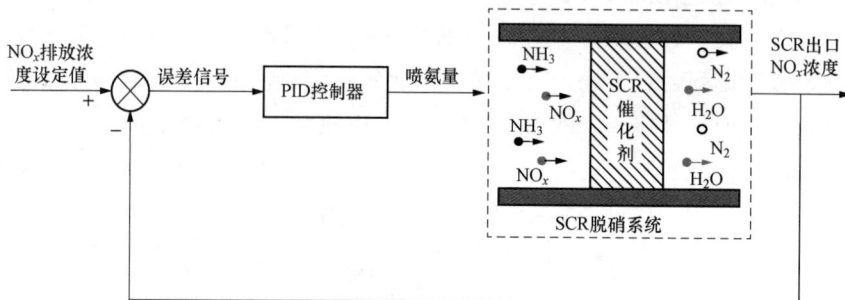

图 6-24　SCR 脱硝系统的 PID 控制策略

在追求更优控制品质的影响下，基于目前的控制方法及存在的问题，SCR 控制系统在以下几个方面有待改进：

首先，针对 PID 控制器参数整定困难的问题，采用先进控制对 SCR 脱硝系统进行优化是脱硝改造的主流趋势之一。其中，模糊 PID 控制、带粒子群优化的动态矩阵控制、基于 RBF 神经网络的预测控制等先进控制算法都在一定程度上提高了控制性能。

其次，为了避免大范围控制带来的较低控制品质，精细控制将成为提升控制品质的一个有效的方法。具体来说，可结合数值模拟方法对 SCR 反应器全场工况进行模拟或在场内增加测点，进而设计一套针对各个场的子控制器，从而提高控制性能。

最后，利用自抗扰控制器抑制 SCR 脱硝系统中的干扰带来的不利影响将成为下一阶段的重点研究方向之一。

四、电除尘系统控制技术

当今，燃煤电站每年烟尘排放量约 300 万 t，居各行业之首，是我国大气环境中烟尘污染物的主要来源，也是细颗粒物污染的重要来源之一。由于环境容量有限等原因，长三角、珠三角等地部分燃煤电厂已参考燃机标准限值，要求烟尘排放限值为 $5mg/m^3$（6% O_2）。为了达到这一要求，电厂普遍采用的环保技术路线是：低温干式电除尘＋脱硫＋湿式电除尘。电除尘的除尘效果将对大气环保有着重要影响。与此同时，整个电厂辅控运行中干式电除尘的除尘效果对后续脱硫也会产生较大影响，电除尘排气中过多灰尘量会导致脱硫吸收塔内浆液中毒。因此，电除尘的节能优化控制技术研究对电厂辅控运行的安全稳定性、经济性、环保性有重大意义。

1. 电除尘过程基本原理

电除尘器按清灰方式可分为干式电除尘器和湿式电除尘器。二者的除尘基本原理相同，不同之处在于：前者通过振打收尘，而后者则通过喷淋水洗收尘。这里以干式电除尘器为例说明其工作原理，如图 6-25 所示。

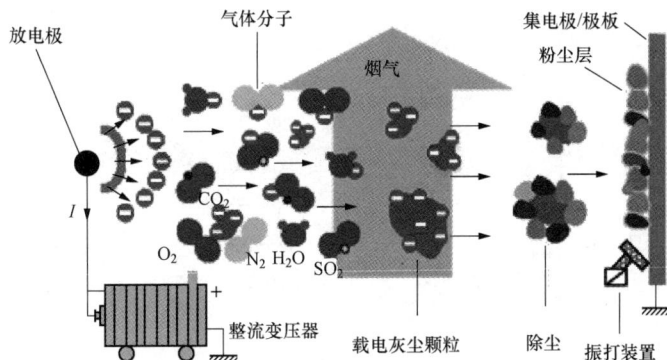

图 6-25 干式电除尘器工作原理

电除尘器通过供电装置产生高电压，对含灰烟气施加强电场，使气体发生电离以及电晕极放电，使得悬浮的粉尘粒子荷电。在电场力作用下，使荷电粉尘向收尘极运动，从而将悬浮的粉尘从烟气中分离出来。最后，通过振打装置，使收集的粉尘下落至收集装置。

2. 电除尘系统现有控制技术及发展趋势

干式电除尘器多电室多电场的整体控制框架如图 6-26 所示，烟气从干式电除尘器 1～5 号电场穿过，通过浊度仪测量烟尘出口浓度以形成反馈回路，通过控制器调节干式电除尘器电源二次电流以控制其出口烟尘浓度。其中控制器可采用比例-积分-微分（PID）控制、自抗扰控制、广义预测控制（GPC）等。目前，干式电除尘器在控制运行方面还存在许多问题。首先，干式电除尘器的控制没有考虑到其多电室多电场分级结构，且没有统一协调干式和湿式电除尘器的除尘能力。目前主流的解决方案是采用基于分级-串级的控制结构，以实现干式多电室多电场的分级控制和干式与湿式的协调控制。

如图 6-27 所示，干式电除尘器 1～3 号电场依据机组功率对电除尘过程模型进行前馈调节，而 4、5 号电场根据出口烟尘浓度设定值与实际出口烟尘浓度之差，通过自抗扰控制方法，实时调节电场二次电流，形成干式电除尘器除尘系统的闭环反馈调节，以使实际出口烟尘浓度跟踪设定值。

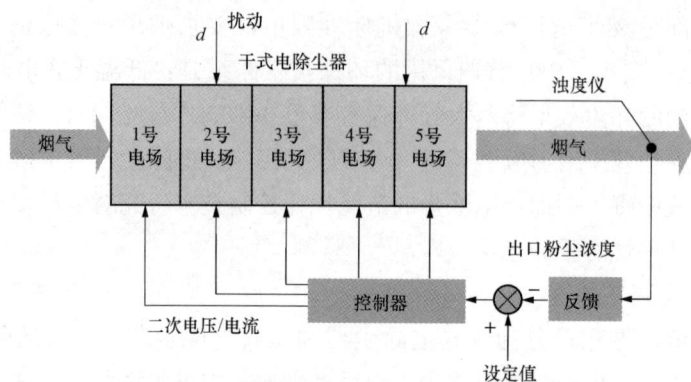

图 6-26　现场干式电除尘器整体控制框架

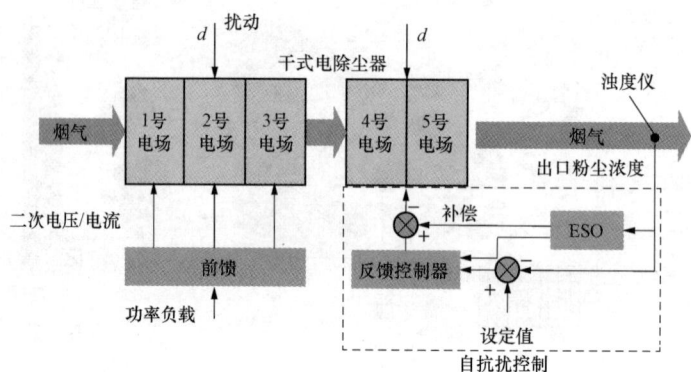

图 6-27　现场干式电除尘分级自抗扰控制框架

再者，电除尘器在宽负荷运行下存在煤种多变、锅炉吹灰、电极振打、高频电源设备故障等多种扰动因素，导致在运行过程中会出现烟尘浓度波动大等问题，迫使运行人员手动控制运行。针对上述问题，首先对电除尘器采用闭环控制策略取代原先的开环控制策略，在面对电除尘器运行过程中存在的大量干扰，采用自抗扰控制，如图 6-27 的虚框所示。自抗扰控制是一种抗干扰控制算法，主要包含扩张状态观测器（ESO）前馈补偿环节和反馈误差调节环节。该算法对电除尘过程中存在的各类小扰动具有较好的抑制作用，增强了电除尘系统抗干扰能力。再者，该算法加快电除尘系统的响应速度，完成出口烟尘浓度的快速调节。最后，电除尘器烟尘浓度模型会存在较大延迟，采用广义预测控制（GPC）提前调整控制作用，对含时延环节的电除尘过程模型具有较好的控制效果。GPC是模型预测控制中的一种较为实用的控制算法，利用过程模型预测系统在一定的控制作用下预测未来的动态行为，在此基础上根据给定的约束条件和性能要求滚动地求解最优控制作用并实施当前控制，在滚动的每一步通过检测实时信息修正对未来动态行为的预测。它们可归结为预测模型、滚动优化与反馈校正。

电除尘技术未来将向低排放、节能降耗、协同控制、智能化、标准化、国际化方向发展。

第四节 燃煤发电机组智能运维

新一代人工智能技术的迅猛发展引发了人类社会的深刻变革，也驱动能源行业从自动化、信息化、数字化向智能化方向发展。在燃煤发电机组的运行维护方面，要求从传统的状态监测与故障诊断向高层次的设备全周期健康管理运维体系提升，发展智能运维技术，实现"定期检修＋事后维护"向"状态检修＋预测维护"转变已成为智能工业时代的追求目标。随着5G通信的大规模应用，加上智能传感、大数据、云计算、区块链等新技术在发电行业中的推广应用，未来智能运维还将产生很多颠覆性的概念和创新。

一、智能感知

泛在感知并形成规模化终端和海量数据是建设智慧能源系统的基础。传统的信息检测方式已无法满足智能系统的要求，代之以分布式智能感知终端－高宽带网络－大数据平台－云中心－智能分析新模式，通过融合大数据、人工智能、边缘计算、云计算、智能机器人、智能穿戴设备等新技术构建智能测量架构及高级应用，如图6-28所示。

智能感知是对传统信息获取的重大革新。感知单元可以同时具备传感、采集、处理、计算、通信、交互等功能，能够便捷地构成分布式数据采集网络，

图6-28 智能化检测系统

实现从设备端到监控端的无线交互，完成就地采集、计算和诊断。智能感知系统能够获取足够的传感信息，并可从各种传感信息中抽取对象的各类特征，依据某种准则进行多传感信息融合以获得感知对象的一致性解释或描述，进而实现判断和推理。

二、多源信息融合

单一类型的信息只能部分反映设备的运行状态。例如，振动是表征旋转机械运行状态的重要参数，但仅有振动而忽略机组的其他运行参数，则无法全面把握机组的运行状态和退化趋势，难以满足对设备综合评价的需要。而不同类型的信息一般具有很强的互补性（如振动、温度、压力、噪声等），由其产生的融合信息更具有实用价值，能够更全面地反映设备运行状态。多源信息融合是将多种类型数据有机整合在一起进行综合分析的一种方法，可利用不同类型信息之间的互补性，增强设备状态的识别能力，实现对设备状态更全面、准确、高效地描述，如图6-29所示。

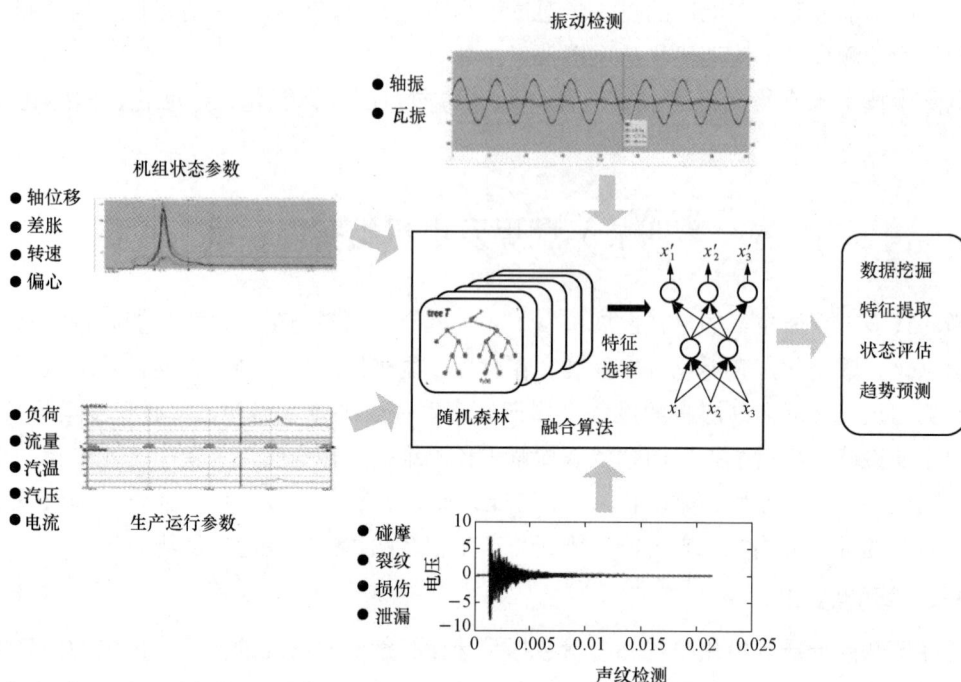

图 6-29 多源信息融合在旋转机械故障诊断中的应用

虽然不同类型参数能够不同程度地表征设备状态，但不同参数对故障的敏感程度不同，简单的数据组合无法起到信息融合的目的，反而可能会因信息冗余和维数过高降低诊断效率，利用不同参数对运行状态的敏感差异来优化融合效果是提高设备状态识别性能的重要手段。

三、大数据挖掘技术

数据挖掘与数据分析不同，数据分析有明确的目标，将数据以直观的形式呈现出来，通过人的智力活动得出结论。而数据挖掘是从大量的数据中通过算法搜索隐藏于其中的信息，发现海量数据中隐含的客观规律，是智能运维的支撑技术之一。其基本任务主要有分类、回归、关联规则、聚类、时序模式和异常检测，一般通过数理统计、机器学习、专家系统、情报检索、在线分析处理和模式识别等方法来实现，这些模型可以分别解决不同的任务和不同的数据处理方式，可以适应不同的应用场景。

数据挖掘技术具有三个特点：①海量数据。②未知的有价值的规律。数据挖掘所发现的规律，应该是有用的、但又不是显而易见的。③数据挖掘是一个过程，需要数据理解、业务理解、数据准备、评估、建模、部署等一系列步骤。

数据挖掘分为描述型和分类预测型两种任务。描述型任务是指通过数据库数据的自身内部联系，得到数据关系或者数据库的概要描述；分类预测型任务是指根据已知的数据特征来预测未知的数据特征，或根据已知的数据模型对未知样本进行类别判定。数据挖掘系统体系如图 6-30 所示。

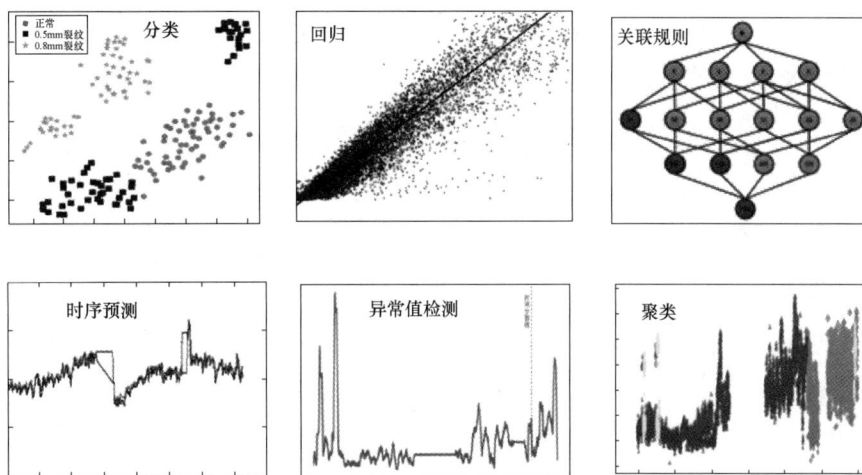

图 6 - 30　数据挖掘系统体系

四、　智能诊断

传统的基于机理的诊断方法主要是通过获取故障特征，立足于专家知识系统来匹配故障原因，往往需要人工参与或有一定的人机交互才能得到较好的诊断效果。而智能诊断则是通过建立模型，对大量故障样本进行训练学习得到较高的识别精度，然后对测试数据进行自动识别获得诊断结论，其精度主要取决于模型的有效性和样本的数量，理论上只要故障样本足够丰富就能满足诊断的准确性，且无须人工参与，自动给出诊断结论。智能诊断摆脱了对专家的依赖，且有利于避免一些主观因素对诊断的影响。

智能诊断属于模式识别范畴，基本方法主要包括：统计模式识别、结构模式识别、模糊模式识别、神经网络方法。统计模式识别是指从原始数据信息中提取出若干能反映模式差异的特征参数，从中选择若干参数的组合构成特征向量，然后根据某种相似度指标将特征向量进行归类。结构模式识别根据待识别对象的结构特征，按其结构分解为子模式，先对子模式进行识别，再通过子模式复原为原本复杂的模式，适用于待识别对象各部分之间存在联系时的识别。模糊模式识别以模糊集理论为基础，根据人的经验建立合理的隶属度函数对识别对象进行识别和分类。神经网络直接从观测数据（训练样本）学习，是更简便有效的方法，因而获得了广泛的应用。图 6 - 31 展示了一种智能诊断方法在轴承故障智能诊断方面的应用。

五、　劣化趋势分析

在设备的自然老化和运行中的各种扰动因素作用下，设备从投运到失效的整个生命周期是由稳定运行状态退化为非稳定状态的劣化发展过程。设备的故障诊断只能对当前已经出现的故障进行分析判别，而劣化趋势分析则是在大时间尺度上基于多维度特征对设备的稳定状态进行评价和预测。如果能采用合理的劣化特征提取方法来揭示这种劣化发展进程并进行趋势预测，不仅可以有效地防止设备发生突发性故障，而且可以最大限度地利用设备的工作能力，实施预测维护，为提高复杂机电设备的安全性、稳定性、可靠性以及降低

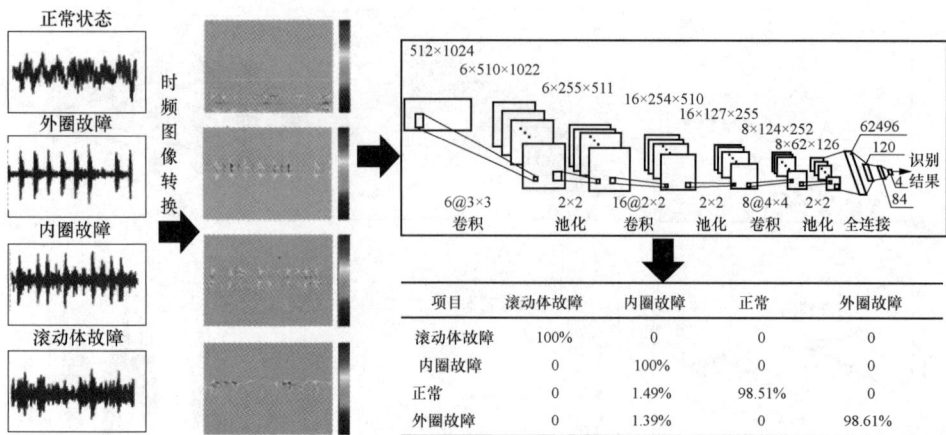

图 6-31　卷积神经网络与振动机理特征融合的轴承故障智能诊断

设备全寿命周期费用提供科学手段。

　　基于数据驱动的劣化趋势分析为实现这一目标提供了可能。目前主要基于时序数据和深度学习理论框架构建劣化趋势分析模型，如利用堆叠降噪自编码网络对数据进行压缩表示，然后结合连续半马尔可夫模型实现劣化评估；或采用递归神经网络、卡尔曼滤波、长短期记忆神经网络、轻量梯度提升树、关联规则等算法分析设备的劣化状态。图 6-32 展示了一种基于多变量时序分析模型的劣化趋势分析。

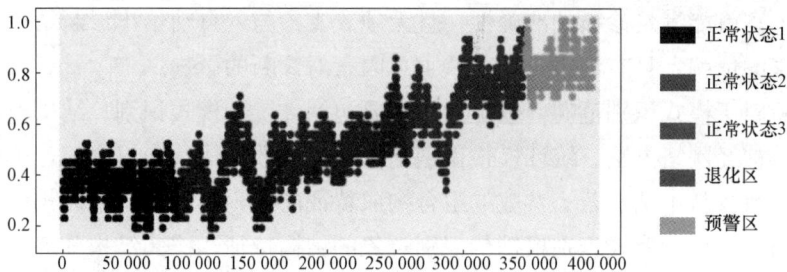

图 6-32　基于多变量时序分析模型的劣化趋势分析

　　关联规则能够反映一个事物与其他事物之间的相互依存性和关联性，是一种重要的无监督学习算法。应用于劣化分析时，通过对设备海量历史数据的挖掘，产生频繁项集和规则，可应用规则库设置正常状态的置信区间，通过偏离置信区间的程度判断劣化状态，其特点是即使缺少故障样本，关联规则依然能够完成其他有监督模型无法完成的诊断任务。

六、设备健康状态评估

　　在长时间连续工作过程中，设备性能不可避免地产生退化，致使设备故障发生概率和功能失效概率显著增大，故障一旦发生，将产生很大的维修成本和停机损失。降低事后检修费用的一个有效方法是利用状态监测和智能化诊断技术对故障进行早期预警，因此开展设备健康状态评估、合理调整运行并安排维修，对提高设备的安全性和降低运维费用具有重要意义。

选取合理的健康指标是科学评价设备健康状态的基础。常用的设备健康度指标主要包括：相对劣化度和劣化趋势、剩余使用寿命、健康指数、设备故障率、健康衰退指数、预测模型与实际数据间的相似度、维修性、经济性、监测性、安全性等。上述指标可以定量计算，但往往依赖于大量的设备运行时间、状态信号特征、疲劳指标、故障次数、维修时间、维修成本等信息，难以实现在线定量估计。

另一个途径是建立多种数据驱动模型进行状态评估和劣化趋势分析，结合现场运行经验，通过模型融合与决策融合算法对设备当前健康状态进行定量计算，如图 6 - 33 所示。

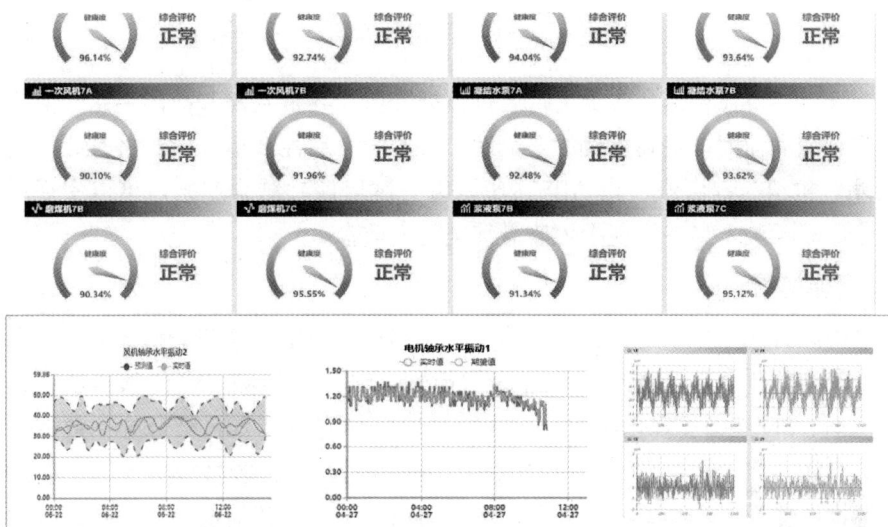

图 6 - 33　基于模型融合的设备健康状态评价

机器学习算法种类繁多，对不同的应用场景、应用目标和数据分布特征，其适应性各有不同。采用不同的算法构建健康状态评估模型并进行模型融合可以实现优势互补，且模型差异越大，融合效果往往越好，能有效提高状态评估的鲁棒性，一般常用 Averaging、Boosting、Bagging、Stacking 等方法实现模型融合。

七、智能监盘

智能监盘是利用人工经验、生产数据、智能算法和可视化技术，对历史运行大数据深度挖掘，建立各类参数的预测模型和评价模型，从设备与系统的安全性、经济性、自动化水平、运行状态等维度，结合运维系统提供的信息对机组健康状态进行分级和多维度的实时动态评价与智能报警。智能监盘系统可将运行经验显化为专家系统规则和知识库，通过人机正向知识交互，使运行人员的经验和机器智能不断迭代增强，实现人机协调监盘，如图 6 - 34 所示。

智能监盘采用机理建模、数据分析、人工智能等方法，根据设备运行状况或参数本身的变化趋势，在故障发生的早期或者潜在阶段，提前发现异常并发出故障预警，消除系统

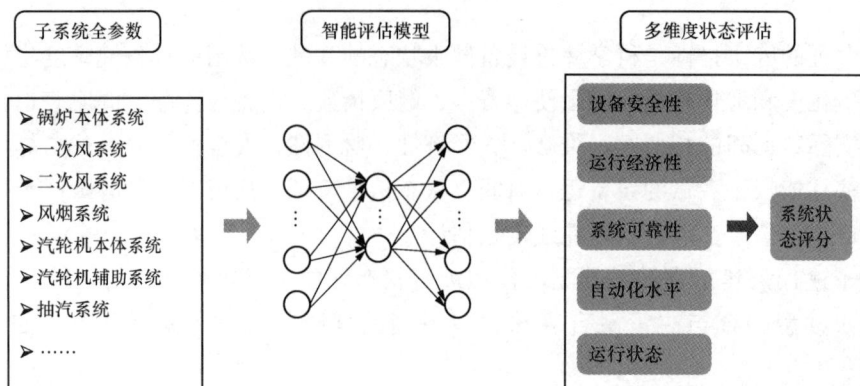

子系统全参数　　智能评估模型　　多维度状态评估

- 锅炉本体系统
- 一次风系统
- 二次风系统
- 风烟系统
- 汽轮机本体系统
- 汽轮机辅助系统
- 抽汽系统
- ……

设备安全性
运行经济性
系统可靠性
自动化水平
运行状态

系统状态评分

图 6 - 34　智能监盘系统

运行的潜在隐患，可代替运行人员进行运行数据分析、异常判断和故障追踪，大大减轻运行人员的监盘劳动强度，提高机组的安全性、设备的可靠性和运行的经济性。将智能监盘系统与 APS（机组一键启停）和 ABS（功能组一键启停）结合起来，可以实现闭环优化控制和故障诊断预测，最终实现少人监盘甚至无人监盘。

八、智能巡检

智能巡检以智能监控系统、智能穿戴工具、移动检测工具、智能机器人、设备信息自动识别装置等智能化装备为支撑，整合图像识别、非接触检测、多传感器融合、导航定位、模式识别、3D模型可视化应用、无线网络通信等先进技术，结合统一数据平台的设备健康管理系统，将分散例行巡检改变为智能集约巡检，实现对发电厂设备的自主检测，有效提高巡检工作效率和准确率，降低现场劳动强度。目前智能巡检主要体现为移动终端巡检、智能穿戴设备巡检、智能机器人巡检等形式，如图 6 - 35 所示。

图 6 - 35　智能机器人巡检和智能穿戴设备巡检

智能巡检需要巡检设备在移动中处理数据和交互信息，因此稳定的无线网络是智能巡检的基础。智能巡检装置通过关联运维系统的实时数据与历史数据库，可实现就地分析、诊断和辅助决策。同时，将巡检数据自动归入运维大数据平台，可提高预见故障的能力和设备状态的量化评估，为设备检修与在线评估提供有效数据支持，使状态分析和检修管理水平达到新的智慧高度。

九、 基于知识图谱的故障诊断

知识图谱是一种揭示实体之间关系的语义网络，是认知智能的核心技术之一，可以对现实世界的事物及其相互关系进行形式化的描述。它可以灵活集成多源异构数据，建立数据间关联，实现实体链接并进行大规模知识推理，其应用场景包括精准回答、人机互动、数据整合、智能决策。

将知识图谱用于设备故障诊断，能够更加直观地显示故障事件之间的耦合信息，进一步智能化故障的诊断过程，实现多源异构数据集成，解决因故障内容繁多、理论复杂导致的知识共享、重用困难及知识推理欠缺等问题。在智能运维系统中，知识图谱在消缺决策辅助、故障/缺陷的诊断与原因分析、维护决策辅助建议、安全措施及危险源的智能提示与核查、设备多维度信息智能检索功能等方面都可发挥重要作用。

知识图谱的关键技术包括知识抽取、知识表示、知识融合与知识推理。知识图谱的构建方式一般分为三种：自顶向下的方式、自底向上的方式以及这两种方法相结合的方式。自顶向下方式是先对顶层的本体与数据模型进行定义，再从数据源中识别出本体与关系并将它们加入知识库。自底向上方式是直接从数据源中抽取出目标实体及其关系和属性，然后合并到知识图谱中。第三种方法是结合了自顶向下以及自底向上两种方法来构建知识图谱。在发电厂设备故障诊断的知识图谱的构建中，涉及了大量的专业领域知识，因此一般采用自顶向下的构建方式，如图6-36所示。

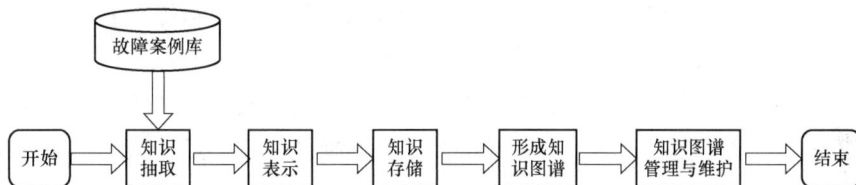

图6-36 设备故障诊断知识图谱的构建流程

第七章 制 冷 与 低 温 技 术

"制冷"，指的是使自然界的某物体或空间的温度低于周围环境温度，并维持在这一温度。随着人类文明的进步，"制冷"被应用于越来越多的人工环境中满足人类的需要。制冷及低温工程的基本任务是研究获得并保持不同于自然界温、湿度环境的原理、技术和设备，并将这些技术用于不同场景。除了狭义的冷量输出维持低温度外，除湿、环境参数调节和热泵等技术也属于制冷学科的范畴。

由于对人类生活生产水平的有效提升，制冷空调被美国工程院评选为 20 世纪最伟大工程技术成就 20 项之一。自从 1755 年苏格兰人库仑发表了文章《液体蒸发制冷》，人类就开启了人造冷源的时代；1824 年，卡诺提出的卡诺循环，为制冷技术的热力学分析打下了基础；1834 年，第一台乙醚活塞制冷机问世；1844 年，研究者制造出醇类空气制冷剂；1859 年，吸收式制冷剂问世；1890 年，制冰工业开始发展，从而开创了制冷空调工业。在经历过近几十年的快速发展后，制冷已经成为医药健康、运输、食品保鲜等行业不可缺少的技术，并开始在众多新兴领域有了新的发展应用。

当前全球科技发展升级加速，制冷与低温技术的研究受到各国的重视，并争相抢占相关技术的制高点，除了受政策和市场驱动的技术更新换代之外，还涌现了一批着眼于未来发展并利用新型材料和新原理的制冷与低温技术：一方面将基础科学发展前沿用于学科自身发展，另一方面将自身发展的新型技术也应用于新的应用领域。在这种科学技术快速发展的新常态下，及时根据国家战略发展方向调整学科重点发展方向，同时跟进国际新兴研究方向保持完善的技术储备，对于制冷与低温学科发展并保证学科对国民经济发展的可持续支撑至关重要。

本章主要介绍了相变制冷技术、低温制冷技术、其他新型制冷技术、热泵技术、建筑热湿环境与空气品质等内容。

第一节 相 变 制 冷 技 术

一、 相变制冷原理

制冷技术，指的是使某一确定空间或物体的温度降低至所处环境温度以下，并长时间维持在目标低温状态的一门科学技术。实现制冷的途径一般分为两种：一种是天然冷却，另一种是人工制冷。天然冷却，通常采用天然冰或深井水等低温物体来满足冷却需求。但是天然冷却能达到的温度不能低于环境温度，因此往往难以满足需求。人工制冷是指利用制冷设备和相应的制冷技术，通过附加的能量消耗，使热量从低温物体转移到高温物体，从而进一步降低低温物体的温度。

相变制冷是人工制冷中的一种常用技术，它指的是利用物质由质密态到质稀态的相变时的吸热效应达到制冷的目的。物质在发生相变的时候，由于分子重新排列和分子热运动速度的改变，必然伴随着吸收或放出一定的热量。日常生活中，我们也能观察到很多相变改变温度的现象，比如，在手背上擦一些酒精，会感觉到擦酒精的部分很凉，这是因为酒精蒸发吸热。可以通过吸收热量达到制冷目的的相变有融化、汽化、升华三种相变过程。三相变化原理示意如图 7-1 所示。三种过程对应了三类制冷方法：固体融化制冷、固体升华制冷、液体气化制冷。固体升华制冷应用较少，这里不做介绍，本书主要介绍固体融化制冷和液体气化制冷。

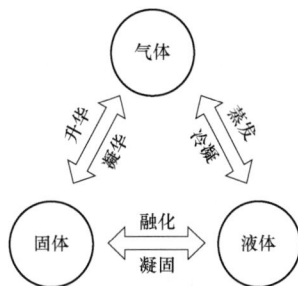

图 7-1 三相变化原理示意

二、 固体融化制冷

1. 冰蓄冷技术

冰蓄冷技术是一项提高机组运行性能、调节用电负荷、对供电系统"移峰填谷"的技术，如图 7-2 所示。它指的是，在冷量富足时通过制冰将冷量储存到固态冰中，当冷量需求很大时，再以冰融化的方式将冷量释放出来。由于生产生活工作时间的限制，人们对冷的需求主要集中在白天。白天室外温度高，且用电高峰期电力紧张，而夜晚是电力低谷期，且室外温度低、制冷效率高。因此夜晚以冰的形式储存部分或全部建筑需要的冷量，白天用电高峰期将冰融化给建筑提供冷量。冰蓄冷技术特别适用于负荷比较集中且变化较大的场合，如体育馆、影剧院等。

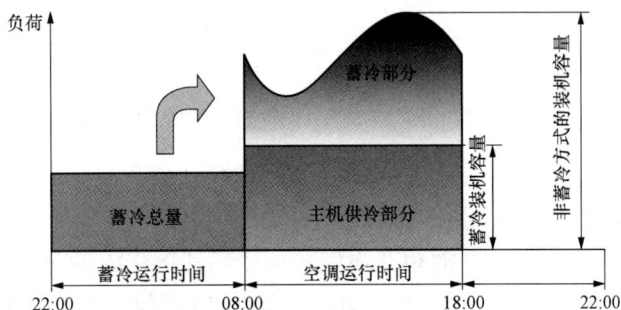

图 7-2 "移峰填谷"示意

冰蓄冷技术已有几十年的历史，如图 7-3 所示。第一代冰蓄冷技术以冰球为主。冰球的外表面一般覆盖聚乙烯，球体内部装水。第二代冰蓄冷技术以盘管式为主，冰盘管表面设有翅片，放置在蓄冰槽中。与第一代冰蓄冷技术相比，盘管提高了换热效率，但是盘管内部结冰后仍然存在蓄冷量低的问题。第三代冰蓄冷技术实现了制冰与储冰空间上的分离。水体结晶之后可以流动，因此称为动态冰蓄冷技术。如图 7-4 所示，制取的冰水混合物便于输送，在食品冷藏方面更是具有得天独厚的优势。

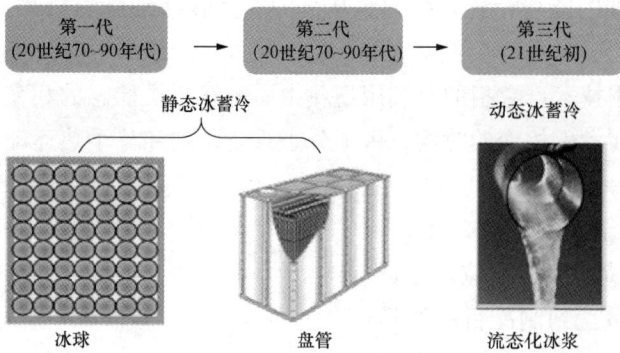

图 7-3 冰蓄冷技术发展史

图 7-4 动态冰蓄冷技术

2. 冰盐制冷

若要利用固体融化实现 0℃ 以下的制冷，可以利用冰盐制冷。目前工业上利用最广泛的冰盐是冰块与工业实验 NaCl 的混合物。冰盐融化包括了两种吸热过程：冰融化吸热和盐溶解吸热。首先，冰在 0℃ 的条件下吸热融化，在冰表面形成一层水膜，接着盐溶解于融化的水，形成了一层盐水膜。由于溶解要吸收热量，盐水膜的温度继续降低，为冰的进一步融化提供条件。这样一直进行到冰全部融化，盐全部溶解，形成均匀的盐水溶液。冰盐制冷能达到的温度与盐的种类和混合物中盐和水的比例息息相关。表 7-1 展示了几种冰盐的最低温度。

表 7-1 不同种类冰盐的最低温度

混合物中的盐（酸）	盐与冰的质量比/%	混合后的最低温度/℃
KCl	67.5	−11.0
$NaNO_3$	60	−17.3
NaCl	62	−19.0
H_2SO_4（浓度 60%）	8	−16.0
H_2SO_4（浓度 60%）	13	−20.0

3. 相变材料蓄冷

相变材料（PCM）具有在一定温度范围内改变其物理状态的能力，其蓄冷原理与冰蓄冷类似。如图 7-5 所示，以固-液相变为例，在加热到熔化温度时，PCM 从固态变为液态，吸收并储存大量的潜热；当 PCM 冷却时，储存的热量在一定的温度范围内散热，进行从液态到固态的转变。物理状态发生变化时，材料自身的温度在相变完成前几乎维持不变，形成一个宽的温度平台，虽然温度不变，但吸收或释放的潜热却相当大。如图 7-6 所示，相变蓄冷技术可以应用于很多场合。目前很多研究者都致力于研究开发熔点在 4～10℃ 的 PCM 作为空调蓄能用。

相变材料主要包括无机 PCM、有机 PCM 和复合 PCM 三类。其中，无机 PCM 主要有结晶水合盐类、熔融盐类、金属或合金类等；有机 PCM 主要包括石蜡、醋酸和其他有机物；复合 PCM 既能有效克服单一的无机物或有机物相变储热材料存在的缺点，又可以改善相变材料的应用效果以及拓展其应用范围。因此，研制复合 PCM 已成为储热材料领域的热点研究课题。但是复合 PCM 也可能会带来相变潜热下降，或在长期的相变过程中容易变性等缺点。

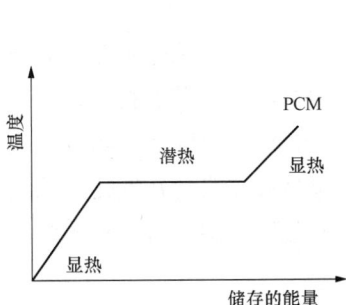

图 7-5　PCM 温度与储存能量的
关系示意

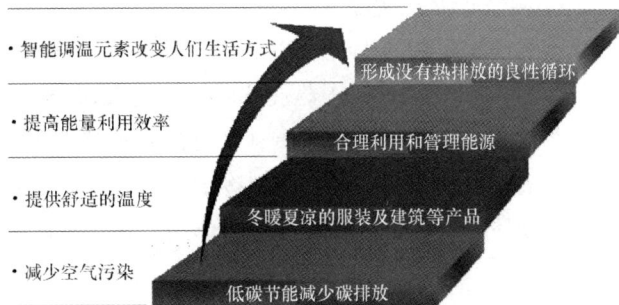

图 7-6　PCM 应用示意

三、液体气化制冷

利用液体汽化过程吸收热量来制冷的方法称为液体气化制冷。如图 7-7 所示，液体气化的温度（饱和温度）与压力有关，压力越低，饱和温度越低。饱和温度和饱和压力一一对应。例如，当氨的饱和温度 t_k 为 4℃时，绝对压力 p_k 为 498kPa，气化潜热为 1248kJ/kg；而在一个标准大气压下，氨对应的饱和温度 t_0 为 -33℃，p_0 为 103kPa，气化潜热为 1369kJ/kg。因此只要创造合适的压力，就可以利用液体气化达到需要的低温。这种用于气化制冷的液体被称作制冷剂（或制冷工质）。在一定压力下使制冷剂从液体变成气体的温度称为蒸发温度，对应的压力称为蒸发压力。在一定压力下使制冷剂从气体变成液体的温度称为冷凝温度。

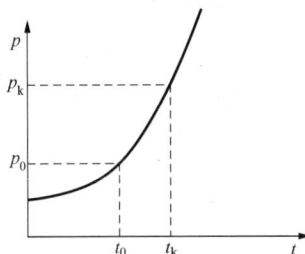

图 7-7　饱和压力曲线图

液体气化制冷的流程有四个基本过程：

（1）低温低压的液态制冷剂液体在蒸发器中吸收周围被冷却介质的热量，在低温下蒸发成低温低压蒸气制冷剂；

（2）低温低压蒸气制冷剂压力提高，成为高温高压蒸气制冷剂；

（3）高温高压蒸气制冷剂在冷凝器中，对周围介质放热，冷凝成高温高压液体制冷剂；

（4）高温高压液体制冷剂经过节流装置，降低了温度和压力，变成低温低压液体制冷剂。

在上述制冷过程中，过程（1）是在蒸发器中发生的，过程（3）是在冷凝器中发生，过程（4）是通过节流装置实现的，过程（2）将低压蒸气变成高压蒸气需要输入能量。能量输入的形式有多种，如果使用电能或机械能作为能量输入，通过压缩机对低压气体做功提高压力，这种制冷方式称为蒸气压缩式制冷；如果通过吸收剂或者吸附剂对蒸气进行吸收或吸附，再利用热能加热吸收或吸附工质，以产生高压高温的蒸气，这种制冷方式称为吸收式制冷和吸附式制冷；如果利用喷射器从蒸发器中抽取蒸气并压缩成高压的方式，这种方式称为蒸气喷射式制冷。

1. 蒸气压缩式制冷

蒸气压缩式制冷循环可以分为四个过程：蒸发过程、压缩过程、冷凝过程和节流过程，如图 7-8 所示。低压蒸气被压缩机吸入，经压缩做功后以高温高压状态排出；高压气态制冷剂放出热量给冷却介质（常温的水或空气），凝结成高压液体；高压液体节流成低压低温的气、液两相混合物；制冷剂液体在低温下吸收被冷却对象的热量并气化。压缩机在整个循环中发挥了重要"心脏"作用：输送和压缩工质，为循环提供动力，对系统进行能量补偿。

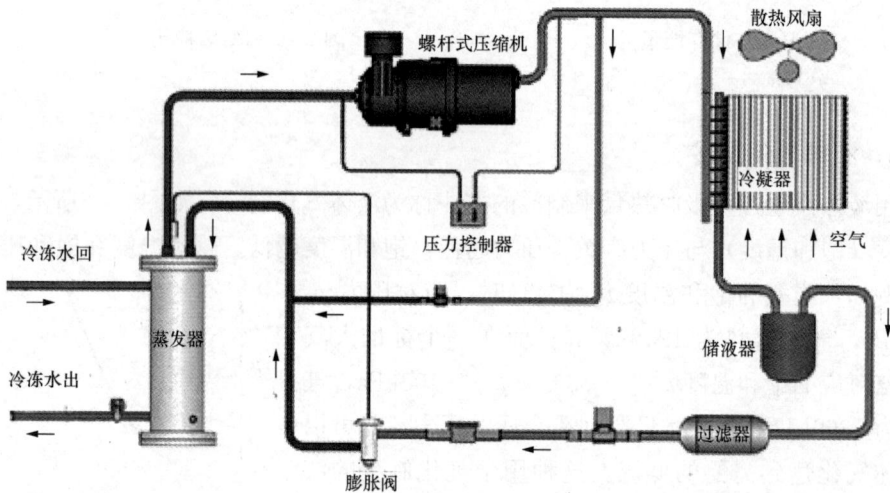

图 7-8　蒸气压缩式制冷循环系统图

2. 吸收式制冷

吸收式制冷是液体气化制冷的另一种形式，它同样是利用液体制冷剂在低温低压下气化制冷。但是蒸气压缩式制冷是依靠压缩机向系统补充电能及（或）机械能完成制冷循环，而吸收式制冷是靠向系统补充热能完成这个过程。

吸收式制冷是利用溶液对其低沸点组分的蒸气具有强烈的吸收作用这一特点达到制冷目的的。吸收式制冷机内采用的工质是由低沸点物质和高沸点物质组成的工质对，其中低沸点物质作为制冷剂，高沸点物质作为吸收剂。表 7-2 呈现了吸收式制冷常见工质对，其中最常见的工质对有氨-水溶液和溴化锂-水溶液。

表 7-2　　　　　　　　　　吸收式制冷常见工质对

工质对名称	制冷剂	吸收剂	工质对名称	制冷剂	吸收剂
溴化锂-水溶液	水	溴化锂	氯化钙氨溶液	氨	氯化钙
氨-水溶液	氨	水	TFE-NMP 溶液	三氯乙醇	甲基吡咯烷酮
溴化锂甲醇溶液	甲醇	溴化锂			

图 7 - 9 表示了吸收式制冷循环系统图。在蒸气压缩式制冷中，压缩机的作用是将完成吸热作用气化的制冷剂蒸气从蒸发器中抽出，保持蒸发器低压，使循环持续进行，同时提高气态制冷剂的温度和压力，为冷凝创造条件。

3. 吸附式制冷

吸附式制冷与吸收式制冷驱动方式相同，是以热能驱动制冷的循环。固体吸附式制冷装置主要是由吸附剂、冷凝器、蒸发器、节流装置等设备。

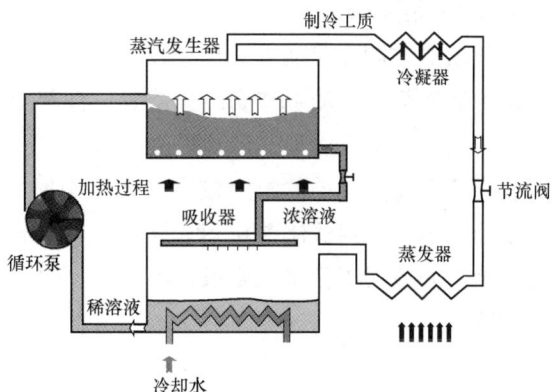

图 7 - 9 吸收式制冷循环系统图

某些固体物质在一定的温度和压力下，能吸附某种气体或水蒸气；在另一个温度和压力下，又能将吸附的气体释放。这种吸附和解吸过程会引起压力变化，相当于蒸气压缩式制冷中压缩机的作用。这是吸附式制冷实现的原理。

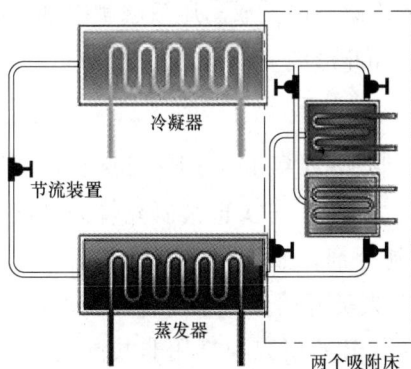

图 7 - 10 连续型吸附式制冷原理示意

图 7 - 10 表示了连续型吸附式制冷的原理。两个（或以上）吸附床交替处于吸附和脱附状态，实现连续制冷。假定对吸附床 A 加热，对吸附床 B 冷却，当吸附床 A 充分脱附，吸附床 B 吸附饱和后，再对吸附床 A 冷却，对吸附床 B 加热。

如图 7 - 11 所示，吸附式制冷可以应用于各种温度的低品位余热利用，满足工业中的冷冻需求，例如在石油化工、机车、渔船等场合的应用。

图 7 - 11 吸附式制冷常见应用场合

4. 蒸气喷射式制冷

蒸气喷射式制冷驱动方式与吸收式制冷相似，均是以热能驱动制冷。但是吸收式制冷涉及两种制冷剂，而喷射式制冷只需要一种制冷剂，利用喷射器完成从蒸发器中抽取并压缩蒸气。第一台蒸气喷射式制冷装置出现在 1901 年，但直到 20 世纪 20 年代才开始工业应用。理论上使用工质的范围较广（如使用氟利昂获得较低的制冷温度），但目前只有以水为工质的蒸气喷射式制冷机得到实际应用，制取 2～20℃冷水，特别是 10℃以上冷水。蒸气喷射式制冷对工作蒸气要求较高。当工作蒸气压力降低时效率低，运行经济性低于吸收式制冷。

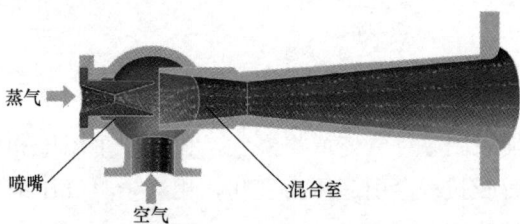

图 7 - 12　喷射式制冷中喷射器工作原理图

如图 7 - 12 所示，喷射式制冷主要依靠喷射器完成制冷过程。供给的高速水蒸气进入喷射器中，使喷射器内部保持一定的真空度，较低的蒸发压力可以顺利抽吸蒸发器中制冷剂蒸气，低压制冷剂经过喷射器增压成高压制冷剂。高压蒸气制冷剂进入冷凝器冷凝成高压液态制冷剂，高压液态制冷剂经过节流装置降压成为低压制冷剂蒸气，如此形成一个循环。

四、 制冷剂

制冷剂是制冷装置中进行循环制冷的工作物质。自 1834 年 Jacob Perkins 获得了以乙醚为制冷剂的蒸气压缩式制冷装置发明专利后，CO_2、NH_3、SO_2 也被研究者们尝试用作制冷剂；到 20 世纪初，一些碳氢化合物也被用作制冷剂，如乙烷、二氯乙烯等；直到 1928 年，氟利昂制冷剂引起了制冷技术真正的革新，人类开始步入采用合成制冷剂时代。20 世纪 50 年代出现了共沸混合工质，20 世纪 60 年代开始研究与试用非共沸混合工质。但是 20 世纪 70 年代发现含氯或溴的合成制冷剂对大气臭氧层有破坏作用，极大程度上引发温室效应。气候变化已经逐步威胁到人类的生产实践和生命财产安全（见图 7 - 13）。1987 年世界各国共同签署了《蒙特利尔议定书》，这份文件旨在逐步停止生产和使用消耗臭氧层物质。在随后签订的伦敦修正案和哥本哈根修正案中又将 HCFCs 加入受控清单。我国于 1991 年加入，成为议定书缔约方。

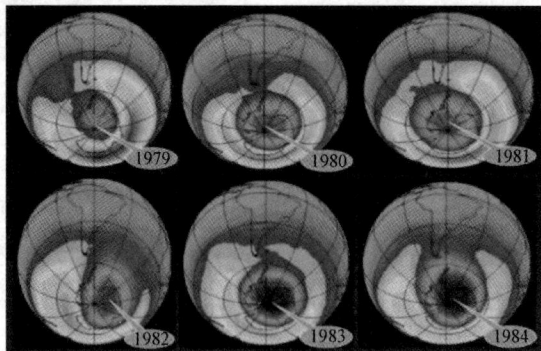

图 7 - 13　含氯或溴合成制冷剂导致臭氧层空洞逐渐增大

面对日益严峻的环境形势及法规政策的限制，新型制冷剂的开发与研究刻不容缓。近年来，国内外各研究机构、科研院所及制造商也纷纷开展行动，从新一代环保制冷剂的基础物性和系统性能出发，到新技术和新产品的开发与应用，推动了新型环保制冷剂的替代进程。

制冷剂的替代任务对于制冷系统本身的影响更为严重，在传统的单级亚临界制冷循环中，R718、R717、R290 与 R32 是全世界制冷行业重点关注的兼顾热物性与经济性的四种典型替代工质。水蒸气和 NH_3 作为自然工质，具有高效节能、环境友好的特点，并且十分适用于高温热泵应用场合；而 R32 与 R290 虽然同样属于天然工质，且热物理性能十分优异，但其可燃性一直制约了这两种制冷剂的发展与应用。在可期的未来应用条件下，在充注量较小的场合，这两种冷媒的空调产品都将会占有一定的市场。

第二节 低温制冷技术

一、低温技术概述

低温学主要是指在 120K 以下温区所发生的现象和过程，以及为了得到 120K 以下温区所需要的技术和装置，而从 120K 到 273K 的温区则被称为制冷区域。低温制冷机是低温学科的一个重要分支，其定义为制冷温度在 120K 以下的设备或者装置。低温技术已经广泛应用在大型科学装置、医疗、国防、化工、运输以及能源等领域（见图 7-14）。我国以及欧洲已建或在建的各种大型科学装置，很多都是与低温密切相关的，如欧洲粒子物理研究中心暗物质研究装置、法国托克马克核聚变装置以及上海先进光源装置等。磁共振成像（MRI）以及低温冷刀是低温技术在医疗领域的典型应用，火箭低温推进剂以及红外热像仪是低温技术在国防领域的主要应用，低温精馏技术广泛应用于特种气体的

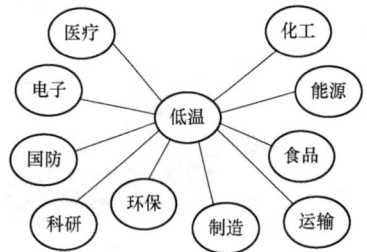
图 7-14 低温技术应用范围

分离与纯化，LNG、液氢以及液氦是低温技术在运输与能源领域应用的实际体现。

低温技术的应用离不开低温制冷机，最近几十年低温制冷机有了飞速的发展，覆盖了从 1.8K 到 200K 温区。按照循环原理和热交换方式的不同，可以将常用小型低温制冷机分为回热式和间壁式两大类。

二、回热式低温制冷机

1956 年 Gifford 和 Mcmahon 发明了以他们名字命名的 GM 制冷机。GM 制冷机是一种小型回热式低温制冷机，它利用绝热放气膨胀原理（又称为西蒙膨胀法）获得低温。GM 制冷机运转速度较低（50～150r/min），具有振动小、运行稳定、寿命长、操作方便等特点，在对效率、质量、尺寸等没有太高要求的场合应用非常广泛，其优点在于所有的阀和大部分密封均在室温下，密封容易、泄漏率小；另外它的压缩机和膨胀机是分置式的，通过软管连接起来，不但可以使两者工作在不同的频率下，而且防止了压缩机的振动

传递到被冷却器件，满足了红外探测器、超导器件等对冷头振动、电磁干扰的要求。20世纪80年代末，GM制冷机已经突破了液氦温度，非常适合在液氦温区为超导器件或电子元件提供冷量，在低温真空泵、MRI低温超导磁体冷却、SQUID冷却、高场强无液氦超导磁体冷却等方面有着良好的应用前景。

　　GM制冷循环由以下四个过程组成（见图7-15）：等容充气过程（1-2）、等压充气过程（2-3）、等容放气过程（3-4）、等压排气过程（4-1）。图7-16为GM制冷剂压缩机和冷头实物。

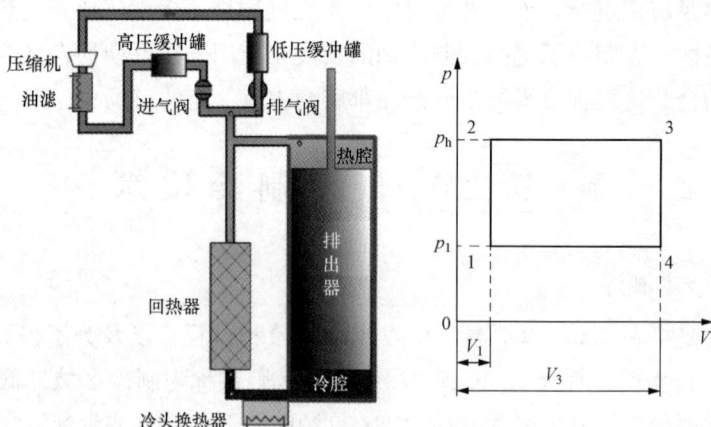

图7-15　GM制冷机结构与工作原理

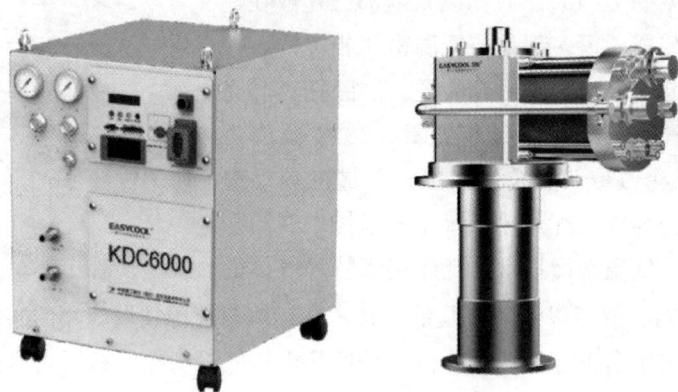

图7-16　GM制冷剂压缩机和冷头实物

　　1815年，Robert Stirling发明了用作发动机的斯特林循环并申请了专利。直到1861年，Alexander Kirk才把逆向斯特林循环用于制冷循环并使斯特林制冷机变为现实。所谓斯特林循环，是一种由两个等温过程和两个等容过程组成的闭式热力学循环。从理论上来说，它是所有制冷循环中效率最高的循环，具有与卡诺循环相同的效率。

　　图7-17表示了理想的单级斯特林制冷循环示意。制冷机由回热器、冷却器、冷头换热器、压缩活塞和膨胀活塞组成。两个气缸与活塞形成两个工作膨胀腔和压缩腔，两者由回热器R连通。从图7-17的状态a开始，压缩活塞和膨胀活塞均处于左止点。气缸内有一定量的气体，压力为p_1，容积为V_1，循环所经历的过程如下：等温压缩过程a-b；定

容放热过程 b-c；等温膨胀过程 c-d；定容吸热过程 d-a：

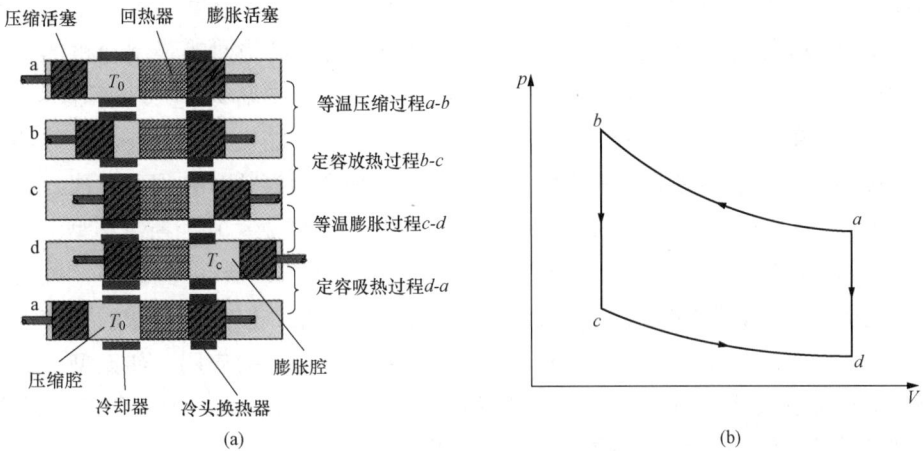

图 7-17 单级斯特林制冷循环示意

(a) 工作过程；(b) p-V图

斯特林制冷机从结构又分为整体式和分置式。整体式斯特林制冷机（见图 7-18）发明已有半个世纪，它的结构紧凑、效率高、能耗低、体积小、质量轻，但振动大、噪声高、寿命相对较短。分置式斯特林制冷机（见图 7-19）是在整体式斯特林制冷机研究的基础上发展起来的，压缩机与冷指通过细长管道连接，被冷却的红外探测器件安装在冷指上远离振动源压缩机，克服了整体式斯特林制冷机振动以及热量对红外元件的影响。牛津型斯特林制冷机是其中比较突出的一种分置式斯特林制冷机，性能相当稳定，在宇航领域得到广泛的应用。

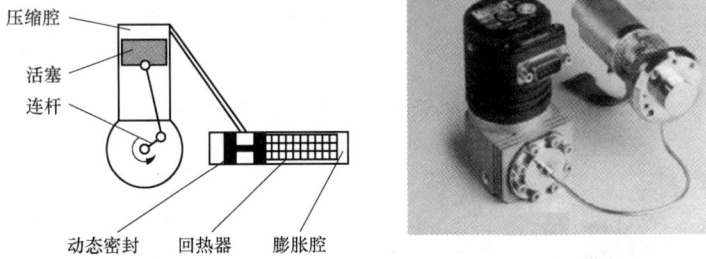

图 7-18 整体式斯特林制冷机

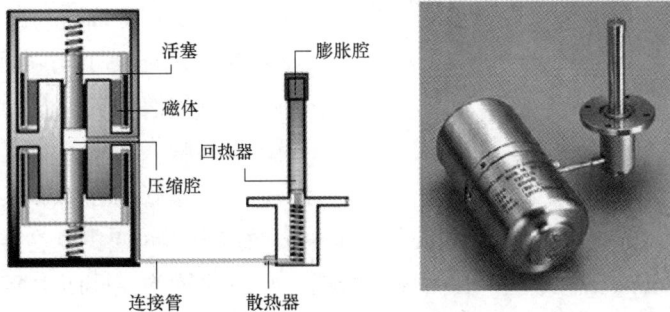

图 7-19 分置式斯特林制冷机

20 世纪 60 年代初，美国的 Gifford 和 Longsworth 在进行 GM 制冷机研究时，发现对一端封闭的管子交替地进行充放气时可在管内建立一个可观的温度梯度，据此，他们于 1963 年发表了首篇关于脉冲管制冷机的论文。脉冲管制冷机是回热式制冷机的一种，和斯特林制冷机、GM 制冷机一样，制冷机内部经历着交变气体流动和压力变化。

图 7 - 20 是单级脉冲管制冷机的典型结构示意，它由压缩机、冷却器、回热器、冷端换热器、脉冲管、热端换热器和调相机构（气库和各种旁通管道、孔阀）组成。根据所用压缩机的不同，脉冲管制冷机分为 GM 型（由 GM 压缩机所驱动）和斯特林型（由无阀压缩机所驱动），如图 7 - 21 所示。GM 脉冲管制冷机工作频率较低（几赫兹），可获得低至液氦温区的各种温度，同时也比较容易获得大功率的制冷量，但其体积和质量较大，功耗及损失也大，一般适用于液氦温区或要求大冷量的地面环境下的应用，如大型天文望远镜中探测器的冷却、天然气的液化、低温超导器件的冷却、低温泵、生物组织的低温保存等；斯特林脉冲管制冷机可以在较高频率（几十赫兹）工作，因而可以微型化，同时其体积小质量轻，效率高，但其最低制冷温度较高，制冷量较小，适用于液氮温区附近的小制冷量方面的应用，如红外探测器的冷却、高温超导器件的冷却等。随着线性压缩机技术的发展，现已有用斯特林脉冲管制冷机来获得大制冷量的发展趋势。

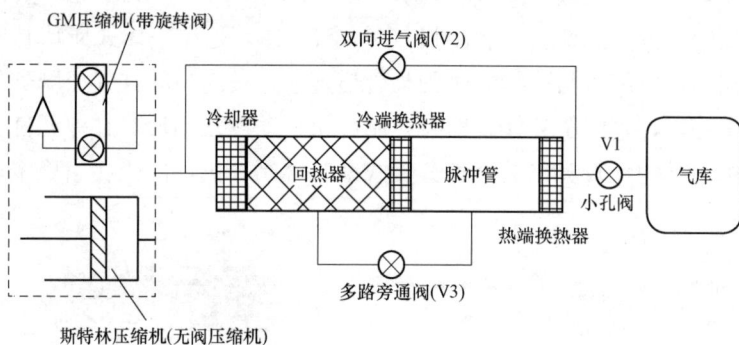

图 7 - 20　单级脉冲管制冷机的典型结构

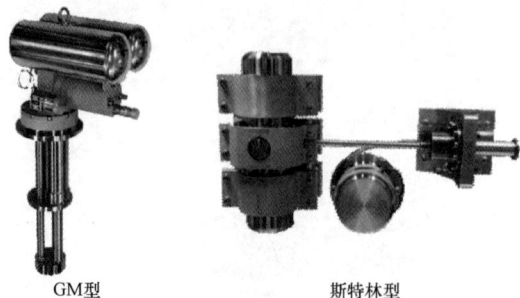

图 7 - 21　脉冲管制冷机

三、 间壁式低温制冷机

间壁式制冷机采用间壁式换热器来换热，即在循环中，连续流动的正流热气体和逆流冷气体被固体壁面分隔成两个单独的流道，通过壁面进行热量交换，因此间壁式制冷机通常用于大型低温系统。目前，在气体液化装置及低温制冷机中，主要采用的膨胀制冷方法有压缩气体绝热节流、等熵膨胀和等温膨胀。气体绝热节流又称 Joule - Thomson 效应，基于 Joule - Thomson 效应采用间壁式换热器的低温制冷机通常称为 Joule - Thomson 制冷机，其循环性能低，经济性较差，早期主要用于空分系统的制冷，如林德单压、林德双压空分循环中，目前已基本淘汰。

Brayton 制冷机通常采用透平膨胀机，其热力学过程接近等熵膨胀，气体膨胀时输出功，同时温度降低，产生冷效应，典型的 Brayton 制冷机工作流程如图 7 - 22 所示。Brayton 制冷机循环性能系数高，经济性好，但是由于透平膨胀机高速运转工作时不允许产生液体，因此 Brayton 制冷机通常只用于制冷，不用于气体的液化。Brayton 制冷机由于具有结构紧凑、效率高等优点，在未来宇航应用中有广阔的前景。

Claude 制冷机结合了 Joule - Thomson 制冷机和 Brayton 制冷机的优点，充分利用 Brayton 制冷机中高效膨胀机在中高温区提供系统所需的冷量，再利用节流阀（Joule Thomson 效应）在低温区实现气体的液化，图 7 - 23 是典型的 Claude 制冷机的工作流程。由于 Claude 制冷机具备的优点，在目前大型的空分系统，氢气、氦气等特种气体液化系统中的低温制冷机往往都采用 Claude 循环或者改良的 Claude 循环（见图 7 - 24）。

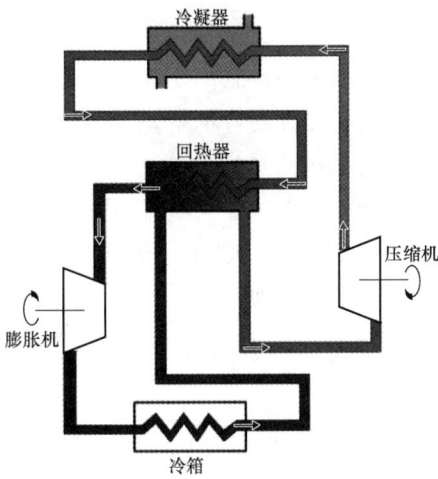

图 7 - 22 典型 Brayton 制冷机工作流程

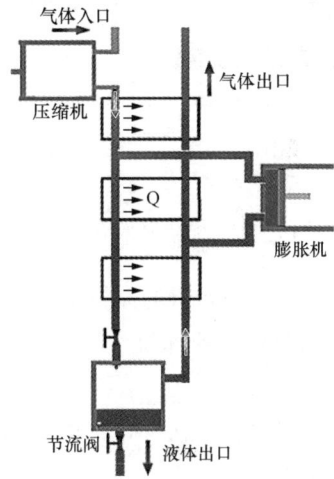

图 7 - 23 典型 Claude 制冷机工作流程

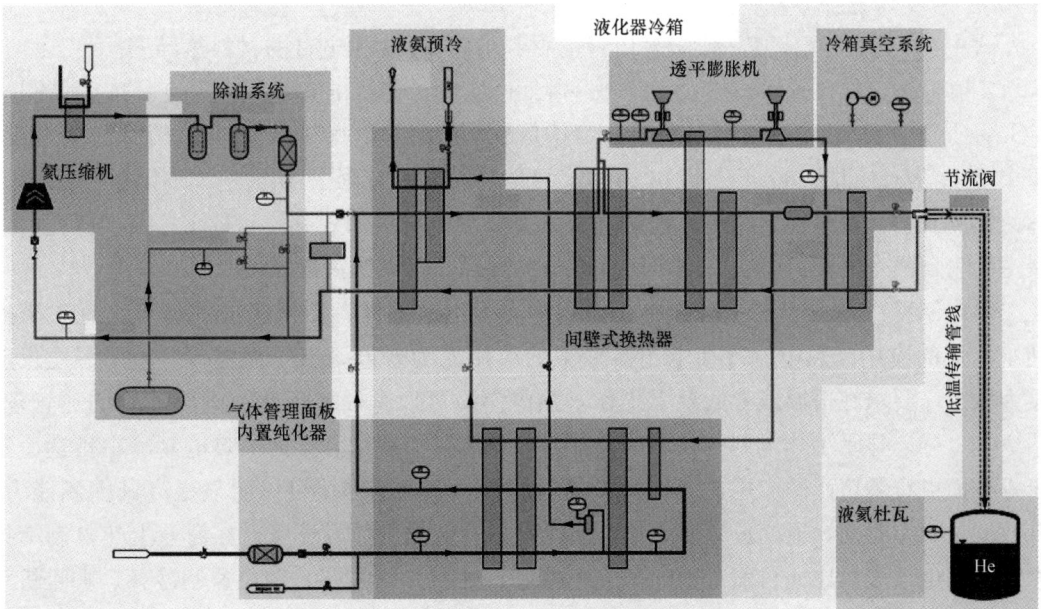

图 7 - 24 基于改良 Claude 循环的氦气液化循环

第三节 其他制冷技术

一、热电制冷技术

热电制冷也称温差电制冷、半导体制冷或电子制冷，是利用温差电效应中的帕尔贴效应原理制冷。

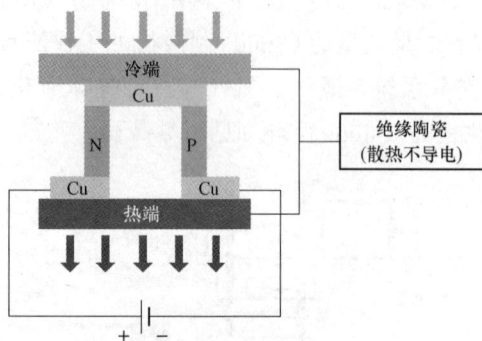

图 7-25 帕尔贴效应原理图

如图 7-25 所示，当一块 N 型半导体（电子型）和一块 P 型半导体（空穴型）联结成电偶，在这个电路中接上一个直流电源，电偶上流过电流时，P 型半导体内载流子（空穴）和 N 型半导体内载流子（电子）都向接头处运动，它们在接头处附近发生复合，电子-空穴对复合前的动能和势能就变成了接头处晶格的热振动能量，于是接头处就有能量释放出来。如果电流的方向相反，电子、空穴离开接头，则在接头附近要产生电子-空穴对，电子-空穴对的能量来自晶格的热能，于是观察到吸热反应，这就是所谓的帕尔贴效应。简单可以理解为，在外电场作用下，电子发生定向运动，将一部分热力学能带到电场另一端。

热电制冷性能取决于电偶的优质系数。材料是否适合作热电偶元件，由材料的优质系数 Z 决定：

$$Z = \frac{\alpha^2}{\rho\lambda} \tag{7-1}$$

式中：α 为温差电动势率；ρ 为电臂的材料电阻率；λ 为电臂的材料热导率。

Z 值越高，材料越好，热泵工作效率 COP 越大。传统的热电材料是 Bi_2Te_3、$PbTe$、$SiGe$、$CoSb_3$ 等块状合金材料，其中 Bi_2Te_3 是最常用的热电材料，它们的 ZT（T 为温度）值小于 1。从 20 世纪 60 年代到 90 年代，ZT 值的增幅有限。20 世纪 90 年代中期以后，理论预测表明，通过纳米结构工程可以大大提高热电材料的效率。目前 ZT 因子研究的进展主要来自两个方面：①含有纳米尺度成分的样品；②纳米尺度材料。

热电制冷技术由于其结构简单、体积小、无运动部件、便于集成等特点，近年来得到了广泛的应用。热电制冷在电子器件中的应用尤为普遍，电子元器件一般对温度反应较为敏感，要求在恒温或者低温下工作，热电制冷可以有效实现此类电子器件的热管理，图 7-26（a）显示了热电制冷在芯片冷却方向的应用。在军事方面，热电制冷在雷达、潜艇等方面也有着广泛的应用，以红外探测器为例，低温的环境可以明显提高其探测能力，有效缩短响应时间，提高灵敏度，热电制冷可以有效提供低温环境。在商业上热电制冷技术的应用也很多，比如目前常用的车载小冰箱［见图 7-26（b）］、快速制冷杯、咖啡机等产品。在科研试验中，热电制冷技术的应用更为广泛，如目前常使用的差示扫描热量仪［见

图 7 - 26（c）]、热重分析仪、折射计、激光视准仪、冷却箱、恒温槽等。目前在光伏发电领域也常常使用热电制冷技术实现太阳能电池的热管理［见图 7 - 26（d）]。

二、 磁制冷技术

磁制冷技术是指利用顺磁性物质的磁热效应来实现制冷的固体制冷技术。在无外磁场作用时，由于分子的热运动，顺磁性物质分子的磁矩方向杂乱无章，对外不显磁性；而在施加外磁场后，顺磁性物质在磁场中会产生与原磁场方向相同的附加磁场，分子磁矩按照外磁场方向平行规整地排列，磁场增加了磁介质的有序度导致熵的降低，磁介质对外放出热量，即为磁化过程；然后将磁场移除时，分子磁矩将

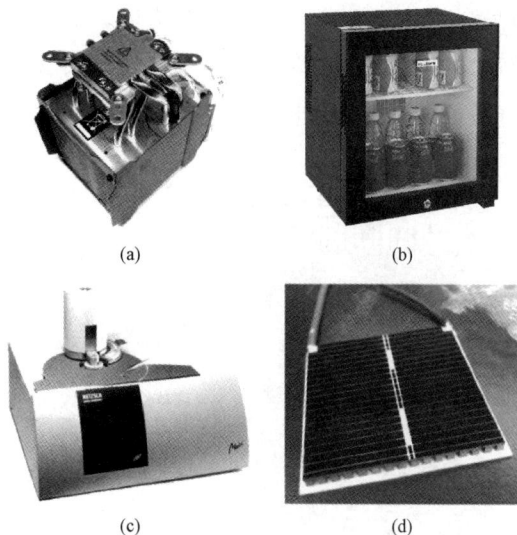

图 7 - 26 热电制冷技术的应用

（a）芯片热管理；（b）车载小冰箱；
（c）差示扫描热量仪；（d）太阳能电池热管理

重回杂乱无章的状态，磁有序度下降导致熵的增大，顺磁介质从外界吸收热量，即为去磁过程，如图 7 - 27 所示。

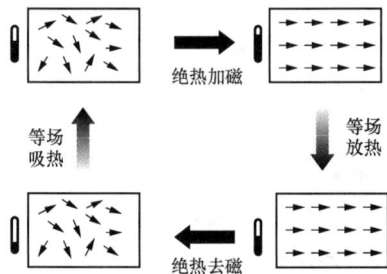

图 7 - 27 磁制冷原理示意

为理解磁制冷的物理本质，依照热力学方法和对比气体膨胀过程来讨论。类比蒸汽压缩式制冷的压缩过程，制冷剂在压力 p 下体积减小 dV，系统对气体做功 pdV。同理，设磁性物质的磁矩为 M，物质在磁场 H 中磁矩增加 dM 时，磁场对物质做功为 $\mu_0 H dM$。在此过程中物质吸热 dQ，热力学能增加 dU。由热力学第一定律有

$$dQ = dU - \mu_0 H dM$$

式中：μ_0 为真空磁导率，H/m^2；H 为磁场强度，A/m；M 为磁矩，$A \cdot m^2$。

磁制冷材料是磁制冷发展的核心，也是近 20 多年来广大科研工作者研究的重点。目前磁制冷材料的研究分为室温磁制冷材料以及低温磁制冷材料，以满足不同的制冷工况的需求。室温磁制冷材料包括 Gd 金属及其合金、La - Fe - Si 系列化合物、Mn 基 Fe 2P 型磁制冷材料、Mn 基 Heusler 合金等；低温磁制冷材料则包括二元稀土金属间化合物、三元稀土金属间化合物、四元稀土金属间化合物和稀土金属氧化物等。

同样的，磁制冷装置也分为室温磁制冷装置和低温磁制冷装置。

对于室温磁制冷装置，磁体与回热器之间的周期性相对运动是为了实现交替变化的磁场，根据两者相对运转形式的不同可分为磁体往复型、回热器往复型、磁体旋转型和回热器旋转型四大类。一个典型的旋转（磁体）型磁制冷机如图 7 - 28 所示，共布置了 11 个静止磁回热器，其中顶部为回热器的高温段，和高温换热器相连接，底部为低温段，与低温

换热器相连接。高温侧配置了提升阀，低温侧没有配置任何阀门，磁体和流量分配阀同步旋转，利用凸轮型线的高度差变化驱动实现流量与行程间的调控，实现每个回热器吸放热过程中取冷、取热流体的间歇性运行。

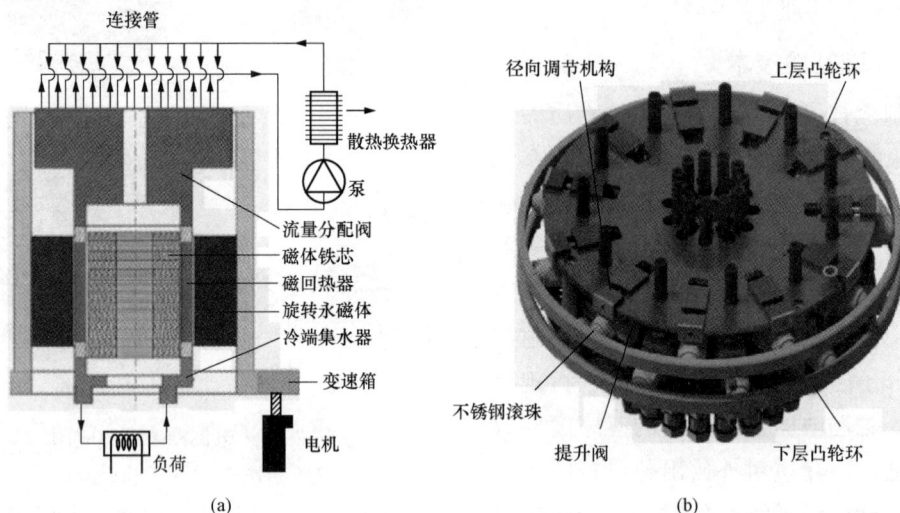

图 7-28　旋转式室温磁制冷机
（a）旋转型磁制冷机示意；（b）凸轮、提升阀设计方案

低温磁制冷机一般为低温设备提供低温或者超低温的制冷环境，通常需要较大的磁场强度，目前多使用超导强磁体（可产生 4～7 T 的磁场），目前已投入使用的低温磁制冷材料有 $Gd_3Ga_5O_{12}$、$Dy_3Al_5O_{12}$、$Gd_3(Gd_{1-x}Al_2)_5O_{12}$（$0.1 < x < 0.4$），近年来在超导、医疗、半导体、航空航天等诸多领域做出了巨大的贡献。低温磁制冷机一般使用绝热退磁循环，目前，美国、法国、日本、中国等国家均研制出多种低温磁制冷装置。此外，由于单级磁制冷装置能实现的制冷功率和制冷温差有限，通常采用多级磁制冷装置。

三、电卡制冷

电卡效应是 P. Kobeko 于 1930 年在罗息盐中首次发现的一种物理现象。电卡效应是极性材料因外电场的改变从而极化状态发生改变而产生的绝热温度或等温熵的变化。对极性材料加载电场，材料中的电偶极子取向从高自由度状态（无序）变为低自由度状态（有序），材料的熵减小，在绝热条件下多余的熵导致材料温度的升高，然后材料对外放热；换热结束后卸载电场，材料中的电偶极子取向由有序转变为无序，材料的熵增加，绝热条件下材料温度下降，然后从外界吸热以使得能量守恒。电场的加载-卸载循环以及工质的传热过程配合形成了一个热力学循环，如图 7-29 所示。

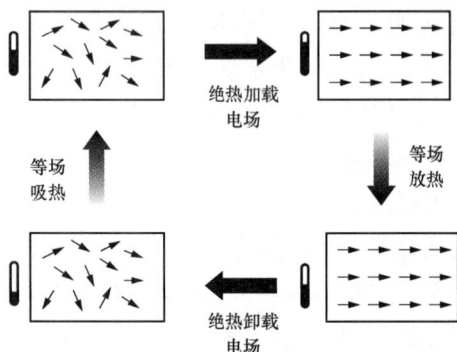

图 7-29　电卡制冷原理示意

目前电卡材料主要分为无机电卡材料和有

机电卡材料。无机铁电材料已经发展了一百多年，已经研究出了大量的无机材料，其中包括 $PbTiO_3$（PT）、$BaTiO_3$（BT）、$KNbO_3$（KN）、$SrTiO_3$（ST）基的单晶、陶瓷以及二维材料。陶瓷和单晶是目前无机电卡材料主要应用形式，根据材料的尺寸厚度又可分为体块材料、厚膜（微米级）材料和薄膜（纳米级）材料。有机电卡材料目前多局限于PVDF基电卡材料以及有机 - 无机复合纳米电卡材料的研究。通过调控纳米材料的组分、形状、界面等参数，使得复合纳米电卡材料拥有更高的电击穿强度、热导率和较大的极化强度。

相对于电卡制冷材料的广泛研究，电卡制冷的系统以及系统热力学循环相关的研究仍然较少。卢布尔雅那大学研制了电卡制冷原型机［见图 7 - 30（a）］，电卡制冷温跨可以达到 3.4K。宾夕法尼亚州立大学利用有机聚合物 P（VDF - TrFE）膜制备了世界上首个使用塑料制冷的电卡原型机［见图 7 - 30（b）］，并进一步研发了带自回热旋转型多层陶瓷电卡制冷器［见图 7 - 30（c）］，理论上最大可实现 $9W/cm^3$ 的制冷功率。加州大学研发了一种由 P（VDF - TrFE - CFE）聚合物与 PDMS 柔性外壳复合构成的可穿戴的柔性制冷装置，其中柔性电卡制冷膜堆叠在冷端与热端之间，该装置的成功研发展现了电卡制冷材料在可穿戴制冷设备领域方面的巨大潜力［见图 7 - 30（d）］。

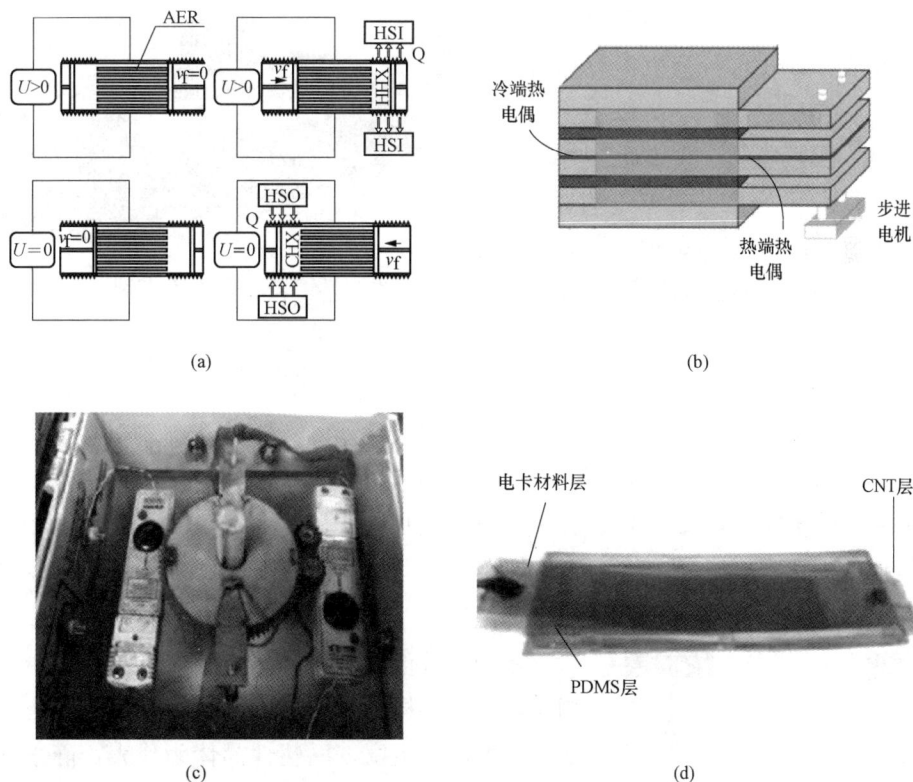

(a)

(b)

(c)

(d)

图 7 - 30　电卡制冷原型机研究进展

（a）功能陶瓷板电卡制冷原理；（b）多层塑料薄膜电卡制冷材料；

（c）自回热旋转型多层陶瓷电卡制冷器；（d）可柔性穿戴的电卡制冷材料

四、 弹热制冷

弹热制冷技术是由应力场驱动弹热材料发生奥氏体到马氏体的固-固相变而产生制冷

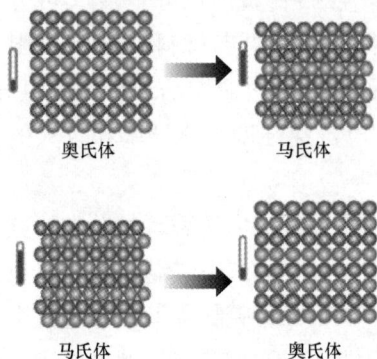

图 7-31　弹热效应示意

效应的固态制冷技术，其基本原理于 2004 年被英国科学家提出。对弹热材料施加轴向载荷（拉伸、压缩），材料内部应力超过其相变临界应力，记忆合金由奥氏体转变为马氏体，材料熵减小并且对外放热；去除载荷时，材料逆向相变由马氏体转变为奥氏体，导致材料熵增大，从外界吸热，产生制冷效应，如图 7-31 所示。

具有弹热效应的材料主要是形状记忆合金和形状记忆高分子材料（即橡胶）两大类。天然和人工合成橡胶具有约 10K 的绝热温差，所需的驱动力小（一般小于 50MPa），但主要局限于疲劳寿命。目前形状记忆合金由于其独特的形状记忆效果及出色的超应变特性被视为主流的弹热材料，包括镍钛记忆合金、钛基记忆合金、铜基记忆合金等。其中，研究最为广泛的是镍钛记忆合金。

弹热制冷技术尚处于起步阶段，仅有美国、德国的少数几家研究机构成功研制了弹热制冷原型机。图 7-32 显示了马里兰大学的第二代弹热制冷原型机，利用机械或液压装置压缩 Ni-Ti 合金管来驱动相变，利用水作为换热流体与 Ni-Ti 合金管进行间歇式换热，该系统的制冷量可以达到 65W，系统温跨接近 5K。

图 7-32　马里兰大学压缩驱动 Ni-Ti 合金管的第二代弹热制冷原型机

五、 压卡制冷

压卡制冷技术是目前科学界关注的新型固体制冷技术，相比于其他热效应的研究，压卡制冷的研究要少得多。压卡效应是由物质内部的熵在流体静压力下的变化引起的，不同于弹热制冷的单轴应力驱动。通过对压卡材料施加静水压力，压卡材料内部的自由度在高压下降低产生相变放出热量；当压力卸载后，压卡材料内部自由度增加发生逆相变吸收热量，如图 7-33 所示。

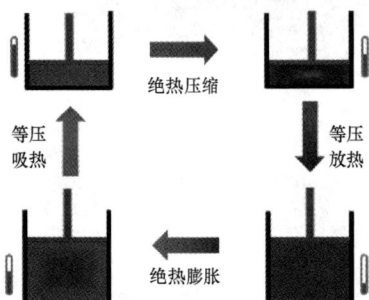

图 7-33　压卡制冷原理示意

不同于其他热效应，压卡效应广泛存在于所有材料中，具有多样性。材料内部自由度可以分为以下几类：①取向自由度，以塑性晶体为代表，静水压力下材料内部产生从无序到有序的转变并伴随着巨大的熵变，其大小可与商业碳氢制冷剂相似，突出了具有大取向无序材料的应用前景，但此类材料存在着热滞后大及热导率低等问题；②磁自由度，由于磁热效应的存在，磁材料也成为压卡效应研究的对象，此方面的研究相对较多，磁材料在室温下有着较大的压卡效应，但也存在着热滞后大的问题；③电荷自由度，该类主要以过渡金属化合物为主，目前对于此类材料的研究尚且较少；④晶格和极性自由度，目前发现的 $(NH_4)_2SO_4$ 在较小压力下可以实现较大的熵变，但相转变温度远低于室温；⑤离子自由度，该类型的材料（如 AgI）在非常宽的一个温度范围内可以产生较大的压卡效应，但是热滞后大和相变温度远离室温这两个缺点也局限了其应用；⑥构象自由度，以橡胶为代表，弹性体链的重排和相应构象的自由变化显示出巨大的熵变化，同样具有广阔的压卡制冷的应用前景。

六、 辐射制冷

辐射制冷概念早在 1828 年就被 Arago 提出，20 世纪 60～80 年代就出现了大量对于夜间辐射制冷的研究。2014 年，斯坦福大学首次实现了白天辐射制冷，显示出了辐射制冷的广阔应用前景。辐射制冷是指将地表上物体的热量利用一种辐射表面通过热辐射的方式透过大气透明窗口（8～13μm）传递给外太空（背景温度约 3K），以此达到制冷的目的。需要注意的是，大气透明的假设是基于晴朗天气，阴雨天气大气窗口会被遮挡，辐射制冷效果会受到影响。

实现全天候辐射制冷的关键在于辐射表面在大气窗口内有尽可能高的发射率以及尽可能减少日间工况下辐射制冷表面太阳辐射的吸收（即在短波波段具有极高的反射率）这两项光学特性。

目前在材料制备上，实现日间制冷的结构主要有三种：薄膜结构、光子结构和微球镶嵌结构，其中微球镶嵌结构由于其易制备、加工成本低的优点更具有竞争力和应用前景。

天空辐射制冷技术在获取冷量上几乎不需要能耗并且结构简单，因而受到了建筑节能领域相关学者的关注。辐射制冷在建筑中的被动冷却是将制冷材料直接覆盖在屋顶，不需要消耗能量，通过改变围护结构的热工特性达到减少空调能耗的效果，该方法对于具有较大面积且平坦的屋顶能够取得较好的效果。一些学者将辐射制冷技术与光伏、光热技术有机结合起来，此外辐射制冷技术可以用于海水淡化、露水收集、可穿戴柔性电子和发电厂冷却等领域。

第四节 热 泵 技 术

随着工业革命的兴起，热力学理论得到了较大的发展。1824 年法国物理学家卡诺提出了卡诺定理。19 世纪 40 年代，迈尔、焦耳和亥姆霍兹等科学家的系列研究工作形成了热力学第一定律。随后 1850 年和 1851 年，德国科学家克劳修斯和英国科学家开尔文分别提出了热力学第二定律的两种表述。热力学基础理论日趋完善。

在这个过程中，人们对能否将热量从温度较低的介质提（即"pump"）至温度较高的介质中这一问题，发生了浓厚的兴趣。在测量热功当量的过程中，焦耳发现，通过改变可压缩流体的压力就能够使其温度发生变化。受此启发，开尔文在关于热学问题长期思考的基础上，于 1852 年发表论文，提出了热量倍增器的概念，首次描述了热泵的设想，如图 7-34 所示。其基本流程是室外空气吸入气缸中进行膨胀，降温冷却的空气通过室外换热器吸收环境空气中的热，再进入排出气缸被压缩到大气压力，使其温度升到高于环境温度，送往用户，以供采暖之用，其工作原理与制冷循环完全相同，就是逆卡诺循环的应用。

本质上，热泵技术是一种利用高位能使热量从低位热源提升到高位热源的节能技术，是一种低位热的提质技术。热泵一词就是借鉴水泵（将水从低处提至高处）一词而来的。就像水泵那样，热泵可以把不能直接利用的低位热能（如空气、土壤、水中所含的热能、太阳能、工业废热等）转换为可以利用的高位热能，从而达到节约部分高位能（如煤、燃气、油、电能等）的目的。常用热泵的分类如图 7-35 所示。

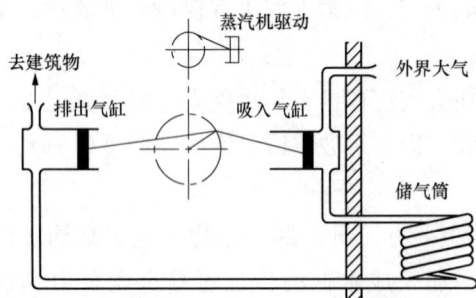

图 7-34 开尔文提出的热量倍增器工作示意

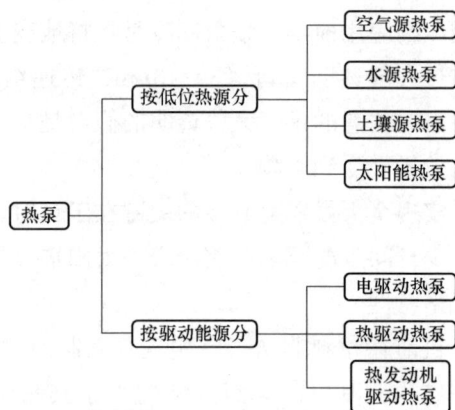

图 7-35 常用热泵的分类示意

一、按低位热源分类

下面针对按低位热源分类的热泵系统做简要介绍。

（1）空气源热泵。空气源热泵以自然界的空气为热量来源。空气是一种免费的可再生资源，处处都有，取用方便，因此空气源热泵安装和使用都较为方便。但其主要问题包括：①热量密度小，温度波动大，在气候寒冷的地区，需要考虑低温适应性。②在气候湿润区，由于热泵取热温度较低，当取热温度低于 0℃ 时，可能出现结霜的现象。一旦结霜，会造成热泵性能的急剧下降，这个问题在我国长江流域较为突出。因此空气源热泵需要解决除霜的问题。

（2）水源热泵。水源热泵是利用地下水或地表水（江河湖海或污水等）中的热量为低位热源。由于水的热容大，其温度比空气更为稳定，热量密度大。对于地下水，由于地层的隔热作用，其温度波动较小，对热泵的运行十分有利。但由于需要丰富、稳定、优质的地下水资源，且需要保证充分回灌，因此地下水源热泵的应用受到较大的限制。对于地表水，避免了钻井等初期投入，简便易行。根据地表水与热泵机组连接方式的不同，可分为开式与闭式系统。在地表水资源丰富的地区，该种热泵系统可以有较好的节能环保效益。

（3）土壤源热泵。地表土壤相当于一个巨大的蓄热器，是可利用的可再生能源，是热泵的一种良好的低位热源。土壤的温度波动小，约 15m 以下的土壤层的温度约等于当地的年平均气温，有利于土壤源热泵的运行。然而土壤的导热系数小，需要较大的传热面积，因此土壤源热泵的占地面积较大。此外，打井埋管的成本也较高；冬季取热和夏季制冷放热通常不匹配而造成地温变化，影响性能。最近，有研究利用 2～3km 的中深层地热能作为热泵的低位热源，此处的温度可达 70～100℃，热源品质更高，因此可以降低占地面积，是一种有发展前景的土壤源热泵形式。

（4）太阳能热泵。太阳以电磁波的形式向外辐射能量，是一种典型的可再生能源。太阳能热泵通过太阳能集热器收集热量，作为热泵的低位热源，实现高效供热的目的。然而，到达地球表面的太阳能总量虽然巨大，但其辐射强度不高，是低密度能源。另外，太阳能是间歇能源，且受天气影响，具有不稳定的特点。要解决这两个问题，一方面可以利用多种能源综合互补，提高低位热源的密度；另一方面可以借助储能技术，以丰补歉，实现稳定连续运行。

二、按驱动能源分类

热泵的工作原理与制冷相同，只是有用的部位从制冷的蒸发器，变为了冷凝器。由于热驱动热泵有其独特之处，此处做简要介绍。

热驱动热泵按供热温度的高低可分为供热温度低于驱动热源的第一类吸收式热泵和供热温度高于驱动热源的第二类吸收式热泵。

（1）第一类吸收式热泵也被称为增热型热泵，是一种以少量的高温热源为驱动，产生大量的中温有用热能的系统，即通过高温热能驱动，从而把低温热源的热能提高到中温，以此提高了热能的利用效率。一般来说，第一类吸收式热泵的性能系数 COP 大于 1，主要在 1.5～1.7 之间。

第一类吸收式热泵可以有效回收各种工艺余热，从而实现节约能源、降低生产运行损耗和成本的目的。在工程上，可利用第一类吸收式热泵，对电厂汽轮机的乏气作为低温热源进行热回收，从而满足建筑供热需求。此外，冶金、油田、化工、石化等行业的工业废水、冷却水等都可作为低温热源，通过吸收式热泵对其热能加以利用，如图 7-36 所示。

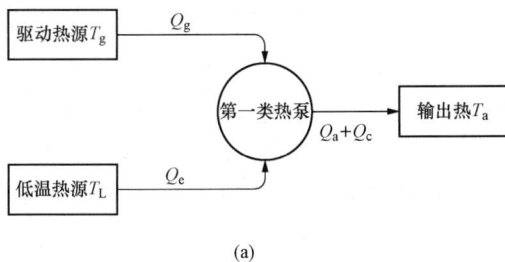

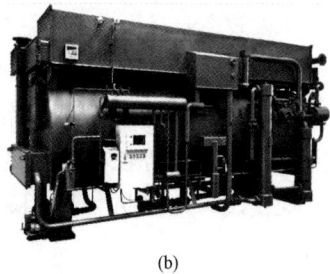

图 7-36 第一类吸收式热泵
（a）能量关系；（b）机组实例

Q_g—热源提供热量；Q_e—蒸发吸热；Q_a—输出高温热；Q_c—冷却过程排热

（2）第二类吸收式热泵也被称为升温型热泵，是一种通过中低温热能驱动，利用大量中温热源和低温热源的热势差，产生少量高温有用热能的系统。第二类吸收式热泵的性能系数 COP 总是小于 1。

第二类吸收式热泵是通过回收利用中低温热源的热能，在采用冷却水的条件下，制取温度高于驱动热源温度的高温热媒，实现从低温向高温输送热能的设备。它以低于供热温度的热源为驱动，制取比低温热源温度高的热量，同时向低温环境释放热量。图 7-37 给出了第二类吸收式热泵的能量关系和机组实例。与第一类吸收式热泵相比，第二类吸收式热泵的驱动热量温度低于供热温度，但需要向低于驱动热源温度的低温环境排放热量。在工程应用中，第二类吸收式热泵通过废热驱动系统，以吸收过程放出的潜热使其中一部分低温热源的温度升高，成为有用热能，另一部分低温热源则进一步降低温度排放到环境中，整个过程中无任何污染排放，节能减排效果显著。由于不需要耗费高温热源便可回收工业废热，第二类吸收式热泵在很多行业的节能工作中占据很大的优势，所以长远来看，作为节能环保的一个重要措施有非常广阔的应用前景。

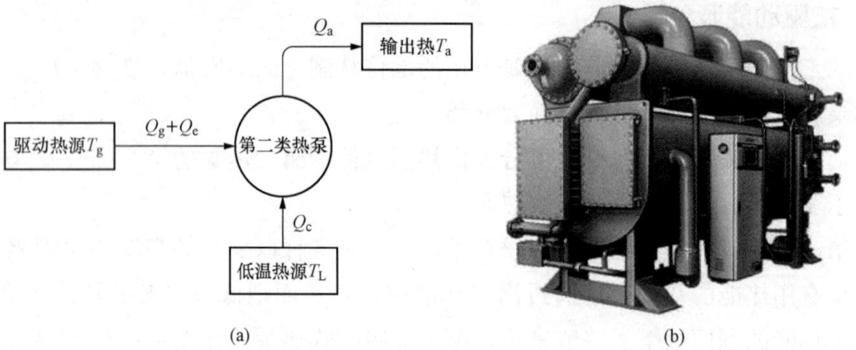

图 7-37　第二类吸收式热泵
（a）能量关系；（b）机组实例

根据系统的能量平衡，热泵的性能系数 COP 可表示为

$$\mathrm{COP} = \frac{e+q}{e} \qquad (7-2)$$

式中：e 是热泵消耗的驱动能量；q 是热泵从低位热源获得的热量。由上式可知，热泵的理论供热效率永远大于 1，总是"盈利"。相比而言，传统的燃料燃烧供热的理论效率只能是 1。因此，热泵是一项节能的供热技术。

此外，热泵可以将大量的低品位热源（包括自然热量和工业废热等）利用起来，尤其是发电厂、钢铁厂等耗能大户的废热。通过消耗少量的驱动能量，热泵技术可以将这些废热回收利用，用来进行民用采暖甚至工业生产，由此可以大幅提高能源的综合利用率。

另外，我国广大的农村地区在冬季主要采取直接燃烧燃料的采暖方式。这样的采暖方式，一方面燃料本身品质不高，另一方面家家户户的分散式燃烧效率不高，且无法进行排气处理，因此是冬季部分地区雾霾高发的重要原因。若采取电驱动的热泵进行采暖，可以将分散燃烧（农户家）改为集中燃烧（电厂侧），从而有效降低污染物排放总量，为蓝天保卫战提供支撑。

第五节 建筑热湿环境与空气品质

随着经济的快速发展，无论是人类的健康需求，还是生产工作，对室内环境的要求越来越高。要满足人民日益增长的物质和文化的需要，就离不开室内环境的改善和营造。一方面，对热舒适和光环境等的需求，必然需要大量能耗，建筑能耗已经占到了社会总能耗的近30%。另一方面，节能减排和碳达峰、碳中和的需求，又要求建筑节能，降低建筑能耗，甚至要求建筑能成为产能节点。要以节能的方式，达到较好的室内空气环境，只能依赖于技术进步和行为方式的改善。

舒适是一个很主观的因素，每个人对舒适的感受和理解可能都不相同。人对冷热状态的感知与人体新陈代谢、温度、湿度、风速、辐射温度、温度梯度和着衣情况等都密切相关。热舒适性为人体对温度、湿度、风速等物理环境的感受与喜好状态，可以通过主观评估的方式来确认。热舒适性差不仅影响人体的工作效率，更可能造成健康上的危害。暖通空调设计的主要目的之一就是维持建筑物（或是其他空间）之内的热舒适性。

热舒适性对于建筑节能很重要，有研究显示，夏天室内温度每升高1℃，空调能耗至少降低5%。在相同的热舒适环境下，不同的参数组合可能带来的空调能耗完全不同。因此，不少新型的空调运行模式被提出，如辐射空调等。

一、制冷空调技术

空气调节是对某一房间或空间内的温度、湿度、洁净度和空气流动速度等进行调节与控制，其任务是向室内提供冷量或热量，并稀释室内的污染物，以保证室内具有适宜的舒适环境和良好的空气品质。因此，为满足空调房间送风的温度、湿度的要求，在空调系统中必须有相应的热湿处理设备对空气进行各种热湿处理。空气的热湿处理有多种途径，与使用的设备有关，需要通过经济技术比较来确定最适用的方案。

1. 具体空气热湿处理的设备类型

（1）按照冷热媒种类分类：水、蒸气、水溶液（有机或无机）、制冷剂。

（2）按照空气与冷媒是否接触分类：

1）接触式热湿交换设备：喷水室、加湿器，吸湿剂等。

2）表面式热湿交换设备：空气加热器、空气冷却器（表冷器）等。

2. 空调处理机组

空气处理机组（AHU）是一种集中式空气处理系统，它起源于设备集中设置，通过风管分配加热空气的强制式热风采暖和通风系统。基本的集中式空气处理系统是一种全空气单区域系统，一般包括风机、加热器、冷却器以及过滤器各组件，图7-38～图7-40给出了典型的装配式空调机组、风管式空调箱和单元式空调箱。

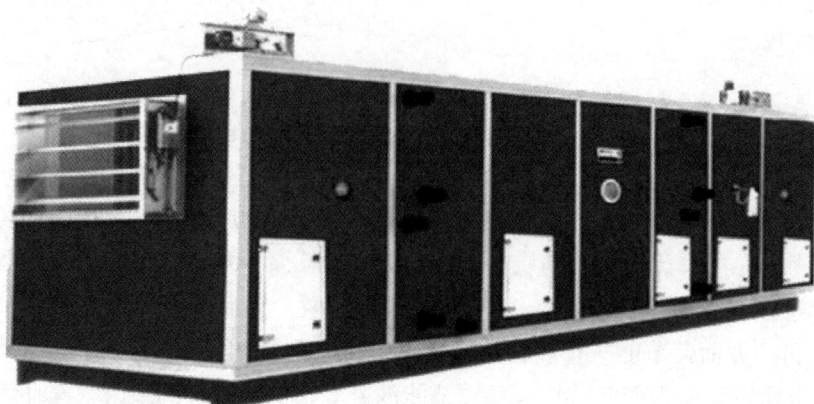

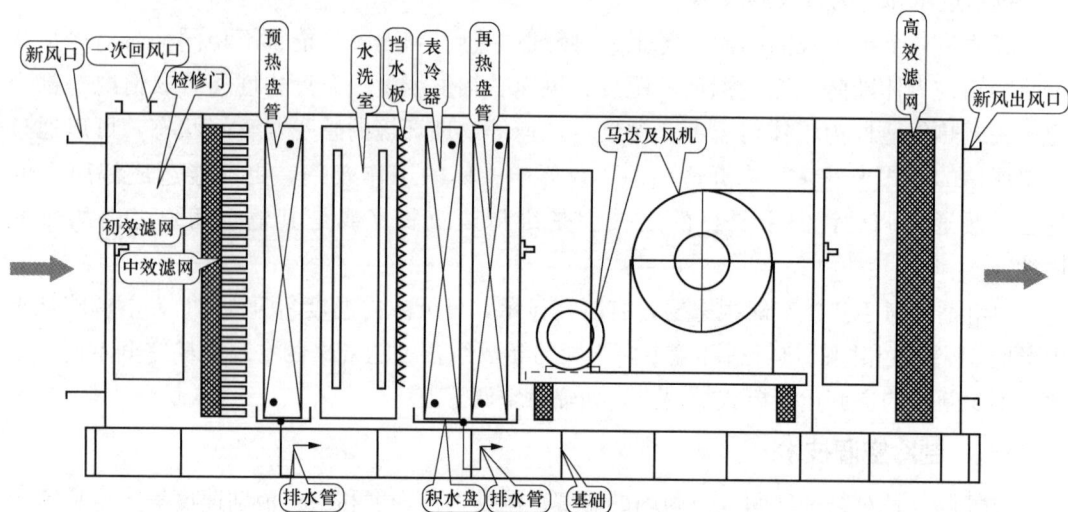

图 7 - 38　装配式空调机组

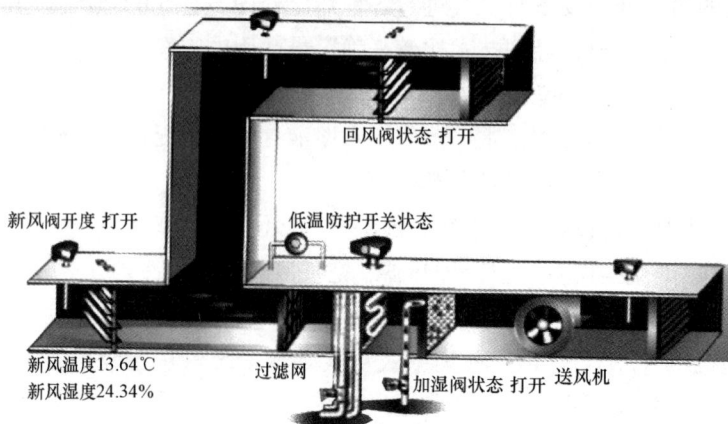

图 7 - 39　风管式空调箱

| 吊顶式 | 卧式 | 立式 | 射流直吹 | 明装直吹 |

图 7 - 40　单元式空调箱

3. 空气调节系统的分类

空气调节系统的分类如图 7 - 41 所示。

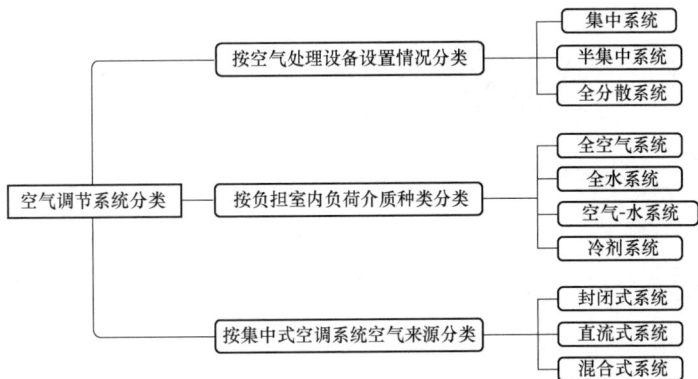

图 7 - 41　空气调节系统分类框架

（1）按空气处理设备的设置情况分类。

1）集中空调系统：所有空气处理设备都设在集中空调机房（机组）内，如图 7 - 42 所示。

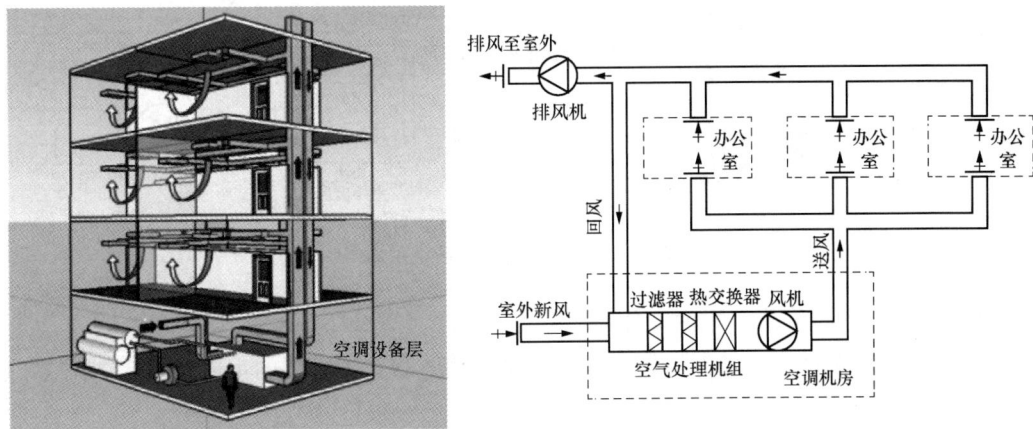

图 7 - 42　集中空调系统示意

2）半集中空调系统：除了空调机房（机组）外，还有设在空调房间内的末端装置，如图 7 - 43 所示。

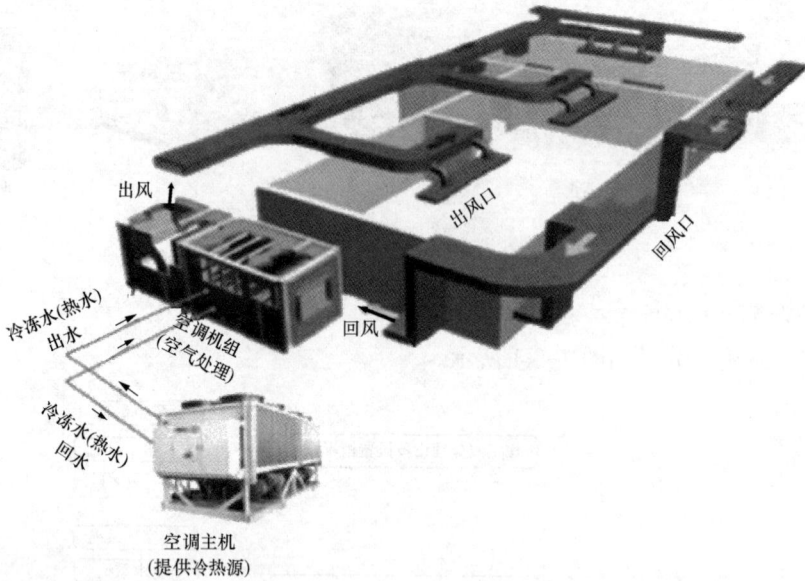

图 7-43 半集中空调系统示意

3）全分散空调系统（局部机组）：把冷、热源和空气处理、输送设备集中设在一起，形成一个紧凑的空调系统，如图 7-44 所示。

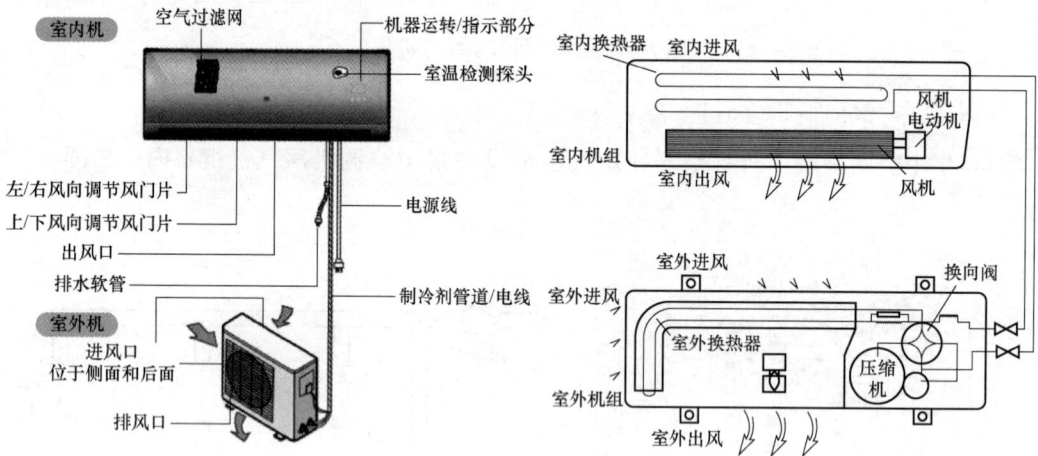

图 7-44 全分散空调系统示意

（2）按负担室内负荷介质种类分类。

1）全空气空调系统：全部使用空气作冷热量载体来负担空调的室内负荷，如图 7-45 所示。

2）全水空调系统：全部使用水作冷热量载体来负担空调的室内负荷。

3）空气-水空调系统：同时使用空气和水作冷热量载体来负担空调的室内负荷，如图 7-46 所示。

4）冷剂空调系统：使用制冷剂作冷热量载体来负担空调的室内负荷。

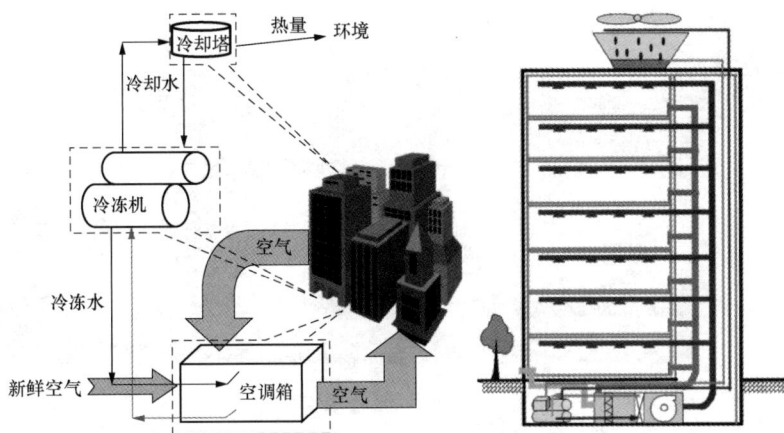

图 7-45 全空气空调系统示意

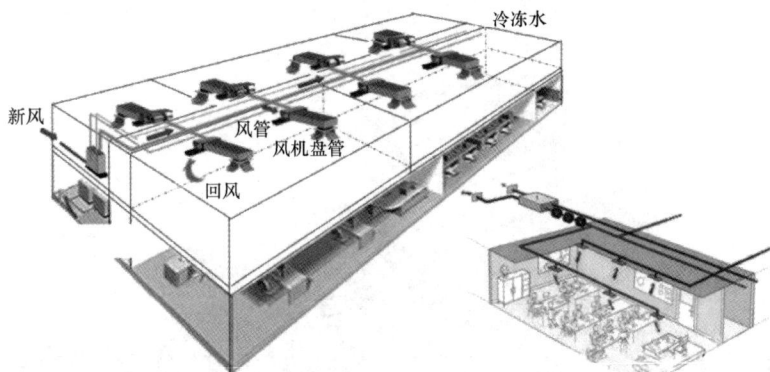

图 7-46 空气-水空调系统示意

（3）根据集中式空调系统空气来源分类。

1）封闭式空调系统：没有新风量。一般应用于无人厂房等场所。

2）直流式空调系统：全部使用新风。一般应用于游泳馆等场所，如图 7-47 所示。

3）混合式空调系统：部分使用回风，部分使用新风。混合式空调系统是实际工程中常采用的方式。

4. 建筑室内环境与健康

大部分人超过 90％的时间在室内环境度过。人一天大概需要 2kg 食物，2kg 水，但却要呼吸近 20kg 的空气。其中 90％以上的空气是在室内环境中吸入的，室内环境和人的健康息息相关。人在没有食物的情况下可以存活 7 天以上，没有水的情况下可以存活 3 天以上，没有空气的情况下却坚持不了多久。室内空气质量影响着人的舒适、呼吸健康，甚至影响人的工作效率和考试成绩。

好的室内空气品质使人感觉精力充沛、心情愉悦、身心健康，同时降低传染病的传播。然而，通过研究发现新冠疫情绝大多数暴发都是在室内环境（包括建筑室内环境、交通室内环境），尤其是在通风不良的环境中，存在长距离气溶胶传播的可能性。

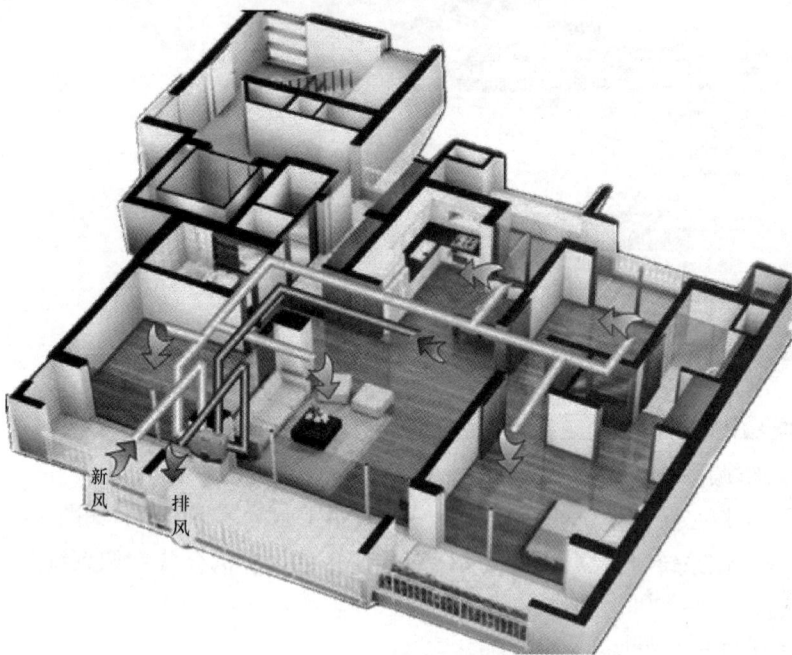

图 7-47　直流式空调系统示意

　　随着我国经济发展和人民生活水平的提高，室内空气环境出现了一系列问题：如病态建筑综合征（SBS）。该病症状是一进入有问题的建筑物室内，就感觉头疼、头昏、恶心、疲劳、鼻窦堵塞、流眼泪、喉咙干燥、胸闷气短、注意力不集中等，找不到病因，但一离开建筑物立即就恢复。病态建筑综合征发生的主要原因是为了建筑节能，加强了建筑物密闭效果，减少了新风量（将新风处理到室内人所需的温度和湿度需要消耗能量），从而造成室内污染物释放不出去，CO_2浓度过高。此外，家居环境的改善、装修的盛行、新型合成材料在现代建筑中的大量应用，一些含有较高污染物排放率的有机污染物的使用，导致了建筑物里甲醛、TVOC、苯等有机化学污染物超标；此外密闭、光照、噪声、热不舒适等也都可能引起病态建筑综合征。

新冠的全球大流行也引发了人们对于病毒传播途径和控制方法的思考。Qian 等人研究了新冠爆发初期非湖北 7000 多例传播案例，发现除了一例感染发生在室外（两个人长时间近距离聊天），其他案例都发生在室内环境，以家庭环境为主，交通工具次之。但大的爆发（即一次传播很多人）大多数都是发生在通风不良的公共建筑室内环境内。Li 等人进行了流行病学调研，通过现场实验和计算流体力学模拟研究了广州某餐馆的爆发案例，发现通风不良是导致这次新冠爆发的主要因素。这些研究结果有力地支撑了《新型冠状病毒感染诊疗方案》第六版结论："经呼吸道飞沫和密切接触传播是主要的传播途径。接触病毒污染的物品也可造成感染。在相对封闭的环境中长时间暴露于高浓度气溶胶情况下存在经气溶胶传播的可能"。

对于室内空气品质的评价分为主观评价和客观评价。主观评价认为室内空气品质反映了人们的满意程度。如果人们对空气满意，就是高品质；反之，就是低品质。客观评价则认为，污染物浓度符合标准规范规定的限值就是好标准，不符合就是不好的标准。从主观评价角度讲，现有的标准不可能覆盖所有污染物，而人在长期的生存竞争和进化过程之中，鼻子对于对人体有害物质非常灵敏，对一些痕量污染物的感觉灵敏程度甚至超过了仪器。比如，人体体味造成的室内空气品质变差，在标准框架内也许污染物没有超标，但人能感受到，对人的身心健康和心情愉悦可能造成影响，这也被称为可感知的空气品质。但有些对人有害的气体如氡，无色无味，却是人类肺癌的主要杀手之一，这是用鼻子无法感受出来的。在这样的情况下，发展了一个可接受的室内空气品质概念：即可接受的室内空气品质应是室内已知的污染物没有达到权威机构所确定的有害浓度，处于该环境中的绝大多数（≥80%）人员没有感到不满意。这个定义前一句话的意思是用已知污染物的允许浓度指标作客观评价指标，后一句话的意思是用人的感觉作主观评价指标。

当前国内普遍运用的客观评价方法主要有综合指数评价法、模糊评价法、可拓评价法、灰色关联评价法等，也衍生出了如基于层次分析法的模糊层次分析法、灰色雷达图等多种评价手段相结合的评价方法，但各种评价方法均有利弊。

（1）综合指数评价法用污染物浓度实测值与标准浓度限值的相对数值来衡量该种污染物对空气的污染程度。综合指数法简单方便、易于计算，适用于我国室内空气品质评价，能反映室内空气品质的优劣，并能根据各污染物在污染程度上的差异确定主要的室内空气污染物。但是综合指数评价法评价标准的数量界限是一个十分准确的数值，而室内环境质量的优劣分级有其固有的模糊性和连续性，有时当室内环境质量监测数据出现很小的一点变化时，却使综合评价的级别改变很多，而这种变化并不反映事物的客观实际。

（2）模糊评价法关键是利用模糊数学，建立室内空气质量评价的模糊数学模型，通过函数将各种污染物浓度实测值转化为可以反映空气质量优劣的质量值，通过模糊变换确定各类影响健康的因素对可能出现的结果的隶属度，根据隶属度判断空气质量分级的界限，最后结合各指标在室内空气中的重要程度对被评价的对象（室内空气质量）进行模糊分级。

（3）可拓评价法在室内空气品质评价中的应用是：根据事先确定的评价指标，建立多维物元模型，利用可拓数学中的关联函数对室内空气品质进行评价。

（4）灰色关联评价法是利用灰色聚类分析，属于灰色系统理论的范畴。灰色聚类分析法将聚类对象（评价对象，即室内空气品质）对不同聚类指标（评价指标，即 TVOC、甲醛和 CO_2）所拥有的白化值（实测浓度值），按灰类（评价等级）进行整理，从而判断聚类对象所属等级。

随着经济发展和技术水平的提升，我们对特殊室内环境的要求越来越高，对于居住和办公环境的空气品质、舒适性和呼吸健康要求越来越高，这势必要求越来越高的建筑能耗；而"双碳"目标又要求建筑节能。如何以节能的方式，营造一个健康舒适的环境，确定一个高标准的工艺环境成了建筑环境学科的一项重要任务。做好这些工作，就需要掌握热的流动与传递、热工转化、污染物流动与传递、建筑环境学、空气调节、供热工程、流体管网等的相关知识。

第八章

碳 中 和

第一节 碳中和背景及概念

"双碳"目标是一场广泛而深刻的经济社会系统性变革，事关能源革命（大幅度提升非化石能源占比）与产业变革（实现二氧化碳的净零排放），涉及工业、建筑和交通等多个领域，更与每一个人的生活息息相关。

碳达峰、碳中和是能源动力工程学科的重要研究领域，包含新能源技术、能效技术、新一代能源系统及其智慧能源服务等内容，都是本专业学生需要学习和掌握的基本技能。

一、碳排放与全球气候变化

自工业化革命以来，人类使用能源的品种和方式发生了多次重大的变革，从薪柴燃料（见图8-1）、先后跨入煤炭时代（见图8-2）和石油（见图8-3）、天然气（见图8-4）时代。能源革命释放出巨大的生产力，推动着人类文明的不断进步。

图8-1 柴灶酿酒

图8-2 煤炭码头

图8-3 工作中的采油机

图8-4 海上天然气钻井平台

中国自改革开放以来，特别是加入世界贸易组织、全面融入经济全球化以后，经济高速发展，形成了完整的产业链，装备制造能力不断提升，成为世界经济体系中一支非常重要而且稳定的力量。

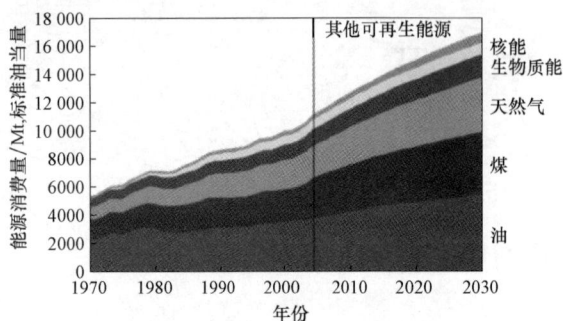

图 8-5　IEA 的能源消费与展望

然而，全球经济发展对高碳化石能源的高度依赖（见图 8-5），也不可避免地对自然环境造成了非常大的影响，有些甚至是不可逆的影响。除了传统的硫氧化物（SO_x）、氮氧化物（NO_x）和粉尘等污染物之外，二氧化碳（CO_2）作为最大的温室气体，对全球气候变化产生了非常大的影响（见图 8-6）。

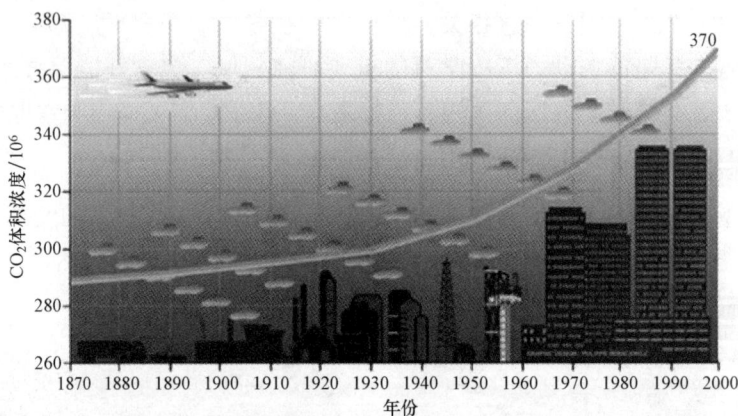

图 8-6　大气中二氧化碳浓度不断升高

联合国政府间气候变化专门委员会（IPCC）发布《气候变化 2013：自然科学基础》报告指出，人类活动导致了 20 世纪 50 年代以来全球地表平均气温升高。全球气候变幻的直接影响表现为：冰川融化（见图 8-7）、海平面上升和极端异常天气频发。

为了应对全球气候变化，国际社会积极行动，推动应对气候变化的国际合作与行动，先后签署《京都议定书》和《巴黎协定》。

中国政府积极参与应对气候变化的国际合作。2020 年 9 月 22 日，国家主席习近平在第七十五届联合国大会一般性辩论上表示，中国将提高国家自主贡献力度，采取更加有力的政策和措施，二氧化碳的碳排放力争于 2030 年前达到峰值，努力争取到 2060 年前实现碳

图 8-7　冰川融化

中和。

二、 碳源与碳汇

碳源是指向大气中释放碳的过程、活动或机制。在工业生产和日常生活中的能源活动，如炼铁高炉（见图8-8）、火力发电（见图8-9）、私家车等都会发生燃料的燃烧并产生二氧化碳等温室气体排放的过程，也就是典型的碳源。

图 8-8 炼铁高炉

图 8-9 燃煤火力发电

碳汇是指吸收大气中的二氧化碳的过程、活动或机制。森林（见图8-10）和湿地（见图8-11）是典型的生态碳汇，此外，碳捕集利用和封存（CCUS）是典型的工程碳汇。

图 8-10 森林碳汇

图 8-11 湿地碳汇

三、 碳达峰与碳中和的基本概念

1. 碳达峰的概念及其影响因素

碳达峰是指碳排放总量达到峰值（相对变化率为零）。

根据 kaya 模型，影响二氧化碳排放量的主要因素如下所示：

$$二氧化碳 = 人口 \cdot 人均\,GDP \cdot 单位\,GDP\,能耗 \cdot 单位能耗碳排放 \qquad (8-1)$$

其中

$$人均\,GDP = \frac{GDP}{人口}$$

$$单位\,GDP\,能耗 = \frac{能耗}{GDP}$$

$$单位能耗碳排放 = \frac{二氧化碳}{能耗}$$

碳达峰要求：

$$\delta_{二氧化碳}=\delta_{人口}+\delta_{人均GDP}-\delta_{单位GDP能耗}-\delta_{单位能耗碳排放}=0$$

即

$$\delta_{人口}+\delta_{人均GDP}=\delta_{单位GDP能耗}+\delta_{单位能耗碳排放} \qquad (8-2)$$

式中：$\delta_{二氧化碳}$是指二氧化碳排放量与基准期二氧化碳排放量的相对变化率。

式（8-2）表明了碳达峰阶段的要求：即节能降碳（对应于单位 GDP 能耗的下降）与非化石能源替代减碳（单位能耗碳排放的下降）需要与造成二氧化碳排放量增加的人口增长与人均 GDP 增长相平衡。

2. 碳中和的概念与主要举措

碳中和是指碳源的二氧化碳排放量与碳汇的二氧化碳消纳量平衡。碳中和要求相比于碳达峰阶段更高要求的深度碳减排和更多途径的碳汇建设。

深度碳减排的主要措施如下：一是结构优化降碳，通过产业结构、工业内部行业结构以及企业内部的产品结构优化与升级，实现全社会单位 GDP 能耗的降低；二是能效技术降碳，通过工艺流程再造、设备节能改造等能效技术手段，实现企业与工业内行业的单位增加值能耗的降低；三是高比例使用低碳或零碳的非化石能源，利用零碳的核电、水电、风电、光伏、生物质能发电以及低碳的天然气替代高碳的煤炭与汽油和柴油燃料，实现单位能源碳排放的降低；四是碳交易，运用市场化手段，发挥市场在各类新能源与生态碳汇资源配置中的作用，通过市场化手段实现碳减排。

碳汇建设的主要措施如下：一是生态碳汇建设，围绕生态文明建设总体目标，扩展森林和湿地资源，增加生态碳汇资源；二是工程碳汇建设，围绕高碳排放行业的工艺特点，开发专用的低成本高效碳捕集利用与封存技术，重点是捕集后二氧化碳的资源化利用技术及其示范推广。

如上所述，碳达峰与碳中和是一场广泛而深刻的经济社会系统性变革，涉及经济社会和生活的所有方面，但其核心是能源革命，无论是节能技术、新能源技术、碳捕集利用与封存技术、新一代能源体系及其智慧能源服务，都是能源动力工程学科的重点研究领域和关注焦点。

第二节 碳中和实现路径

中国正处在工业化和城镇化高速发展的阶段，国内基础设施建设和市场需求持续旺盛；特别是加入世界贸易组织后，中国成为全球产业体系最完整的国家，已经全面融入全球经济大循环。在这样的背景下，中国经济发展对传统能源的依赖性非常强，同时，中国的产业结构重型化，能源结构偏煤炭，这些因素都成为中国实现"双碳"目标过程中必须面对的巨大挑战。

作为发展中国家的代表和新兴经济体中的一员，中国努力提高国家自主贡献力度，提出了最具雄心的"双碳"目标，极大地提振了世界各国应对气候变化的决心和信心。

由于地区资源禀赋的差异，碳达峰与碳中和的路径会不同，但都包含降碳（降低碳排放）和增汇（增加碳消纳）两个部分。

一、 能源结构调整

二氧化碳排放主要来自能源活动中的化石能源燃烧过程。因此，碳减排须从改变能源结构入手。"双碳"目标行动中需要大幅度提高终端消费中非化石能源的利用份额。

1. 一次能源

煤炭是我国综合能源消费量中占比最高的化石能源，除了少量用作煤化工原料外，大部分是作为能源使用的。煤炭是典型的高碳能源，作为能源使用时，会产生二氧化硫、氮氧化物和粉尘，是最主要的空气污染物；同时，也产生了大量的二氧化碳。

石油除了用于化工产品外，有相当大的份额被加工成为汽油、柴油、航空煤油等，用于车辆、船舶和航空燃料。特别是随着家庭乘用车保有量的急剧增长，汽油、柴油消费量持续快速增长，石油制品燃烧时产生了大量氮氧化物等气体污染物以及大量的二氧化碳排放。

天然气相对于煤炭和石油，其碳排放量相对较小，属于相对清洁和低碳的燃料。天然气除了少量调峰火电机组作为燃料使用外，大部分用于居民生活和化工原料。

2. 二次能源

二次能源主要是指生产和生活中不可或缺的电能、热能和冷能。

电能的生产主要来自燃煤火电，其次是水力发电；可再生能源中光伏发电、风力发电、生物质发电虽然快速增长，但所占比重依然偏低；沿海核裂变发电稳步发展。

热能的生产主要来自热电联产机组的供热以及分产燃煤或燃气锅炉的供热；除此之外，还有利用可再生能源生产热能的太阳能集热器，利用电力生产热能的热泵热水器等。目前，可再生能源与电力转换生产热能的比重非常小。

冷能有两种方式产生，由电力驱动的压缩机热泵制冷机组供冷和热力驱动的吸收式制冷机组供冷，可再生能源制冷尚未得到普遍的应用。

3. 能源演进的规律

能源消费的种类经历了由以可再生能源为主，到以煤炭能源为主，到以石油、天然气能源为主，并再次向可再生能源回归的趋势，如图8-12所示。

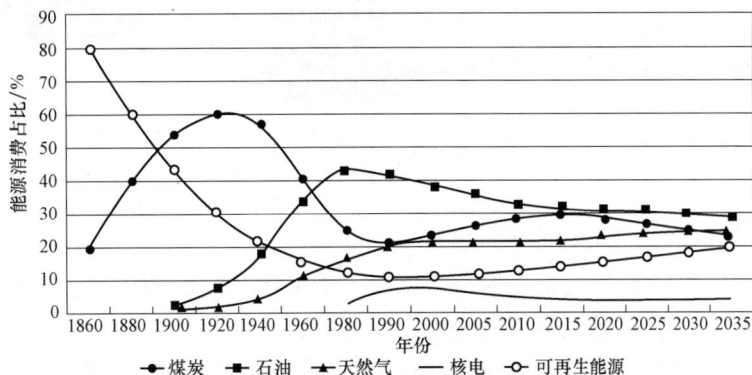

图8-12 能源消费品种的变迁

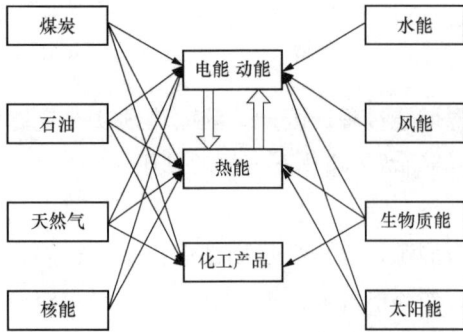

图 8-13 多样化的二次能源转换途径

为了应对气候变化，二次能源转换向多元化与清洁化趋势的演变不可逆转，多样化的二次能源转换途径如图 8-13 所示。

伴随着天然气冷热电三联供分布式能源系统、分布式非化石能源发电＋储能微电网系统、电动汽车及其充（换）电站系统的不断发展，能源系统由集中式能源系统向集中与分布式混合能源系统过渡，能源生产者和能源消费者的角色不再泾渭分明，如图 8-14 所示。

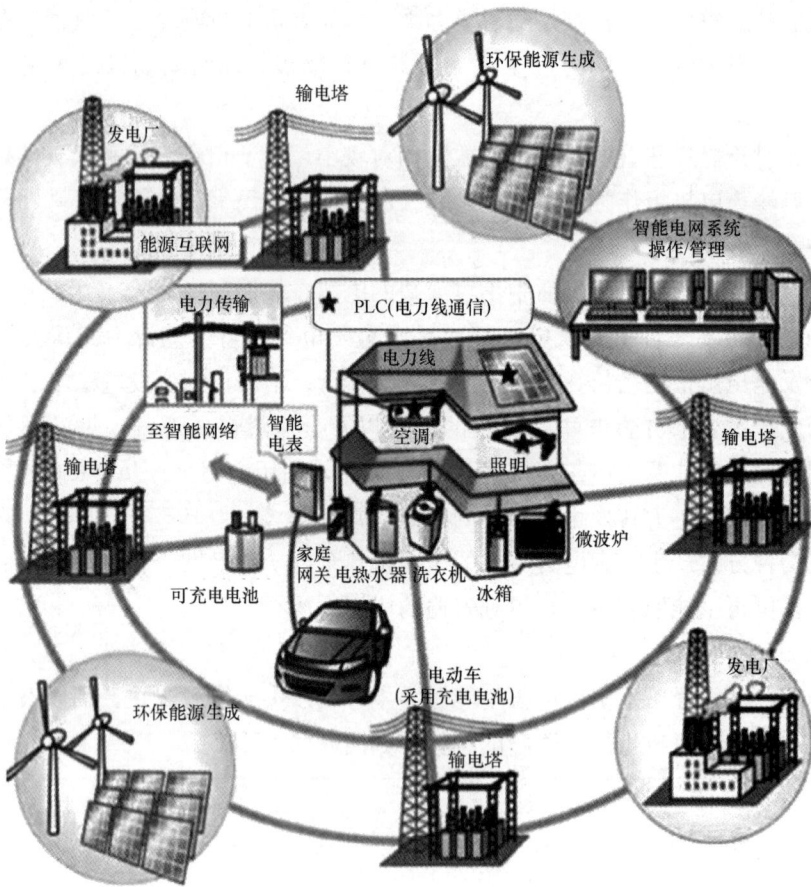

图 8-14 能源系统的发展趋势

4. 以非化石能源替代为核心的能源革命方兴未艾

为了实现碳减排，必须大幅度提高非化石能源在能源消费中的占比。其中，大幅度提升非化石能源发电的占比是最可行的途径，介绍如下：

（1）核聚变发电没有碳排放，而且是相对成熟的大规模的商业化技术。然而，美国三里岛核电站事故、苏联切尔诺贝利核电站事故、日本福岛核电站事故，虽然事故发生的原因各异，但其危害和影响巨大而深远。核电站的安全以及核废料的处置依然是约束核聚变发电发展的瓶颈。

（2）大型水力发电没有碳排放，也是非常成熟的大规模商业化技术。但大型水电工程投资巨大、施工周期长，对环境和生态的影响较大。我国在长江上游兴建的大型电站在发挥水利功能的同时，也生产了大量清洁电力。丰枯水期以及水利调度需求，会不同程度地影响其发电的可调节性。

（3）太阳能光伏发电没有碳排放，随着光伏科技和产业技术的不断发展，光伏发电的成本大幅度降低，为大规模光伏发电创造了条件。但昼夜交替以及天气变化对光伏发电的稳定性产生了巨大的影响。

（4）风力发电没有碳排放，也是非常成熟的商业化技术。除了陆上风电外，世界各国也都在大规模开发利用海上风电资源。风力发电受风速、风向、风场环境和天气的影响大。

（5）生物质能是除了三大化石能源之外的第四大能源，具有批量小、种类多、受自然环境和季节影响大等特点。生活垃圾、厨余垃圾、农作物秸秆、林木废弃物、畜禽养殖废弃物等都具有生物质能。生物质直接燃烧发电或者生物质与燃煤火电耦合发电成为其规模化利用的主要途径。

在碳中和时代，除了高比例地实现上述非化石能源发电之外，利用非化石能源与热泵联合的供热技术也具有非常大的应用前景。

光伏发电和风力发电等常见的非化石能源发电方式能量密度低，其发电量受昼夜、季节、天气等自然因素的影响。

为了大规模消纳这种不稳定的非化石能源发电，除了需要建立较为可靠的太阳能、风能等资源预测外，还需要配备一定的储能容量和相当规模的火电调峰容量，构建新一代电力能源网。

二、 提高能源利用效率

提高能源利用效率是碳减排中最基础也是最主要的手段。

1. 能效评价与能效评价指标

评价区域能效水平的指标主要为单位 GDP（国内生产总值）能耗；评价各产业的能效水平的指标主要为单位增加值能耗（单位 GDP 能耗与各产业单位增加值能耗是对应的）。

单位 GDP（或增加值）能耗是指统计期内区域（或产业或工业内部各行业）的综合能耗与地区国内生产总值（各产业或工业内部各行业增加值）之比，是从经济价值的角度出发衡量区域（各产业或工业内部各行业）能效水平高低的评价指标。

为了评价全社会及其各次产业的能效水平，有如下关系式：

$$全社会单位 GDP 能耗 = \frac{\sum_{k=1}^{3} 第 k 次产业增加值权重 \cdot 第 k 次产业单位增加值能耗}{1 - 生活能耗占总能耗的比重}$$

$$(8-3)$$

其中
$$第 k 次产业增加值比重=\frac{第 k 次产业增加值}{各产业增加值总和}$$

$$第 k 次产业单位增加值能耗=\frac{第 k 次产业综合能耗}{第 k 次产业增加值}$$

$$生活能耗占总能耗比重=\frac{生活能耗}{各产业综合能耗与生活能耗的总和}$$

其中，第一产业和第三产业的单位增加值能耗数量级相当；第二产业的单位增加值能耗比第三产业的单位增加值能耗高得多。因此，降低单位 GDP 能耗有两种途径：一是技术节能，即通过改进工艺流程或设备，提高其能效，达到降低单位增加值能耗的目的；二是结构优化，即通过调整产业结构，如降低第二产业的增加值权重，提高第三产业的增加值权重，达到降低单位 GDP 能耗的目的。就降低单位 GDP 能耗的贡献而言，结构节能的效果要高于技术节能。

进一步，为了评价工业及其内部 36 个行业的能效水平，也有如下关系式：

$$工业单位增加值能耗 = \sum_{j=1}^{36} 第 j 行业增加值权重 \cdot 第 j 行业单位增加值能耗 \quad (8-4)$$

其中
$$第 j 行业增加值权重=\frac{第 j 行业增加值}{各行业增加值总和}$$

$$第 j 行业单位增加值能耗=\frac{第 j 行业综合能耗}{第 j 行业增加值}$$

由式（8-4）可知，工业节能也有两种途径：一是技术节能，即降低各行业单位增加值能耗；二是结构节能，即调整各行业增加值权重，降低高能耗低增加值行业的权重，提高低能耗高增加值行业的权重。

2. 技术节能降碳

工业领域碳排放居前的行业主要有燃煤火电行业、钢铁行业、石化化工行业、水泥建材行业和数据中心等。

每个行业的性质不尽相同。燃煤火电行业（含热电联产）是能量转换环节，是为下游终端消费行业提供二次能源（电与热）的行业；其他行业，诸如钢铁行业、石化化工行业、水泥建材行业等属于终端消费行业。上述各行业在碳减排过程中需要承担共同但有区别的义务。

此外，每个行业的碳排放既有共性，又有各自的特点。例如，燃煤火电行业中，煤炭是作为能源使用的，煤炭在燃烧过程中产生二氧化碳。石化化工行业、钢铁行业、水泥建材行业中消耗的化石能源，一部分是作为能源使用的，化石能源通过燃烧产生二氧化碳；而另一部分（在石化行业占比非常高）是作为原料使用的，碳被固化在其产品中（如乙烯、钢铁制品、水泥等），实际并未将二氧化碳排放至大气中。

技术节能降碳特别关注通过技术手段，节约能源活动中作为燃料消费的化石能源，分析如下：

（1）燃煤火电行业，关注高效燃烧技术、热力系统优化技术、灵活性调峰技术以及信息化与智能化运维技术等。

（2）钢铁行业，关注高效余热余压回收技术、非碳还原冶炼技术、信息化与智能化运维技术等。

（3）石化化工行业，关注高效低能耗组分分离技术、大宗物料循环与再制造技术、蒸汽压缩余热回收技术等。

（4）数据中心关注高效精密空调制造技术、精密空调系统信息化与智慧化运维技术等。

3. 结构节能降碳

由式（8-3）和式（8-4）可知，通过调整和优化产业结构（调整各次产业的增加值权重）、工业内部的行业结构（调整各行业的增加值权重）乃至企业内部各产品的结构（调整各产品的增加值权重），可以提升全社会、工业乃至企业的整体能效水平，以达到节能减碳的目的。

就产业结构调整优化而言，应当大力发展第三产业、优化调整第二产业，稳定发展第一产业。

第一产业要围绕粮食安全和社会主义新农村建设，重点发展现代农业、智慧农业、观光农业，在建设从田间到餐桌的食品安全服务体系的同时，建设以土地利用方式转变为核心的生态碳汇系统。

第二产业应当重点发展战略性新兴产业和高端装备制造业，对传统产业实现以信息化和智能化为核心的绿色化改造，限制或者有条件限制高耗能的钢铁行业、石化化工行业和水泥建材行业，促进其转型与升级。我国正处在工业化高速发展的阶段，各地应根据各自的产业基础和资源禀赋，做大做强具有本地独特竞争优势的产业集群。

第三产业应当大力发展高新技术服务业和高端装备服务业，引导并鼓励发展劳动密集型服务业。

4. 以净零排放为标志的产业变革任重道远

结构节能降碳既是产业变革的重要内容，又是经济社会可持续发展的必然要求，需要有忍短痛谋长远的可持续发展的战略思维。

单纯依靠投资和能源消耗拉动的经济增长方式难以为继，绿色贸易壁垒将在未来相当长时间内主导国际贸易。破解之道就在于产业变革。

一方面，我们需要持之以恒地调整和优化产业结构，布局能够彰显本地的人文历史、资源禀赋和产业基础，突出发展能耗消耗低、经济价值高、科技竞争力强的战略性新兴产业；同时，运用信息化与智能化技术改造和升级传统产业与传统工艺；另一方面，我们需要结合"双碳"目标的要求，针对传统产业实现节能减碳、非化石能源替代减碳，拓展包括工程碳汇和碳交易在内的碳汇资源，探索一条二氧化碳净零排放的可持续发展之路。

三、市场化资源配置

1. "双碳"行动与增量成本消纳

"双碳"行动中需要能源革命，大幅度提高非化石能源占比。为此需要兴建一大批非化石能源发电及相应的输配电设施。

"双碳"行动需要产业变革，实现各行各业的净零排放。为此需要运用能效技术和结构优化等措施提升其能源利用效率、提升非化石能源的消费比重，甚至对于少数高碳行业还需要采用工程碳汇（碳捕集利用与封存 CCUS）降低其碳排放。

无论是上述的能源革命还是产业变革，都需要投入并产生巨大的增量成本。这些投入主要来自政府的专项引导资金、碳交易市场以及碳基金或债券等金融产品。世界各国政府相继启动了政府专项引导资金。

欧盟"绿色新政"提出征收碳边境调节税，即碳关税；《欧洲气候法》到 2050 年实现温室气体净零排放，每年追加 2600 亿欧元的资金投入（约占欧盟 GDP 的 1.5%）；欧盟长期预算的 25% 将用于支持应对气候变化的行动。

美国拿出 2 万亿美元投资"清洁能源革命与环境争议计划"，政府已经出台很多法案。

英国提出 2030 年前，政府将在能源领域投资 8 亿英镑，预计吸引超过 30 倍的私人投资全面投向可再生能源领域，投资下一代核技术；2030 年前交通领域要投资 55 亿英镑推动绿色低碳发展。

2. 碳的分级市场交易

在 1992 年提出的《联合国气候变化框架公约》中提出了"共同但有区别的责任"原则。

1997 年《京都议定书》是第一部限制各国温室气体排放的国际法案，提出了三种机制来推动控制温室气体排放：第一是联合（JI）机制，就是发达国家和发达国家之间的机制；第二是清洁发展（CDM）机制，是发达国家和发展中国家之间的机制；第三是碳排放权交易（ETS）机制。

2015 年达成了《巴黎协定》。主要成果：一是明确全球温升控制在 2℃甚至努力控制在 1.5℃以内；二是确定了国家自主贡献的新模式。2020 年 9 月 22 日习近平总书记在联合国大会一般性辩论上宣布中国"双碳"目标就是我们国家自主贡献的目标。

基于三种限制温室气体排放的机制，目前的碳市场主要如下：

碳排放权交易机制如图 8-15 所示。我国建立了全国统一的碳交易市场，主要针对各行业大中型企业的碳配额与交易（目前国内开展的是电力行业的配额及其交易）。

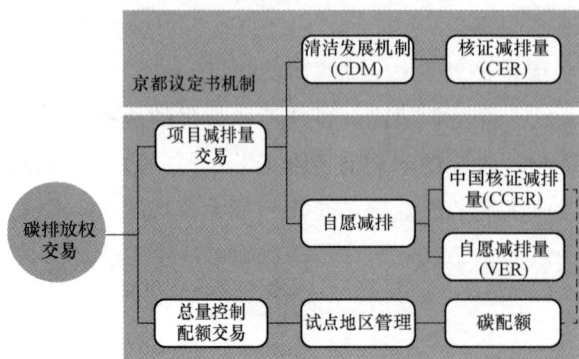

图 8-15 碳排放权交易市场示意

其他针对大中型企业的碳交易市场包括以下几种：

CER（certificate Emission reduction，核证减排量），是联合国 CDM（清洁发展机制）下签发的减排量，它的市场是国际的，价格高，市场体系规范；

VER（verified Emission reduction，自愿减排量），是由联合国指定的第三方实体认证与审核的减排量，价格没有 CER 高，市场体系没有 CER 规范；

CCER（Chinese certificate Emission reduction，中国核证减排量），中国认可的第三方实体认证与审核的减排量。

面对小微企业的碳交易市场，各地一般是探讨同各地碳普惠平台合作的方式。

3. 碳金融市场

除了上述政府引导资金和碳排放权交易市场外，各地还在积极探索其他金融支持的模式，如绿色发展（碳）基金、绿色（碳）债券等融资产品

四、增加碳汇资源

碳汇资源主要有生态碳汇和工程碳汇两种。

1. 生态碳汇

碳汇（carbon sink），是指通过植树造林、植被恢复等措施，吸收大气中的二氧化碳，从而减少温室气体在大气中浓度的过程、活动或机制。森林、草地、湿地等都是具有固碳能力的碳汇资源。

通常通过测算 2 个时间点森林生物量碳库变化以反映碳汇量。生物量碳库年变化量的计算采用时间 t_1 和 t_2 间的生物量碳库差额，除以相应时间段（年数），计算公式如下：

$$DCB = C_{t_2} - C_{t_1}/(t_2 - t_1) \tag{8-5}$$

式中：DCB 为在保持相同类别的土地上（例如，仍为林地的土地），生物量中的年度碳库变化（地上和地下生物量的总和），tC/a；C_{t_1}、C_{t_2} 为在时间 t_1、t_2 时，每种土壤亚类的生物量中的总碳量，tC。

2. 工程碳汇（CCUS）

工程碳汇是指利用工程技术手段，实现碳捕集利用与封存（CCUS）的固碳技术。

（1）碳捕集。

碳捕集有多种方法，参考第一章第四节。

燃烧前碳捕集用于 IGCC 整体煤气化联合循环的系统示意如图 8-16 所示。目前可应用于燃烧前捕集的 CO_2 分离技术主要有物理吸收法（以 selexol 法为代表）及化学吸收法（以 MDEA 法为代表）。

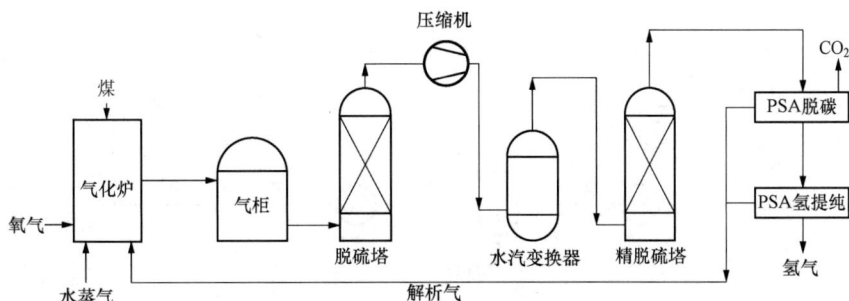

图 8-16　燃烧碳捕集系统示意

燃烧中的碳捕集方法富氧燃烧如图 8-17 所示，化学链燃烧如图 8-18 所示。

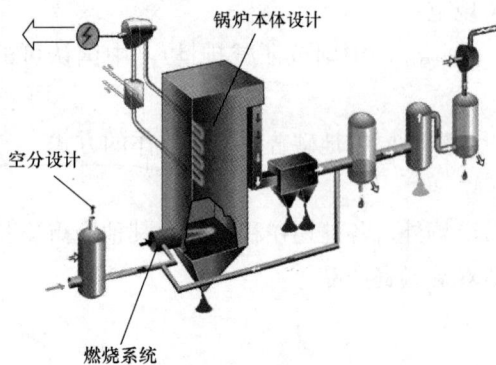

图 8-17 富氧燃烧

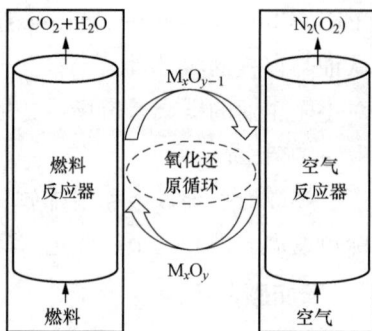

图 8-18 化学链燃烧

燃烧后的碳捕集方法常采用物理吸收法，如图 8-19 所示，化学吸收法如图 8-20 所示。

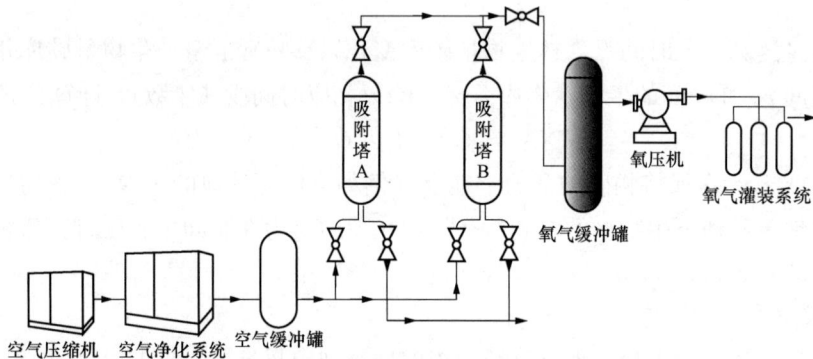

图 8-19 变压吸附物理吸收法系统示意

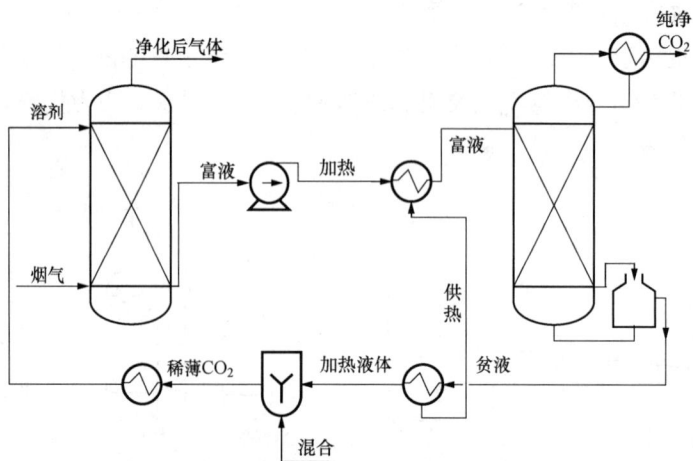

图 8-20 化学吸收法吸附二氧化碳

（2）碳利用。

高浓度二氧化碳主要有以下利用途径：物理利用、矿化利用和化学利用等。

物理利用：如干冰（见图8-21）、食品级二氧化碳（见图8-22）、焊接保护气体（见图8-23）等。

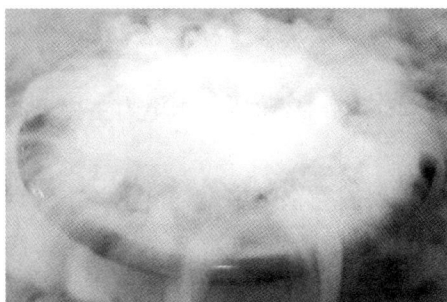

图8-21 干冰

图8-22 食品级二氧化碳

矿化利用是 CO_2 封存另外一种形式，适合于缺少地质储层条件的地区。以廉价的电厂粉煤灰为原料、利用可循环使用的 NH_4HSO_4 为溶出剂，可以实现 CO_2 的矿化封存。该工艺大大降低了矿化溶解的反应温度条件，在有效溶出 Ca、Mg 等金属元素用于 CO_2 矿化封存的同时，能产生含 Al、Fe 元素的高附加值产品，图8-24展示了 CO_2 利用粉煤灰制备的加气砖。

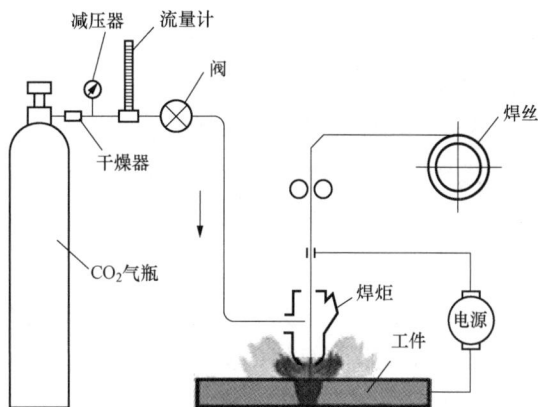

图8-23 焊接保护气体

化学利用：使用费托合成技术通过调节合成气中的氢碳比及反应温度、压力、催化剂种类等运行条件，可以将二氧化碳转化为甲醇、甲烷、尿素、小苏打等化工原料，图8-25为我国建造的全球首套二氧化碳加氢制甲醇示范装置。

图8-24 粉煤灰加气砖

图8-25 二氧化碳加氢制甲醇示范装置

第三节 能源革命与产业变革

一、 以非化石能源主体的能源革命

碳源主要来自化石能源的燃烧利用方式,其中,现阶段我国电力主要来源于燃煤火力发电。

燃煤火力发电的能量转换原理如下:化石燃料在锅炉中燃烧放热并产生高温高压的水蒸气;水蒸气在汽轮机凝汽器中被环境(水或空气)凝结并形成高度真空;汽轮机将水蒸气巨大压力差和温度差转化为巨大的转子转动机械能;最终,高速旋转的汽轮机转子带动发电机发电。

燃煤火力发电是最具有市场竞争力的大规模发电方式。但需要消耗煤炭等化石燃料,并向大气排放燃烧产物,其中包含对环境有害的 SO_x、NO_x 和超细粉尘,特别是排放大量的温室气体——二氧化碳。

1. 非化石能源发电等利用技术

核能发电技术是最重要的非化石能源发电技术之一。核能发电包括现有的核裂变发电方式和正在研发中的核聚变发电方式。核裂变发电的技术发展方向主要聚焦在核电站安全和核废料处置两个方面。

水力发电技术是最具有商业竞争力的非化石能源发电技术,除了丰枯水期和水利调节之外,水力发电具有良好的负荷调节性能。

光伏发电技术是成本下降速度最快的非化石能源发电技术。光伏发电的技术发展主要聚焦低成本、低能耗的第三代光伏技术,如异质结、topcon 和钙钛矿电池技术均取得重要进展。

风力发电技术是技术最成熟的非化石能源发电技术。风力发电的技术发展方向主要聚焦于高效风机,亦即高可靠性、高效率的智慧运维技术。

生物质能是数量最大的非化石能源资源,具有种类多、技术转换路线多样等特点。生物质能转换利用的方式包括发电、供热和制造化学品。生物质能利用过程中,燃烧的利用(如垃圾焚烧发电等)方式属于零碳利用方式,即生物质燃料(含生物航油)属于碳中性燃料;而生物质制造化学品(如制造生物炭)属于负碳利用方式。

除了核电和水电之外,大部分非化石能源发电大多数具有发电量的不稳定性和不确定性,受季节和天气影响大。大规模利用非化石能源发电,须采用新一代能源系统。

2. 多能互补的综合能源系统

多能互补综合能源系统主要指分布在用户端的能源综合利用系统,其输入端采用天然气、太阳能、风能、地热能、生物质等单一能源或多能互补形式,输出端可以是直供用户端的电力、热(冷)力、干燥、海水淡化、燃料提质等两种或两种以上的多能输出,采用能量梯级利用方式实现多能量产品的生产,可满足用户的多能量产品需求。

其中能量的梯级利用是分布式冷热电联供系统中的一个关键特征,当分布式冷热电联

供系统存在高温燃烧或者高温能量转化的过程时，应尽可能地采用能量梯级利用方式，以提高系统的能效，即在能源的转换过程中，采取"温度对口、梯级利用"重要原则，高温段的能量用于发电，中、低温段的能量用于供热和制冷，如图 8-26 所示，按级合理用能，能效可有明显提升，从而减少化石燃料使用和碳排放。

　　按照动力装置划分，分布式冷热电联供系统的动力装置有内燃机、微型燃气轮机、燃气轮机、燃料电池等，图 8-27 所示为燃气轮机型冷热电联供系统。按照与电网的关系划分，分布式冷热电联供系统主要包括独立运行（离网/孤岛）、并网不上网、并网上网和发电量全部上网 4 种类型，图 8-28 所示为离网型分布式冷热电联供系统。从使用的能源划分，可分为化石燃料、可再生能源、二次能源以及综合型，图 8-29 所示为分布式综合型能源系统。分布式综合能源系统多采用气体或者液体燃料，不包括直

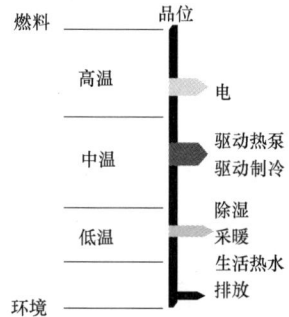

图 8-26　能量梯级利用

接用煤做燃料，但煤气化后可用于分布式供能；另外，可再生能源也均可作为分布式供能的能量来源。

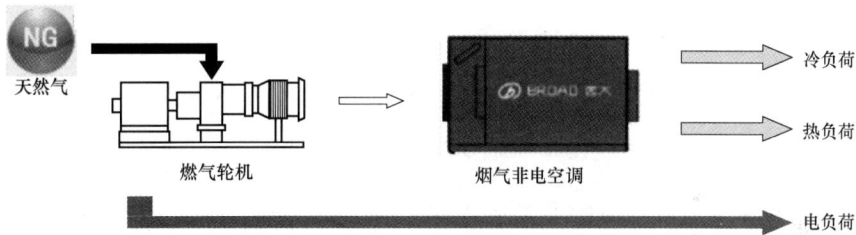

图 8-27　燃气轮机型冷热电联供系统

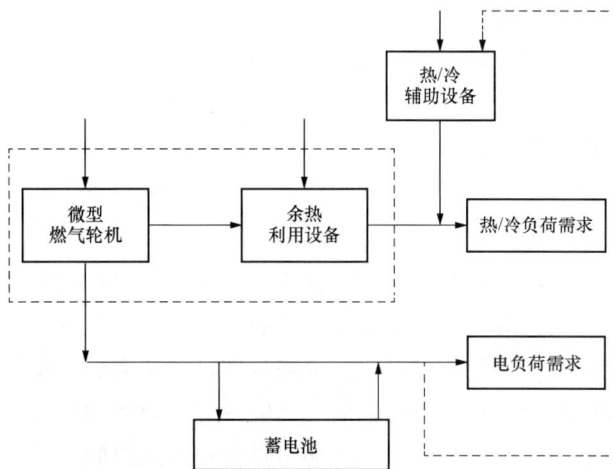

图 8-28　离网型分布式冷热电联供系统

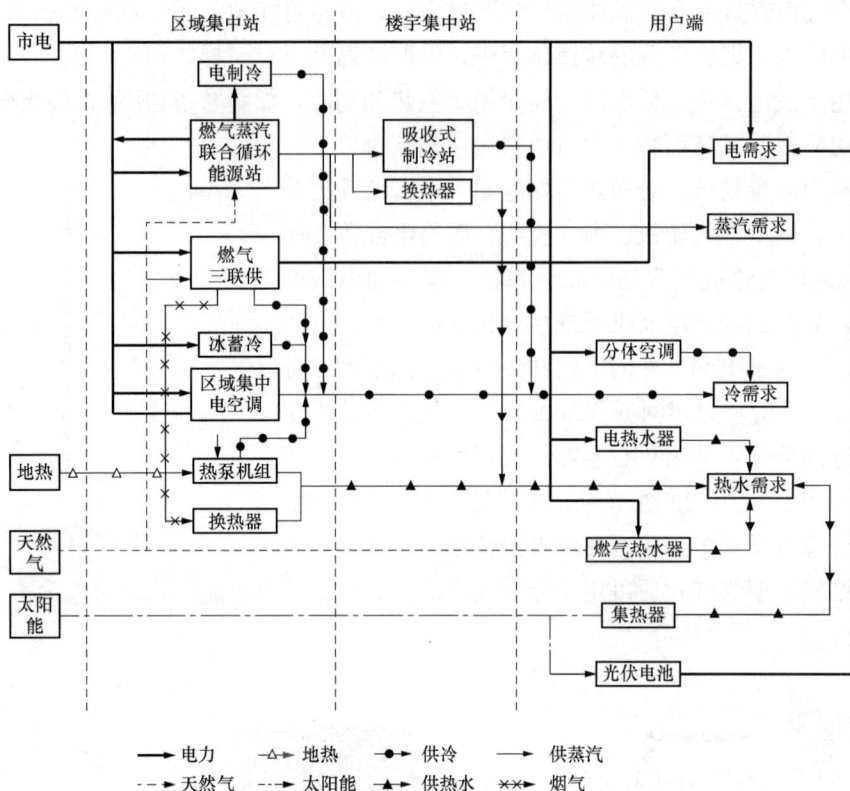

图 8-29　分布式综合能源系统

　　"双碳"背景下分布式综合能源系统具有能源综合利用率较高、清洁环保、安全可靠等特点。

　　3. 智慧化综合能源服务

　　新一代能源网的体系架构的构建基于多能互补的理念，同时也对能源服务提出更高的要求。能源服务的核心是保障各类能源网的供能质量。

　　当前能源服务的特点：当供需关系发生变化时，各类能源网的供能质量及其标志性参量将发生变化。输配电网在供大于求时电网频率和电压会升高，反之则降低；热力网在供大于求时，蒸汽或水的压力会升高，反之则降低；天然气网在供大于求时，燃气压力将升高，反之则降低。

　　传统的各类能源网主要使用化石燃料，其成本、能量密度和可控性均优于非化石能源，因此各类能源网采用供能侧刚性调节保证供能质量。

　　智慧化的综合能源服务的特点：以输配电网为例，由于大规模使用了不稳定的非化石能源发电，不仅需要传统的化石能源发电以及储能系统承担备用和调峰负荷外，还必须动用用户侧的需求响应能力。用户侧需求响应能力是指在不同时间段用户侧具有的可中断或可增长的负荷需求资源，换言之，用户侧可以通过减少或增加自身的负荷需求，帮助电网协调供需负荷的差值。

　　可见，供需协同的供能质量柔性保障是综合能源网的关键。如何实现智慧化的综合能源服务，主要需要以下技术支撑：一是源网荷储的状态感知和预测，通过物联网、大数据和人工智能技术，可以对供能侧、传输侧、储能装置和用户侧的能源状况和未来能源供需关系进行感知与预测；二是以高比例非化石能源消费为主要目标的综合运行调控与优化方案，在保证能源网安全可靠的前提条件下，实现包括碳排放在内的环境收益和多元利益主体经济收益的最大化；三是建立多元利益主体共赢的经济收益新机制，以往都是单一主体收益最大化，而在综合能源服务系统中，需要建立价格或者碳排放权等新型激励权属，建立多元主体的共赢机制。

二、 以深度脱碳为特征的产业变革

能源革命服务于产业变革。目前，高碳排放的产业部门主要包含三类：一是工业，以冶金行业、石化化工行业、水泥建材行业为主要的排放源；二是建筑，大型公共建筑（含商业建筑、教科文卫体事业单位和国家机关的办公建筑等）和民用建筑，随着城市化进程不断加速，建筑能耗及其碳排放呈快速增长的趋势；三是交通，随着现代服务业的快速发展，城市公共交通、现代物流交通、高速铁路、飞机航空和船舶航运等交通能耗及其碳排放快速增长，居民生活中机动车出行的能耗及碳排放也占据了相当的份额。

1. 净零排放的工业内各产业

工业是能源消耗的主体，也是碳排放的主体，其中，尤其以冶金行业、石化化工行业以及水泥建材行业等高碳排放行业最具有代表性。

工业内高碳行业都有一个共同的特点，化石能源既用作能源，又用作原料。因而，就目前的技术水平而言，实现净零排放仍存在一定的困难。

以钢铁行业为例。钢铁行业分为长流程和短流程两种工艺类型，我国主要是由铁矿石到钢制品的长流程，而欧美发达国家主要是由废钢到钢制品的短流程。钢铁行业的碳排放主要来自长流程中的铁前工序，如焦化、球团、高炉等工序。传统的铁矿石还原既需要一氧化碳作为还原剂，也需要大量的热量以便将球团状铁矿石融化成铁水。

目前，钢铁行业正在尝试利用氢做还原剂的工艺路线，氢能冶炼技术取得重要阶段性成果。除了上述钢铁行业的工艺流程再造之外，石化化工行业的工艺也有一部分可以从目前的碳转换路线转变为氢转换路线。

工业实现深度脱碳的常规路线是节能减碳技术、非化石能源替代减碳技术以及碳捕集利用与封存（CCUS）技术等。

（1）节能减碳是碳减排技术中最主要且相对低成本的技术。我国工业能效与国际先进水平相比还有一定的差距，主要表现在结构性和系统性两个方面。一方面，所谓结构性主要是国际上先后进入石油和天然气时代，使用高效且低碳排放的优质能源，而我国能源主要以煤炭为主；另一方面，就主要产品的单耗而言，我国同先进国家的差距不明显，但从全系统的角度看，我国的能源效率偏低，主要是中间环节多且效率不高，提升系统性效率是当务之急。

（2）能源替代减碳包含两个部分内容：一是利用自有厂房屋顶等资源，建立非化石能源发电站或者通过购买绿色电力等方式替代燃煤火电；二是终端消费再电气化，例如，利用电能驱动的高温热泵替代燃煤锅炉供热等，随着电网电源结构中非化石能源占比的不断提高，电能替代的碳减排效果亦将不断显现。

（3）碳捕集利用与封存（CCUS）技术减碳。结合工艺特点，开发以二氧化碳资源化利用为核心的专有 CCUS 技术，构建废弃物资源化的循环经济体系。

对剩余的二氧化碳排放量，则可以通过碳配额交易、项目自愿减排量交易和碳普惠交易等方式，获得剩余碳排放的减碳效果。

2. 低碳、产能与储能建筑

第三产业中现代服务业的能耗主要表现为建筑能耗（建筑物的运行能耗）。此外，居民生活能耗中，除了私家车产生的交通能耗外，建筑能耗在生活能耗中占比非常高。

建筑能耗包括暖通空调能耗、照明能耗、办公设备能耗、动力设备（包含电梯、水泵和风机等）能耗、其他能耗（如洗浴热水、餐饮燃气等）。

建筑物分为大型公共建筑（教科文卫体等事业单位使用的建筑物，单体建筑面积超过 20 000m^2）、国家机关建筑、商业建筑（酒店、大型商业综合体等）、厂房建筑和民用建筑等多种类型。

建筑物的种类不同，其能耗结构也不相同，但其中暖通空调能耗均居前列。暖通空调能耗取决于以下诸多因素：一是暖通空调负荷的需求。环境温度与室内温度差越大，冬季暖通空调的负荷需求越大。被动式建筑所选用的门、窗和墙体等围护结构具有良好的保温隔热效果，可以有效降低暖通空调的负荷需求；室内人员及室内冷热源少，也可以降低暖通空调负荷；冬季室内空调设定温度低，夏季室内空调设定温度高，暖通空调负荷也可以降低。二是传输系统能耗。中央空调系统有比较庞大的风系统和水系统，管道阻力（包括沿程阻力和局部阻力等）的降低有助于降低暖通空调能耗。三是冷热源的能量转换效率。一般而言，水源热泵的能效比土壤源热泵和空气源热泵都要高。

（1）低能耗建筑是碳中和对建筑物节能减碳的基本要求。对于国土面积相对短缺的长三角、珠三角和京津冀区域，非化石能源与建筑物一体化是提升本地非化石能源消费占比的主要举措。大型公共建筑、国家机关建筑、商业建筑、厂房建筑和民用建筑等是建设分布式光伏电站宝贵资源，屋顶和玻璃幕墙等都是分布式光伏的有效载体。

（2）产能建筑是碳中和对建筑物非化石能源替代减碳的补充要求。建筑物具有巨大的蓄热（冷）能力，特别是使用暖通空调系统的建筑物，可以利用建筑物自身的蓄热（冷）能力，参与电力输配电网和热网的需求响应。例如，在用电高峰时段，可以短时间（分钟级）内中断暖通空调负荷，在不影响人体体验的情况下，为输配电网的削峰填谷作出贡献。当然，建筑物业主也可以因此获得经济收益。

（3）储能建筑在碳中和对建筑物参与供需协同的新要求。通过整合上述技术，国内已经涌现出多个低碳和零碳园区，图 8-30 为 2021 年获批的国内绿色低碳示范园区——苏州工业园区，是我国首批三个绿色低碳示范园区之一。

3. 低碳与储能交通

交通是国民经济高效运行的基础，"要致富先修路"就通俗地说明了交通的重要性。

交通的范围广，包含国际和国内；交通的种类繁多，有航空、航运、铁路、城市交通

图 8-30　绿色低碳示范园区——苏州工业园区

等；交通的方式多样，长途客运有飞机、轮船、高速铁路，短途客运有城市公共交通、城市轨道交通、出租车、私家车以及自行车等。

交通能源消费覆盖范围也非常广泛，除了上述交通运输工具的能源消费外，交通基础设施中道路、桥梁、隧道等建设施工及原辅材料也属于广义的交通能耗。

在区域经济发展中，与第三产业和居民出行相关的能源消费，主要包括物流配送、公共交通、轨道交通、出租车和私家车等。

目前，短途货运和客运交通中，汽油车、柴油车和天然气车占比较高的份额，燃油以及燃气的二氧化碳排放量持续快速增长。目前，主要从提高公共交通分担率、生物质燃料替代汽柴油、高效内燃机技术运用等几个方面入手，取得了一定的碳减排效果。

短途货运和客运车辆的能源消费电气化是推动未来低碳交通的重要手段。电动汽车的占比提升，有利于降低汽油和柴油的消费量，提高我国油气能源的安全性；同时，随着电源结构中非化石能源比重的不断提升，短途交通电气化对于降低碳排放具有明显的作用。

大比例电动车的使用，充电桩（或换电站）的储能作用日趋显著，有望成为储能交通的重要支撑（见图 8-31）。

此外，为了提高区域内道路交通系统运行效率，需要加强公交优先道路及运营管理，不断完善优化道路交叉口信号灯协同控制。

图 8-31　电动车走进千家万户

参考文献

[1] 中国电力规划设计总院.中国低碳化发电技术创新发展年度报告 2020 [M].北京：人民日报出版社，2021.

[2] 中华人民共和国国务院新闻办公室.国家能源局：我国可再生能源发展开发利用规模稳居世界第一 [EB/OL].[2021-3-30].http：//www.scio.gov.cn/video/42600/42601/Document/1701316/1701316.htm.

[3] 国家能源局新闻发言人.国家能源局2021年一季度网上新闻发布会文字实录 [J].中国电业，2021 (2)：26-29.

[4] 陈海生，吴玉庭.储能技术发展及路线图 [M].北京：化学工业出版社，2020.

[5] 饶政华，李玉强，刘江维，等.太阳能热利用原理与技术 [M].北京：化学工业出版社，2020.

[6] 徐振松.论太阳能热水器的现状 [J].城市建设理论研究，2012 (34)：1-5.

[7] 肖刚，倪明江，岑可法，等.太阳能 [M].北京：中国电力出版社，2019.

[8] 许同川.槽式太阳能熔盐光热电站系统设计优化与性能分析 [D].北京：华北电力大学，2020.

[9] 太阳能产业资讯.太阳能海水淡化技术在海南应用状况 [EB/OL].[208-07-19].https：//www.sohu.com/a/242256995_99904970.

[10] 张佳琪.2018年全国海水利用报告 [EB/OL].[2020-02-19].https：//www.h2o-china.com/news/303552.html.

[11] 郑瑞澄.太阳能利用技术 [M].北京：中国电力出版社，2018.

[12] 刘杰.太阳能光伏发电系统及应用前景分析 [J].新能源科技，2020 (09)：31-34.

[13] 于雪梅.谈太阳能光伏发电系统的原理与应用 [J].工程建设与设计，2013 (08)：102-105.

[14] 廖顺宝，刘凯，李泽辉.中国风能资源空间分布的估算 [J].地球信息科学，2008 (05)：551-556.

[15] 齐丽丽.国际风力发电的现状及展望 [J].气象与环境学报，2003 (4)：36-38.

[16] 燕程，乌彤，高伟.风能利用历史、现状与未来趋势 [C].银川：中国电机工程学会清洁高效发电技术协作网2014年会，2014.

[17] 前瞻产业研究院.2020年全球风电行业装机规模及区域格局分析 风能资源总量巨大且市场稳定发展 [EB/OL].[2021-05-13].https：//bg.qianzhan.com/report/detail/300/210513-ed58f026.html.

[18] GWEC. Global Wind Report 2021. [EB/OL].[2021-09-09].https：//gwec.net/global-wind-report-2021/.

[19] 乌日力嘎.可再生能源电力发展现状与展望 [J].环境保护与循环经济，2019，39 (12)：4-6.

[20] 王明华，李在元，代克化.新能源导论 [M].北京：冶金工业出版社，2014.

[21] 国家能源局.2019年风电并网运行情况 [EB/OL].[2020-02-28].http：//www.nea.gov.cn/2020-02/28/c138827910.htm.

[22] 王世明，曹宇.风力发电概论 [M].上海：上海科学技术出版社，2019.

[23] 滕达.基于MPPT的风力发电变桨距控制系统的研究 [D].济南：山东科技大学，2018.

[24] 王国华.计及风光超短期预测的电网紧急控制技术 [D].南京：东南大学，2019.

[25] 王永强.油井应用非并网风电的试验及效果分析 [J].石油石化节能，2012，2 (10)：1-3＋57.

[26] 郭军.风电装机规模925万千瓦甘肃酒泉市新能源产业发展综述 [EB/OL].[2020-04-27].ht-

tps：//newenergy. in - en. com/html/newenergy - 2380616. shtml.

[27] 李剑 . 我国风能发电发展前景研究 [J] . 中国设备工程，2019（14）：184 - 185.

[28] GWEC. Global Offshore Wind Report 2020 [EB/OL] . [2020 - 01 - 08] . https：//gwec. net/global - off-shore - wind - report - 2020

[29] 新浪科技微博 . 美研制空中风力发电机：充满氦气漂浮高空 [EB/OL] . [2012 - 04 - 05]. ht-tps：//tech. sina. com. cn/d/2012 - 04 - 05/07476911687. shtml.

[30] 杨麟，李明，李国良，等 . 分布式离网风电制冷储能系统的实验研究 [J] . 云南师范大学学报（自然科学版），2020，40（01）：8 - 11.

[31] 石元春，程序 . 生物质能的国家战略定位 . 北京：2019 全球生物质能创新发展高峰论坛，2019.

[32] 闫强，王安建，王高尚，等 . 全球生物质能资源评价 . 中国农学通报，2009，25（18）：466 - 470.

[33] 中国产业发展促进会生物质能产业分会 . 2021 中国生物质发电产业发展报告 . 上海：2021 上海国际有机固废能源化低碳利用高峰论坛，2021.

[34] 高金锴，佟瑶，王树才，等 . 生物质燃煤耦合发电技术应用现状及未来趋势 . 可再生能源，2019，004（037）：501 - 506.

[35] 蒋剑春 . 生物质热化学转化制液体燃料的研究进展 [J] . 生物质化学工程，2007（05）：45 - 51.

[36] 李全林 . 新能源与可再生能源 . 南京：东南大学出版社，2008.

[37] 彭泽元 . 当今世界水能资源及其开发前景 [J] . 东方电气评论，1994（3）：184 - 188.

[38] 丁胜利 . 水能资源的综合利用与存在问题 [J] . 水能经济，2016（11）：86 - 86.

[39] 徐志 . 水能资源开发利用程度国际比较 [J] . 水利水电科技进展，2018，38（1）：63 - 67.

[40] 黄素逸 . 能源概论 . 北京：高等教育出版社，2013.

[41] 顾永和，席静，王静，等 . 水能资源利用技术的研究综述 [J] . 山东化工，2019，48（01）：53 - 64 .

[42] 刘慧超 . 发挥水能资源主体作用 加快低碳经济步伐 [J] . 四川水利，2014，35（01）：87 - 88.

[43] 许臻 . 中国古代水能利用研究 [D] . 南京：南京农业大学，2009.

[44] 王成良 . 试论低碳经济时代下水能源主体作用 [J] . 珠江水运，2017（12）：65 - 66.

[45] 方永乐，刘纯银 . 低碳经济时代为水能资源开发带来新的发展机遇 [J] . 农村电气化，2010（12）：51 - 52.

[46] 吴金星 . 能源工程概论 [M] . 北京：机械工业出版社，2018.

[47] 李郁侠 . 水力发电机组辅助设备 . 北京：中国水利水电出版社，2013.

[48] 田瑞 . 能源与动力工程概论 [M] . 北京：中国电力出版社，2008.

[49] CATALDI R. Review of historiographic aspects of geothermal energy in the Mediterranean and Me-soamerican areas prior to the Modern Age [J] . United States：Geo - Heat Center Quarterly Bulletin，1992，18（1）：13 - 16.

[50] TIWARI G N, GHOSAL M K. Renewable energy resources：basic principles and applications [M]. Alpha Science International，2005.

[51] LUND J. 100 Years of Geothermal Power Production [J] . United States：Geo - Heat Centre Quarter-ly Bulletin，2004，25（3）：11 - 19.

[52] MCLARTY L, REED M J. The U. S. geothermal industry：Three decades of growth [J] . Energy Sources，1992，14（4）：443 - 455.

[53] ERKAN K, HOLDMANN G, BENOIT W, et al. Understanding the Chena Hot flopë Springs, Alaska, geothermal system using temperature and pressure data [J] . Geothermics. 2008，37（6）：565 - 585.

[54] 李扬，赵婉雨．原创｜地热能领域产业技术分析报告 [J]．高科技与产业化．2019 (09)：46-51.

[55] 徐耀兵，王敏，潘军，等．地热资源发电技术特点及发展方向 [M]．中外能源，2012，7 (7)：29-33.

[56] 高峰．潮汐发电前景无限 [J]．石油知识，2020 (04)：46-47.

[57] 王军，于华明，蔡德泉．我国海流能量分布研究以及海流发电设计方案建议 [J]．科技风，2013 (01)：108-110.

[58] 史宏达，刘臻．海洋波浪能研究进展及发展趋势 [J]．科技导报，2021，39 (06)：22-28.

[59] 刘蕾，陈凤云，彭景平，等．海洋温差能发电系统新型热力循环理论分析 [J]．科技导报，2021，39 (06)：84-89.

[60] 王燕，刘邦凡，段晓宏．盐差能的研究技术、产业实践与展望 [J]．中国科技论坛，2018 (05)：49-56.

[61] 国家海洋局．我国近海海洋综合调查与评价专项（908 专项）[EB/OL]．[2012-11-01]．http：/www.soa.gov.cn/xw/ztbd/2012/wgjhhyzhdcypjzxsltgzys/zghybjzzf/201211/120121129_11491.htm.

[62] 王冀．"蓝"能可贵的海洋能 [J]．地球，2020 (02)：6-11.

[63] 刘伟民，刘蕾，陈凤云，等．中国海洋可再生能源技术进展 [J]．科技导报，2020，38 (14)：27-39.

[64] 陈海生，吴玉庭．储能技术发展及路线图 [J]．国企管理，2021 (18)：18.

[65] 李星，王明珊，张骞．储能材料与器材 [M]．成都：西南石油大学，2021.

[66] 饶中浩，汪双凤．储能技术概论 [M]．徐州：中国矿业大学出版社，2017.

[67] 黄志高，林应斌，李传常．储能原理与技术 [M]．北京：中国水利水电出版社，2020.

[68] CHOI J H, JANG S M, SUNG S Y, et al. Operating range evaluation of double-side permanent magnet synchronous motor/generator for flywheel energy storage system. IEEE Transactions on Magnetics, 2013, 49 (7)：4076-4079.

[69] 戴兴建，魏鲲鹏，张小章，等．飞轮储能技术研究五十年评述 [M]．储能科学与技术，2018，7 (5)：765-782.

[70] AMROUCHE S O, REKIOUA A D, REKIOUA T, et al. Overview of energy storage in renewable energy systems. International Journal of Hydrogen Energy, 2016, 41 (45)：20914-20927.

[71] 合肥物质科学研究院．高温超导储能磁体关键技术研究获进展 [EB/OL]．[2017-05-12]．http：//www.cas.cn/syky/201705/t20170511_4600721.shtml.

[72] 李星，王明珊，张骞，等．储能材料与器材 [M]．成都：西南石油大学，2021.

[73] 陈海生，吴玉庭．储能技术发展及路线图 [M]．北京：化学工业出版社，2020.

[74] 搜狐网．2020 年中国电化学储能市场规模与发展前景分析产业步入发展快车道 [EB/OL]．(2020-08-17) [2020-11-25]．https：//www.sohu.com/a/413439193_704734.

[75] 张永锋，俞越，张宾，等．铅酸电池现状及发展 [J]．蓄电池，2021，58 (01)：27-31.

[76] 黄志高．储能原理与技术．2 版 [M]．北京：中国水利水电出版社，2020.

[77] 宋清山．镉镍电池的发展及用途 [J]．家用电器，2000 (10)：37.

[78] 余国华，王正伟．我国镉镍蓄电池的技术发展与现状 [J]．电池工业，1999 (03)：106-109.

[79] 尹亮亮．电极材料及装配方式对新能源汽车用镍氢动力电池性能影响研究 [D]．呼和浩特：内蒙古科技大学，2020.

[80] 张鹏，孟进，许英．镍氢电池的原理及与镍镉电池的比较 [J]．国外电子元器件，1997 (05)：15-17.

[81] 饶中浩，汪双凤．储能技术概论．徐州：中国矿业大学出版社，2017.

[82] 搜狐网．住友电工获得北海道风电场 51MWh 全钒液流储能电池订单 [EB/OL]．(2020-07-29) [2021-3-30]．https：//www.sohu.com/a/410324475_120059198.

［83］北极星风力发电网. 融科储能全钒液流电池系统向辽宁电网送电成功［EB/OL］.（2013 - 03 - 29）［2021 - 3 - 30］. https：//news. bjx. com. cn/html/20130329/425874. shtml

［84］中国储能网. 上海电气发布 250kW 全钒液流电池储能系统［EB/OL］.（2017 - 12 - 21）［2021 - 3 - 30］. https：//www. sohu. com/a/211831523 _ 465261

［85］维科号. 世界最大的全钒液流电池储能系统在美国加州并网启用［EB/OL］.［2012 - 05 - 11］. https：//http：//mp. ofweek. com/smartgrids/a034592711975

［86］搜狐网. 日本能源观察 03：钠硫电池示范项目［EB/OL］.（2018 - 3 - 7）［2021 - 3 - 30］. https：//www. sohu. com/a/225081360 _ 100049846

［87］日本 NGK 公司. NAS（钠硫）电池产品信息［EB/OL］.［2021 - 3 - 30］. https：//www. ngk - in- sulators. com/cn/product/nas. html

［88］王立民. 动力镍氢电池的研制和应用［A］. 龙岩：中国海西稀土产业技术成果对接会，2010.

［89］ZHAO D，TAN G. A review of thermoelectric cooling：Materials，modeling and applications［J］. Appl Therm Eng，2014，66（1 - 2）：15 - 24.

［90］SHEN J，MO Z，LI Z，et al. Development of magnetic refrigeration materials andtechnology［J］. Scientia Sinica Physica，Mechanica & Astronomica，2021，51（6）：3 - 17.

［91］PECHARSKY A O，GSCHNEIDNER J K A，PECHARSKY V K，et al. The room temperature met- astable/stable phase relationships in the pseudo - binary Gd5Si4 - Gd5Ge4 system［J］. Journal of Al- loys and Compounds，2002，338（1 - 2）：126 - 135.

［92］CAO F Z，CHEN H W，XIE Z K，et al. Magnetic properties and magnetic entropy changes of perovs- kite manganese oxide La0. 8 - xEuxSr0. 2MnO$_3$（$x=$ 0，0. 075）［J］. Chinese Journal of Physics，2020，65：424 - 435.

［93］SHEN J，ZHAO J L. Magnetocaloric effect in La0. 5Pr0. 5Fe11. 5Si1. 5 compounds with a combined addition of Co and C［J］. Journal of Applied Physics，2012，111（7）：07A908.

［94］FUJITA A，FUJIEDA S，HASEGAWA Y，et al. Itinerant - electron metamagnetic transition and large magnetocaloric effects in La（Fe$_x$ Si$_{1-x}$）13 compounds and their hydrides［J］. Physical Review B，2003，67（10）：104416.

［95］ZHANG H，LONG Y，NIU E，et al. Influence of particle size on the hydrogenation in La（Fe，Si）13 compounds［J］. Journal of Applied Physics，2013，113（17）：17A911.

［96］FRIES M，PFEUFFER L，BRUDER E，et al. Microstructural and magnetic properties of Mn - Fe - P - Si（Fe$_2$P - type）magnetocaloric compounds［J］. Acta Materialia，2017，132：222 - 229.

［97］KRENKE T，DUMAN E，ACET M，et al. Inverse magnetocaloric effect in ferromagnetic Ni - Mn - Sn alloys［J］. Nature materials，2005，4（6）：450 - 454.

［98］SHEN J，ZHANG H，WU J F. Magnetic entropy change and large refrigerant capacity of Ce$_6$Ni$_2$Si$_3$- type GdCoSiGe compound［J］. Chinese Physics B，2011，20（2）：027501.

［99］GUO Z B，DU Y W，ZHU J S，et al. Large magnetic entropy change in perovskite - type manganese oxides［J］. Physical Review Letters，1997，78（6）：1142.

［100］ZHENG X Q，SHEN B G. The magnetic properties and magnetocaloric effects in binary R - T（R= Pr，Gd，Tb，Dy，Ho，Er，Tm；T= Ga，Ni，Co，Cu）intermetallic compounds［J］. Chinese Phys- ics B，2017，26（2）：027501.

［101］LI L，NISHIMURA K，KADONAGA M，et al. Giant magnetocaloric effect in antiferromagnetic borocarbide superconductor R Ni_2B_2C (R= Dy, Ho, and Er) compounds [J]. Journal of Applied Physics, 2011, 110 (4): 043912.

[102] MO Z J, SHEN J, LI L, et al. Observation of giant magnetocaloric effect in $EuTiO_3$ [J]. Materials Letters, 2015, 158: 282 - 284.

[103] BALLI M, ROBERGE B, FOURNIER P, et al. Review of the magnetocaloric effect in $RMnO_3$ and RMn_2O_5 multiferroic crystals [J]. Crystals, 2017, 7 (2): 44.

[104] DEY K, INDRA A, MAJUMDAR S, et al. Cryogenic magnetocaloric effect in zircon - type RVO_4 (R= Gd, Ho, Er, and Yb) [J]. Journal of Materials Chemistry C, 2017, 5 (7): 1646 - 1650.

[105] ERIKSEN D, ENGELBRECHT K, BAHL C R H, et al. Design and experimental tests of a rotary active magnetic regenerator prototype [J]. International Journal of Refrigeration, 2015, 58: 14 - 21.

[106] 钱小石, 李施陈. 电卡制冷材料与系统发展现状与展望 [J]. 制冷学报. 2021, 42 (1): 1 - 13.

[107] PLAZNIK U, KITANOVSKI A, ROZIC B, et al. Bulk relaxor ferroelectric ceramics as a working body for an electrocaloric cooling device [J]. Applied Physics Letters, 2015, 106 (4): 043903.

[108] GU H, QIAN X, LI X, et al. A chip scale electrocaloric effect based cooling device [J]. Applied Physics Letters, 2013, 102 (12): 122904.

[109] ZHANG T, QIAN X S, GU H, et al. An electrocaloric refrigerator with direct solid to solid regeneration [J]. Applied Physics Letters, 2017, 110 (24): 243503.

[110] MA R, ZHANG Z, TONG K, et al. Highly efficient electrocaloric cooling with electrostatic actuation [J]. Science, 2017, 357 (6356): 1130 - 1134.

[111] 钱苏昕, 袁丽芬, 晏刚, 等. 弹热制冷技术的发展现状与展望 [J]. 制冷学报, 2018 (2): 1 - 12.

[112] ZHU X, HAO J, BAO B, et al. Unique ion rectification in hypersaline environment: A high - performance and sustainable power generator system. [J]. Science Advances, 2018, 4 (10): eaau1665.

[113] QIAN S, GENG Y, WANG Y, et al. Design of a hydraulically driven compressive elastocaloric cooling system [J]. Science and Technology for the Built Environment, 2016, 22 (5): 500 - 506.

[114] TUSEK J, ENGELBRECHT K, ERIKSEN D, et al. A regenerative elastocaloric heat pump [J]. Nature Energy, 2016, 1 (10): 1 - 6.

[115] BOLDRIN D. Fantastic barocalorics and where to find them [J]. Applied Physics Letters, 2021, 118 (17): 170502.

[116] LI B, KAWAKITA Y, OHIRA K S, et al. Colossal barocaloric effects in plastic crystals [J]. Nature, 2019, 567 (7749): 506 - 510.

[117] MANOSA L, GONZALEZ A D, PLANES A, et al. Giant solid - state barocaloric effect in the Ni - Mn - In magnetic shape - memory alloy [J]. Nature Materials, 2010, 9 (6): 478 - 481.

[118] LIN J, TONG P, ZHANG X, et al. Giant room - temperature barocaloric effect at the electronic phase transition in $Ni_{1-x}Fe_xS$ [J]. Materials Horizons, 2020, 7 (10): 2690 - 2695.

[119] LIOVERAS P, STERN T E, BARRIO M, et al. Giant barocaloric effects at low pressure in ferrielectric ammonium sulphate [J]. Nature Communications, 2015, 6 (1): 1 - 6.

[120] AZNAR A, LIOVERAS P, ROMANINI M, et al. Giant barocaloric effects over a wide temperature range in superionic conductor AgI [J]. Nature Communications, 2017, 8 (1): 1 - 6.

[121] IMAMURA W, USUDA E O, PAIXAO L S, et al. Supergiant barocaloric effects in acetoxy silicone

rubber over a wide temperature range: Great potential for solid - state cooling [J]. Chinese Journal of Polymer Science, 2020, 38 (9): 999 - 1005.

[122] RAMAN A P, ANOMA M A, ZHU L, et al. Passive radiative cooling below ambient air temperature under direct sunlight [J]. Nature, 2014, 515 (7528): 540 - 544.

[123] CHEN Z, ZHU L, RAMAN A, et al. Radiative cooling to deep sub - freezing temperatures through a 24 - h day - night cycle [J]. Nature Communications, 2016, 7 (1): 1 - 5.

[124] ZHAI Y, MA Y, DAVID S N, et al. Scalable - manufactured randomized glass - polymer hybrid metamaterial for daytime radiative cooling [J]. Science, 2017, 355 (6329): 1062 - 1066.

[125] MANDAL J, FU Y, OVERVIG A C, et al. Hierarchically porous polymer coatings for highly efficient passive daytime radiative cooling [J]. Science, 2018, 362 (6412): 315 - 319.

[126] ZHANG H, LY K C S, LIU X, et al. Biologically inspired flexible photonic films for efficient passive radiative cooling [J]. Proceedings of the National Academy of Sciences, 2020, 117 (26): 14657 - 14666.

[127] ZHANG J, ZHOU Z, QUAN J, et al. A flexible film to block solar radiation for daytime radiative cooling [J]. Solar Energy Materials and Solar Cells, 2021, 225: 111029.

[128] ZHAO D, AILI A, ZHAI Y, et al. Radiative sky cooling: Fundamental principles, materials, and applications [J]. Applied Physics Reviews, 2019, 6 (2): 021306.

[129] ZHAO D, AILI A, ZHAI Y, et al. Subambient cooling of water: Toward real - world applications of daytime radiative cooling [J]. Joule, 2019, 3 (1): 111 - 123.

[130] QIAN H, MIAO T, LIU L, et al. Indoor transmission of SARS - CoV - 2 [J]. Indoor Air, 2021, 31 (3): 639 - 645.

[131] ZHANG Y P, LI B Z, HUANG C, et al. Ten cities cross - sectional questionnaire survey of children asthma and other allergies in China [J]. Chinese Science Bulletin, 2013, 58 (34): 4182 - 4189.

[132] QIAN H, ZHENG X, ZHANG M, et al. Associations between parents' perceived air quality in homes and health among children in Nanjing, China [J]. PloS One, 2016, 11 (5): e0155742.

[133] ZHENG X H, QIAN H, ZHAO Y L, et al. Home risk factors for childhood pneumonia in Nanjing, China [J]. Chinese Science Bulletin, 2013, 58 (34): 4230 - 4236.

[134] LI Y, QIAN H, HANG J, et al. Probable airborne transmission of SARS - CoV - 2 in a poorly ventilated restaurant [J]. Building and Environment, 2021, 196: 107788.

[135] American National Standards Institute. Thermal environmental conditions for human occupancy [M]. American Society of Heating, Refrigerating and Air - Conditioning Engineers, 2004.

[136] DE D R, BRAGER G S. Developing an adaptive model of thermal comfort and preference [J]. ASHRAE Transactions, 1998, 104 (1): 145 - 67.

[137] ASHRAE A. Standard 62. 1 - 2019, ventilation for acceptable indoor air quality [J]. American Society of Heating, Refrigerating, and Air - Conditioning Engineers. Atlanta USA: GA, 2019.

[138] 许传龙, 宋志英, 王式民, 等. 静电传感技术在燃煤电站煤粉测量中的应用 [J]. 锅炉技术, 2008, 39 (1): 32 - 37.

[139] 叶洁敏. 锅炉一次风煤粉流量测量技术的研究 [D]. 北京: 华北电力大学, 2019.

[140] 侯凡军, 张利孟, 刘景龙, 等. 直吹式制粉系统送粉管道粉量分配特性试验研究 [J]. 山东电力技术, 2018, 45 (5): 61 - 65.

[141] 柴红. 煤质化验技术在火力发电厂的重要性分析 [J]. 企业技术开发, 2019, 38 (5): 135-136.

[142] 张蕊红, 王健. 煤炭质量检测分析技术的发展及趋势 [J]. 煤炭加工与综合利用, 2021 (3): 81-83+4.

[143] 宋兆龙, 吕震中, 陆厚平, 等. 基于中子活化技术的煤炭全元素在线分析系统的研究 [J]. 中国电机工程学报, 2001 (2): 90-93+97.

[144] 杨寅平, 曾沅, 秦超, 等. 面向深度调峰的火电机组灵活性改造规划模型 [J]. 电力系统自动化, 2021, 45 (17): 10.

[145] 王煜伟, 田宏伟, 秦永新, 等. 基于火焰图像和卷积稀疏自编码的燃烧工况监测 [J]. 动力工程学报, 2020, 40 (9): 713-719.

[146] 亚云启. 基于光谱分析和图像处理的炉膛火焰温度检测及燃烧诊断 [D]. 徐州: 中国矿业大学, 2017.

[147] 李哲. 基于图像的火焰检测技术分析 [D]. 北京: 华北电力大学, 2015.

[148] 胡主宽. 锅炉炉膛温度场测量技术研究现状与发展趋势探讨 [J]. 中国测试, 2015, 41 (4): 5-9.

[149] JIA L N. Image reconstruction of two dimensional temperature field in furnace by using acoustic method [J]. Process Automation Instruction, 2004, 25 (9): 44-47.

[150] 沈国清, 安连锁, 姜根山, 等. 炉膛烟气温度声学测量方法的研究与进展 [J]. 仪器仪表学报, 2003, 24 (4): 555-558.

[151] 陈辉. 灼烧法飞灰含碳量在线检测装置的应用 [J]. 科技创新与应用, 2013, (25): 38-38.

[152] 陈立军, 王莹, 邹晓旭, 等. 锅炉飞灰含碳量检测技术的发展和现状 [J]. 化工自动化及仪表, 2010, 37 (9): 1-4.

[153] 吴曙笛. 微波飞灰测碳仪现存问题与改进途径 [J]. 西北电力技术, 2000 (4): 37-41, 3.

[154] 冯旭刚, 钱家俊, 章家岩. 基于遗传神经网络敏感度分析的飞灰含碳量测量方法 [J]. 电子测量与仪器学报, 2016, 30 (7): 1083-1089.

[155] 刘鸿, 周克毅. 锅炉飞灰测碳仪的技术现状及发展趋势 [J]. 锅炉技术, 2004 (2): 65-68.

[156] 郝剑, 周佩丽, 彭志敏, 等. 火电机组烟气中 CO 在线测量方法对比研究 [J]. 洁净煤技术, 2019, 25 (6): 152-157.

[157] 牛小民, 李世伟, 张广来, 等. 温度对催化燃烧式气体传感器影响研究 [J]. 现代计算机 (专业版), 2015 (27): 3-5.

[158] CATALDI R. Review of historiographic aspects of geothermal energy in the Mediterranean and Mesoamerican areas prior to the Modern Age [J]. United States: Geo-Heat Center Quarterly Bulletin, 1993.

[159] TIWARI G N, GHOSAL M K. Renewable energy resources: basic principles and applications [M]. Harrow, U. K.: Alpha Science Internat., 2005.

[160] LUND J W. 100 years of geothermal power production [J]. Geo-Heat Centre Quarterly Bulletin, 2004, 25 (3): 11-19.

[161] MCLARTY L, REED M J. The US geothermal industry: Three decades of growth [J]. Energy Sources, 1992, 14 (4): 443-455.

[162] ERKAN K, HOLDMANN G, BENOIT W, et al. Understanding the chena hot springs, alaska, geothermal system using temperature and pressure data from exploration boreholes [J]. Geothermics, 2008, 37 (6): 565-585.

[163] 李扬，赵婉雨. 地热能领域产业技术分析报告 [J]. 高科技与产业化，2019（09）：46‐51.

[164] 刘爱华，郑佳，李娟，等. 浅层地温能和地热资源评价方法对比 [J]. 城市地质，2018，13（2）：37‐41.

[165] 李文，孔祥军，袁丽娟，等. 中国地热资源概况及开发利用建议 [J]. 中国矿业，2020，9（1）：22‐26.

[166] 徐世光，郭远生. 地热学基础 [M]. 北京：科学出版社，2009.

[167] 尹玉龙. 中国地热资源及其潜力评估 [J]. 科技与创新，2018（5）：57‐58.

[168] 陈墨香，汪集旸. 中国地热研究的回顾和展望 [J]. 地球物理学报，1994（1）：320‐338.

[169] 吴强. 地球物理方法在地热勘探中的应用研究 [D]. 成都：成都理工大学，2018.

[170] GUTIERREZ N L C A，CANCHOLA F I，ROMO J J M，et al. Geothermal energy in Mexico：Update and perspectives [A]. Reykjavik Iceland：Proceedings World Geothermal Congress 2020，2020.

[171] 马冰，贾凌霄，于洋，等. 世界地热能开发利用现状与展望 [J]. 中国地质，2021，48（6）：1734‐1747.

[172] 郑克棪，潘小平. 中国地热发电开发现状与前景 [J]. 中外能源，2009，14（2）：45‐48.

[173] 马伟斌，龚宇烈，赵黛青，等. 我国地热能开发利用现状与发展 [J]. 中国科学院院刊，2016，31（2）：199‐207.

[174] 徐耀兵，王敏，潘军，等. 地热资源发电技术特点及发展方向 [J]. 中外能源，2012，17（7）：29‐34.

[175] 张继生，汪国辉，林祥峰. 潮流能开发利用现状与关键科技问题研究综述 [J]. 河海大学学报（自然科学版），2021，49（3）：220‐232.

[176] 张亮，李新仲，耿敬，等. 潮流能研究现状 2013 [J]. 新能源进展，2013，1（1）：53‐68.

[177] 张亚群，盛松伟，游亚戈，等. 100kW 一基多体漂浮鹰式波浪能发电装置模型试验研究 [J]. 海洋技术学报，2014，33（4）：73‐80.

[178] 李学民. 浅析波浪能发电的现状与发展 [J]. 上海节能，2021（1）：38‐42.

[179] 刘伟民. 15 kW 温差能发电装置研究及试验 [J]. 中国科技成果，2014，15（10）：17.

[180] 张仍，孟兴智，潘文琦. 盐差能利用趋势 [J]. 盐科学与化工，2021，50（4）：1‐3.